Geen stress, we gaan het maken!

MAXE DE RIJK

GEEN STRESS, WE GAAN HET MAKEN!

VERHALEN UIT MIJN VMBO-KANSKLAS

VOLT
Amsterdam · Antwerpen

FSC
www.fsc.org
MIX
Papier van verantwoorde herkomst
FSC® C004472

Omslag bij Barbara
Omslagbeeld © Cees Glastra van Loon
Foto auteur © Cees Glastra van Loon
Binnenwerk Zeno Carpentier Alting

ISBN 978 90 214 2873 4 / NUR 320
www.uitgeverijvolt.nl

VOORWOORD

Vijf jaar geleden kwam ik in het onderwijs terecht. Ik ben politicoloog, maar door buurthuiswerk tijdens mijn studie merkte ik dat ik heel graag met jongeren wilde werken. Midden in de wereld staan en dag in, dag uit bouwen aan een positieve(re) toekomst. Na mijn afstuderen kon ik als trainee terecht op het Mundus College in Amsterdam-West. Dat beviel zo goed dat ik de verkorte lerarenopleiding ben gaan doen.

Ik kon gelijk aan de slag als docent van het nieuwe vak persoonsvorming & socialisatie, dat mijn collega's en ik in die tijd samen ontwikkelden om concrete invulling te geven aan burgerschapsonderwijs. Tijdens de lessen van dit vak praten we over maatschappelijke thema's, onderzoeken de leerlingen wie ze zijn en in wat voor wereld ze willen leven.

Drie jaar geleden werd ik vakgroepleider van dat vak en kwam er daarnaast een spannende nieuwe kans op mijn pad: ik werd mentor van de eerste vmbo-kansklas van Nederland. Op het Mundus melden zich elk jaar tientallen leerlingen aan met een praktijkschooladvies, vaak omdat verwacht wordt dat het vmbo te moeilijk voor ze is. Het kwam echter met enige regelmaat voor dat wij merkten dat er meer in de leerlingen zat. Vanuit deze gedachte ontstond de vmbo-kansklas. Deze klas doet een jaar langer over de onderbouw: drie jaar in plaats van twee jaar. Zo hebben sommige leerlingen met een praktijkschooladvies de kans om te laten zien dat ze het vmbo wél aankunnen.

In dit boek volg je de leerlingen uit de kansklas drie jaar lang; vanaf het moment dat ze de school binnenlopen tot het moment dat ze naar de bovenbouw gaan. Het zijn verhalen over hun levens, maar zoals zal blijken zijn die onlosmakelijk verbonden met verhalen over onze samenleving.

Het is bekend dat er discriminatie, kansenongelijkheid en armoede is, maar tegelijkertijd reageren veel mensen verbaasd wanneer ik de verhalen van mijn leerlingen vertel. Daarom ben ik ze op gaan schrijven. Ik hoop een beeld te geven van wat deze abstracte termen concreet betekenen in het leven van een puber. Mijn intentie is niet om het hele levensverhaal van mijn leerlingen te vertellen; het is mijn perspectief op de afgelopen drie jaar van hun leven.

Ik geef les aan een klas met kinderen van veel verschillende etnische achtergronden, maar ben zelf wit. Dat zorgde ervoor dat ik me afvroeg of ik wel in de positie ben om over de obstakels, liefde en kracht van mijn leerlingen te schrijven. Uiteindelijk hebben gesprekken met de leerlingen me doen besluiten het boek wel te schrijven. Zij willen dat hun verhalen gedeeld worden. De strijd om gelijkheid is een strijd die gevoerd moet worden.

Alles wat ik in dit boek beschrijf is echt gebeurd. De meeste leerlingen waren het liefst met hun eigen naam erin voorgekomen, maar om hun privacy te waarborgen heb ik hun personalia en sommige andere kenmerken gefingeerd. Omwille van de leesbaarheid heb ik ervoor gekozen om negen leerlingen met naam te noemen, en de rest op de achtergrond aan bod te laten komen. Maar uiteindelijk is het boek een verhaal van al mijn leerlingen.

Ik hoop dat je door de verhalen anders naar de samenleving gaat kijken en wellicht zelfs onderdeel wordt van een positieve verandering, in het onderwijs en daarbuiten.

HET EERSTE JAAR

TEAMGEVOEL

We gaan weer beginnen. Het is mijn tweede jaar als docent op het Mundus. 's Ochtends, onderweg naar mijn werk, doorkruis ik van oost naar west de hele stad. Om de hoek van de Sloterplas staat onze school, tussen lage arbeiderswoningen en lange flats in. Het schoolgebouw is helemaal vernieuwd: groots, trots en licht.

Dit schooljaar start ik met een nieuwe klas, naar een geheel nieuw onderwijsidee. Het is de eerste vmbo-kansklas van Nederland. Mijn leerlingen hebben allemaal een praktijkschooladvies gekregen, maar krijgen drie jaar om te laten zien dat ze toch op het vmbo thuishoren. Een bijzondere formule.

'Goeieeeemorgen, juffrouw!' Twee donkere ogen kijken me opgewekt aan. Dit is Youssef, weet ik nog van de wenmiddag.

'Dag, Youssef, wat fijn dat je er bent. Hoe is het?' Hij staat wiebelend in de gang tegenover me. Trainingspak en gekleurde sneakers aan en kortgeschoren haren.

'Goed hoor, met u?' Opgewekt loopt hij naar binnen en neemt plaats op de laatste lege stoel.

Ik kijk de klas in. Achttien gezichten kijken doodstil en

verwachtingsvol terug. Ik wil net wat zeggen, als een jongen me voor is.

'Wat denkt u dat mijn afkomst is?' Hij kijkt me uitdagend aan. Oranjebruine ogen, een bleke huid en knalrood haar.

'Goeiemorgen, Kaan. Hm moeilijk... Je naam klinkt wel... Turks?'

Hij knikt trots. 'Zeker,' zegt hij terwijl hij op zijn borst slaat, 'een échte Turk!'

De rest van de klas kijkt verwonderd naar het zelfvertrouwen dat deze jongen op de eerste dag al uitstraalt.

Ik moet lachen. 'Dan had ik het goed geraden, leuk je te leren kennen Kaan.' Ik kijk de klas weer in: 'Welkom allemaal, goed jullie hier te zien. Welkom op de middelbare school. We gaan er een heel mooie tijd van maken met elkaar. Vandaag ga ik jullie vertellen wat je het komend jaar allemaal kunt verwachten, gaan we afspraken maken en elkaar beter leren kennen. Laten we beginnen.'

Als we de eerste kennismakingsspellen gedaan hebben, vertel ik wat het concept is van deze klas. 'Jullie zitten in de AB-klas. Dat is een soort kansklas. Jullie hebben van de basisschool praktijkschooladvies gekregen...'

Youssef onderbreekt me. 'Ja, omdat we dom zijn!'

De klas lacht voorzichtig.

'Nee,' reageer ik, 'omdat jullie achterstanden hebben. Deze achterstanden gaan we proberen weg te werken. Zodat jullie kunnen laten zien dat jullie wel op het vmbo thuishoren. Wij hebben jullie dossiers gelezen en denken dat jullie dat kunnen.'

Noor kijkt me aan. 'Dank u, juf. Kunt u dat ook tegen mijn moeder zeggen?' Alles ligt netjes klaar op haar tafeltje. Een agenda, een etui vol met pennen en een flesje water van de gemeente Amsterdam. Haar krullende haren zitten samengebonden in een strakke staart.

Ik glimlach en zeg haar dat ik dat zeker aan haar moeder zal vertellen.

'Ook aan mijn moeder!'

'Ja, en aan mijn vader!' De leerlingen schreeuwen enthousiast door elkaar.

Ik moet lachen en zeg dat ik het morgen tijdens de kennismakingsgesprekken aan al hun ouders zal vertellen.

'Wij gaan naar het vmbo, whoehoeee!' Youssef slaat met zijn handen op de tafel.

'Maar...' zeg ik, 'we zijn er nog niet. Jullie moeten dit jaar heel hard gaan werken. En jullie moeten het samen doen. Het is net als met een voetbalteam: jullie zijn allemaal anders, hebben jullie eigen eigenschappen en talenten. Jullie hebben elkaar nodig. Net zoals de verdediger op het voetbalveld de spits nodig heeft om te winnen en andersom: als de verdediger zijn taak niet uitvoert, dan kan de spits ook niet winnen. Zo werkt het ook in de klas. Als jullie het niet samen doen, dan lukt het niet.'

De klas kijkt me begripvol aan.

Ik ben blij dat ze het lijken te snappen en vervolg: 'Daarom wil ik graag met jullie afspreken hoe we ervoor kunnen zorgen dat jullie het allemaal gaan halen.'

Noor steekt haar vinger op. 'Ik weet het al. We zijn gewoon één team, één taak.'

Ik ben ontroerd door haar krachtige samenvatting van mijn verhaal. Noor is een dun, gespierd meisje, met een kaaklijn waar de meeste mensen jaloers op zijn. In de klas kijkt ze helaas angstig uit haar ogen, dus dan zijn dit soort uitspraken extra fijn. 'Precies, Noor, wat zeg je dat mooi. Laten we die onthouden. Dan gaan we nu opschrijven wat dat team allemaal moet gaan doen.'

Ik geef de leerlingen allemaal een blaadje en vraag ze drie afspraken op te schrijven die zij belangrijk vinden. Na afloop bespreken we de afspraken en maken we een top tien. Bovenaan de lijst schrijf ik de zin van Noor: 'Eén team, één taak.'

DE DRIEHOEK

We zitten nog tussen de verhuisdozen. Vorig schooljaar zat de praktijkschool op een aparte locatie tien minuten verderop. Het was een oud, vervallen gebouw, waar de praktijkschoolleerlingen bijna letterlijk weggestopt werden. Het bood structuur en veiligheid, maar een onderdeel van de samenleving voelden de leerlingen zich er niet. Nu zitten de praktijkschool en het vmbo bij elkaar.

Vorig jaar was ik mentor van een reguliere praktijkschoolklas. Een collega van het vmbo zei toen: 'Pas maar op, de praktijkschool is een plek waar je echt niet wilt komen.' Wat hij hiermee precies bedoelde wist ik niet, maar juist die opmerking trok me aan. Zelf had ik voordat ik het onderwijs inging nog nooit van dit niveau gehoord. Ik las me in: de praktijkschool is opgericht voor leerlingen voor wie een vmbo-diploma te hoog gegrepen is, als opvolger van het voortgezet speciaal onderwijs voor moeilijk lerende kinderen. Vanuit die gedachte is het praktijkonderwijs, volgens de inspectie van onderwijs, een totaal andere stroming dan het vmbo. In mijn eerste jaar als mentor van een praktijkschoolklas zag ik echter dat de verschillen tussen praktijk- en vmbo-leerlingen klein zijn.

In groep acht krijg je een praktijkschooladvies als je een leerachterstand hebt van minimaal drie jaar ten opzichte van het landelijk gemiddelde in jouw jaar en een IQ van onder de tachtig. Zo zijn ook de andere schooladviezen opgebouwd. Heb je een leerachterstand tussen de twee en drie jaar en een IQ van boven de tachtig? Dan krijg je waarschijnlijk vmbo-basisadvies. Vervolgens gaat het in stapjes naar vmbo-kader (leerachterstand van een jaar), vmbo-theoretisch (geen leerachterstand, maar ook geen voorsprong) of havo en vwo (beide een leervoorsprong ten opzichte van jaargenoten).

Bij veel van onze leerlingen zien we dat de leerachterstanden slopend zijn. Als een leerachterstand, naast het IQ, de basis is voor het praktijkschooladvies van een leerling, waarom geef je ze dan niet de tijd om die achterstand in te halen? Vanuit die gedachte is de kansklas opgericht. Voor deze klas duurt de onderbouw drie jaar in plaats van twee: in het eerste jaar werken de leerlingen zo veel mogelijk achterstanden weg, de twee jaar daarna krijgen ze onderwijs op vmbo-niveau, om vervolgens in te stromen in de bovenbouw van het vmbo. Ik mag mentor worden van deze eerste kansklas. Een spannende taak.

Ik loop van de lokalen vol verhuisdozen naar de kantine. Vandaag zijn de driehoeksgesprekken met ouders en leerlingen. Ik denk aan Noor, aan Youssef, aan alle kinderen van deze nieuwe klas. Zouden zij het waar gaan maken dit jaar? Lukt het ze om hun achterstanden weg te werken? Hoe zouden hun ouders hierin staan?

De driehoeksgesprekken zijn een prachtig concept. Alle mentoren krijgen dertig minuten per leerling om elkaar te leren kennen voordat het schooljaar echt begint. Hiermee hopen we de kloof tussen school en thuis te verkleinen. Ik ben blij dat ik de ouders van mijn leerlingen kan leren kennen en neem me voor om vooral vertrouwen in de leerlingen uit te spreken.

Ik loop de kantine in. Achter elke tafel zit een mentor, ervoor staan drie stoelen klaar voor de leerling en zijn of haar ouders. Zenuwachtig neem ik plaats achter mijn tafel. Wie zijn de ouders van mijn leerlingen? Het is belangrijk dat je ze mee hebt. Ik ken echter genoeg ouders die het zelf zo zwaar hebben dat ze allang blij zijn als hun kind überhaupt elke dag op school verschijnt. Hoe zal dat deze keer gaan?

De eerste op mijn lijst is Salima. Een grote, stralende meid. Opgewekt komt ze aangelopen, met naast haar een meisje dat iets ouder lijkt. Ik geef ze een hand. 'Goedemorgen, fijn dat jullie er zijn.' Aan het meisje naast Salima vraag ik: 'Ben jij de zus?'

'Ja, mijn ouders konden niet, vandaar.'

Ik knik en vraag haar of ze de informatie aan hen wil doorgeven.

'Prima,' antwoordt ze gelaten.

'Zo,' zeg ik, 'hoe vind je het hier, Salima?'

Ze gaat rechtop zitten, op haar mond verschijnt een grote glimlach. 'Heel leuk! Maar op de basisschool was het ook heel leuk. Iedereen was mijn vriend, zelfs de juffen en meesters.'

Haar zus haakt in: 'Daarom waren we wel verbaasd over haar advies. Alles ging goed daar, dus dan vraag ik me af: waarom dan toch praktijk?'

Ik leg Salima en haar zus uit dat schooladviezen worden gemaakt op basis van leeropbrengsten en leerachterstanden. Salima leest en rekent ongeveer op het niveau van groep vijf. Dat niveau moet omhoog om vmbo-basis te halen. Daarvoor moet je taal- en rekenniveau namelijk rond het niveau van groep zes zitten.

Ik complimenteer Salima met haar opgewekte houding en vertel haar dat ik denk dat ze het daarmee ver gaat schoppen. Ze heeft achterstanden, maar we hebben haar niet voor niets in deze klas geplaatst. Na een halfuur verlaten Salima en haar zus tevreden de kantine.

Ik kijk om me heen. Overal zitten collega's in gesprek met leerlingen. We kunnen elkaar net niet verstaan, maar het voelt wel kwetsbaar. Zouden mensen op me letten, om te zien of ik het wel kan? Het valt me ook op dat Salima lang niet de enige is die haar zus heeft meegenomen. Overal om me heen zitten oudere broers en zussen.

Ik herinner me een oudere zus van een leerling die mij

vorig jaar toevertrouwde: 'Weet u, ik heb alles zelf moeten doen. Mijn ouders konden geen Nederlands en werkten dag en nacht in de schoonmaak, daarom heb ik geen diploma gehaald. Dat wil ik voor mijn zusje anders. Ik ben dan nog maar drieëntwintig, maar ik zal bij elk gesprek aanwezig zijn en erop letten dat mijn zusje niks tekortkomt. Kunt u mij bellen als ze schoolspullen nodig heeft?'

Ik was destijds onder de indruk van die woorden en zie nu om me heen dat dit waarschijnlijk veel meer kinderen betreft.

Ik loop naar het gangetje waar de leerlingen en ouders, broers en zussen wachten en maak oogcontact met mijn volgende leerling: Ibrahim. Het kleine, dunne jongetje springt op en maant zijn ouders achter hem aan te lopen. Althans, het zouden ook zijn opa en oma kunnen zijn. Ze zijn net zo dun als Ibrahim en zien er oud en vermoeid uit. Langzaam loopt het groepje achter me aan.

'Welkom,' zeg ik als ze zijn gaan zitten. 'Wie heb je meegenomen, Ibrahim?'

Ibrahim draait zich naar zijn vader: 'Dit is mijn vader. En dit,' zegt hij terwijl hij naar links draait, 'is mijn moeder. Ze kunnen niet zo goed Nederlands dus u moet een beetje langzaam praten.'

Ik glimlach. 'Dat is goed, fijn dat jullie er zijn.'

In tegenstelling tot zijn ouders heeft Ibrahim een enorme woordenschat. Hij kletst honderduit over zijn leven en wat hij wil bereiken: 'Ik word ICT'er, maar ik ben slecht in rekenen dus ik weet niet of het gaat lukken. In groep vijf ging het mis, toen ben ik blijven zitten. Sindsdien kan ik niet meer rekenen.'

'Wat vervelend, Ibrahim,' reageer ik. 'Weet je hoe dat komt?'

Ibrahim haalt zijn schouders op. 'Nee, ik ben bij het boekje van groep vier gebleven.'

Zijn moeder glimlacht verlegen. Ze fluistert: 'Maar we

zijn trots op hem, hij is een goede jongen. Echt een goede jongen.'

Ibrahim kijkt naar mij. 'Ja, een goede jongen met een slecht rapport.'

We praten nog een tijdje over hoe we ervoor kunnen zorgen dat zijn rapporten op het Mundus goed zullen worden. Dan komen we uit bij zijn gezondheid.

Zijn vader zegt: 'U ziet, mijn zoon is klein. Hij eet niet. Gaat naar kinderarts.'

Ibrahim knikt bevestigend. 'Ik krijg ook testosteron later, want ik ben echt veel te klein.'

Ik kijk naar Ibrahim. Zijn gezicht lijkt inderdaad op dat van een jongetje van zes. Ik hoop voor hem dat daar snel verandering in komt, want makkelijk zal het niet worden: zo klein zijn op een grote school. Tegelijkertijd verbaas ik me over de veerkracht die in deze jongen zit. Het lijkt me niet fijn om sinds groep vijf te horen te hebben gekregen dat je niet kunt rekenen. Ik ben blij dat hij ouders heeft die vertrouwen uitstralen.

Dan is Youssef aan de beurt, de jongen die mij gisteren zo opgewekt begroette. Ook nu komt hij vrolijk aangewandeld, met naast hem zijn vader.

'Ik wil naar het vmbo,' zegt Youssef zodra ze zitten.

'Hij is een slimme jongen,' vervolgt zijn vader, 'maar hij is heel druk, weet u.'

'Ja, ik stond altijd op de gang,' vult Youssef aan. Hij haalt zijn schouders op: 'Dus ja, op mijn vorige school heb ik niet zoveel geleerd.'

'Hoe komt het dat je zo druk was?'

'We hadden steeds invallers, onze juf was sinds groep zeven ziek. En de kinderen waren druk, dat ook.'

'Wat vervelend voor je, Youssef. Hopelijk kunnen we je op deze school de rust geven om goed te leren.'

Zijn vader glimlacht.

‘Dank u wel. Ik hoop het,’ antwoordt Youssef.

‘Wat vond je leuk op de basisschool?’

‘Geschiedenis,’ reageert hij snel. Op zijn gezicht verschijnt een grote glimlach.

Ik slik. Laat dat nou net het vak zijn dat op het praktijkonderwijs en het vmbo nauwelijks wordt gegeven. Iets waar ik zelf ook enorm van baal. ‘Wat leuk!’ reageer ik toch. ‘Ik vond geschiedenis ook altijd heel erg interessant. Hier op school hebben we het niet als een apart vak, maar we zullen wel veel geschiedenisonderwerpen gaan behandelen.’

‘Ook de oorlog?’

‘Jazeker, ook veel over de Tweede Wereldoorlog.’

Ik sluit de dag af met Noor. Het meisje dat aan mij vroeg of ik haar moeder wil laten weten dat ze wellicht toch het vmbo kan gaan halen.

De moeder zie ik echter niet, Noor komt samen met haar zus aangelopen. Een bijzonder stel: beide dames hebben dure kleding aan en prachtig krullende haren. Haar zus heeft een flinke laag make-up op. Zelfverzekerd gaat ze tegenover me zitten. Noor neemt gespannen naast haar plaats.

Ik vertel de twee over het concept van de kansklas en haar zus reageert meteen: ‘Ja ik ben heel blij dat ze hierin is geplaatst. Volgens de basisschool zit ze precies tussen praktijk en vmbo in, maar ik zeg ook tegen Noor: ze moet léren, hard werken. Van het huiswerk op de basisschool snapten we niks.’

Ik vraag aan Noor naar haar ervaringen.

‘Rekenen en lezen vind ik moeilijk, maar Engels en werkwoorden vind ik leuk.’

‘Wat goed van Engels!’ zeg ik opgewekt. ‘En wat vind je verder leuk om te doen?’

Noor glimlacht. ‘Voetbal en koken, daar ben ik heel goed in.’

Haar zus haakt in: 'Ja, dat kan ze wel ja, maar school gaat toch voor weet u. Wij hebben tegen haar gezegd dat ze echt vmbo moet gaan halen. Anders wordt het niks.'

Aan het einde van de dag kom ik uitgeput thuis. Achttien gesprekken achter elkaar is best zwaar. Elke keer wil ik het goede zeggen en vragen, maar wat voor mensen ik echt tegenover me heb weet ik nog niet.

Ik maak de balans op. De invloed van de basisschool op deze kinderen is groot. Veel hebben een deuk in hun zelfvertrouwen opgelopen. Ze waren daar altijd de mindere. Ik hoop dat ze in hun nieuwe klas, op hun nieuwe school, zichzelf opnieuw kunnen leren kennen. We moeten ze ook niet te veel druk opleggen. Uiteindelijk hoop ik dat ze het vooral naar hun zin gaan krijgen op school.

Het is ook gek. Voor deze kinderen is het vmbo het ultieme, hoogst haalbare doel. Waar kinderen in andere delen van de stad koste wat het kost het vmbo proberen te vermijden, is het vmbo voor mijn leerlingen een hele stap naar zichzelf minder dom vinden.

IDENTITEIT

De lessen zijn alweer twee weken aan de gang. Youssef stapt wederom opgewekt het lokaal binnen. Hij leest het thema van de les op het bord: 'Identiteit! Dat is toch van die kaart? Gaan we het daarover hebben?'

'Je identiteitskaart bedoel je?' reageer ik. 'Ja, die heeft ook met identiteit te maken. Maar we gaan het over nog veel meer hebben dan alleen die kaart.' Ik vraag de leerlingen te gaan zitten en hun spullen op tafel te leggen.

Ik geef het vak persoonsvorming en socialisatie (P&S), een door mijn collega's en mij ontwikkeld nieuw vak. We willen de leerlingen inzicht geven in de maatschappij en in zichzelf. Hier geen toetsen en cijfers. Nee, dit vak draait om praten over wat de leerlingen meemaken, wie ze zijn en hoe de wereld in elkaar zit.

We zijn een school met meer dan zestig nationaliteiten en tachtig procent van de leerlingen leeft onder de armoedegrens. De taak van de school is groot én moeilijk. In 2013 dreigde de toenmalige burgemeester de school te sluiten. Het zou er te onveilig zijn.

Daarom werd besloten dat er dingen anders moesten. Er kwam een nieuwe directeur, een nieuwe naam, en docenten werden getraind in het omgaan met de straatcultuur. Voor leerlingen kwam er een uitgebreid naschools programma met vijfendertig verschillende workshops waarin ze hun talenten kunnen ontdekken. De school werd een plek waar leerlingen graag wilden zijn. Waar ze weg konden van de straat en de armoede. Een plek waar ze zelfvertrouwen konden opdoen. Om ze daar nog beter bij te helpen werd het vak persoonsvorming & socialisatie ontwikkeld.

De naam van het vak is niet ideaal, maar het vak is dat wel. Ook vandaag heb ik er weer zin in. 'Goeiemorgen allemaal, fijn jullie weer te zien. We gaan het vandaag hebben over identiteit. Youssef had al heel goed gezien dat dat met je identiteitskaart te maken heeft. Wie kan vertellen waar je bij het woord identiteit nog meer aan denkt?'

De klas kijkt me vragend aan.

Youssef kijkt hulpeloos rond, en zegt dan: 'Het is gewoon die kaart, toch?'

'Hoezo moeten we het daarover hebben, die heb je toch pas nodig als je veertien bent?' haakt Kaan in.

Ik vertel de leerlingen dat je identiteit meer is dan alleen je identiteitskaart. 'Dat is een kaartje waar iets over jezelf op staat, maar je identiteit is groter.' Ik besluit de mijne te pakken en lees voor wat erop staat. 'Naam: Maxe de Rijk. Geboortedatum: 30-04-1993. Geboorteplaats: Amsterdam. Weten jullie nu wie ik ben?' vraag ik.

'Ja!' roept Salima meteen.

Dit was niet het antwoord waarop ik had gehoopt. 'Ja? Ken je me nu echt? Weet je nu waar ik van hou?'

'Hm nee...' Teleurgesteld in haar foute antwoord laat Salima haar schouders hangen.

'Je weet inderdaad wel wat van me nu, misschien ook wel dingen die je nog niet wist.' 'Ja precies!' antwoordt ze opgewekt.

'Maar echt kennen doe je me natuurlijk nog niet, je identiteit is meer dan wat er op zo'n kaartje staat.'

We bespreken hobby's, culturele achtergrond, de wijk waar je woont, geloof en nog veel meer. De leerlingen hebben er plezier in. Na het gesprek maken ze een werkblad, waarbij ze korte vragen beantwoorden over onderdelen van hun identiteit. In totale stilte maken ze de opdrachten.

Dan steekt Romarfio zijn vinger op. Ik geef hem de beurt. 'Waarom wilt u dit eigenlijk weten? Ik bedoel, ik kan u ook gewoon vertellen dat ik uit Suriname kom, mijn hobby kickboksen is en mijn lievelingskleding een joggingpak. Maar waarom?'

Ik glimlach. Al vanaf het begin valt Romarfio me op als een enorm bijdehante, nieuwsgierige jongen. 'Ik wil dat je het opschrijft, zodat je er zelf over na gaat denken. En kijk maar naar de volgende vragen, daar moet je invullen welk onderdeel van je identiteit jij denkt dat vaststaat, en wat je kunt of wilt veranderen.'

Romarfio kijkt naar zijn blad. 'O oké, dus dat ik Surinamer ben kan ik niet veranderen, maar dat ik een joggingpak draag wel?'

'Ja precies, en dan mag je opschrijven wat je daarvan vindt.'

Romarfio kijkt me aan. 'Hm, wel veel moeite.'

Manar legt haar pen neer. 'Hoezo praat je over moeite?' zegt ze verontwaardigd. 'Dit is het beste vak dat er is. Veel beter dan rekenen.'

Youssef kijkt op en draait zich naar mij toe. 'Juf, wat is uw afkomst eigenlijk? U ziet er wel heel Nederlands uit.'

'Lief dat je dat vraagt. Allebei mijn ouders zijn in Nederland geboren, maar mijn moeder is opgegroeid in Suriname en Kenia, mijn opa was lepra-arts. Hij is inmiddels overleden, maar voor mijn oma is het nog steeds een belangrijk deel van haar identiteit. Zij is ook in Nederland geboren, maar voelt zich niet echt Nederlands.'

'Wow, en wat voelt u zich dan?' vraagt Salima.

'Ik voel me vooral Amsterdammer.'

Salima moet lachen. 'Ja, precies! Zo voel ik me ook!' Vrolijk gaat ze verder met haar werk.

'Oké,' zegt Kaan nadat het gesprek nog even heeft voortgeduurd. 'De meeste kinderen in de klas hebben een Turkse of Marokkaanse afkomst. We hebben één Surinamer en drie Ghanezen. Geen enkel kind met een Nederlandse afkomst. Alleen de juf.'

Ik kijk mijn klas in. Ik vind dit best ingewikkeld: ik ben inderdaad de enige witte Nederlander die nu in het lokaal is, en ook nog eens de juf. We zijn bijna allemaal in Nederland geboren en voelen ons Amsterdammer, maar ik ben wit. Ik wil niet dat ze mij als dé Nederlander zien. Het is mooi en belangrijk om zoveel verschillende culturen in de klas te hebben, ze kunnen zoveel van elkaar leren. Maar een afspiegeling van de samenleving zijn ze nu niet. Wat doet dat met deze jongeren?

De volgende les vraag ik de leerlingen of ze nog weten wat identiteit is. Vingers schieten de lucht in. Ik geef de kleine Ibrahim de beurt.

'Dat kaartje, dat is je identiteit.'

'Ja, heel goed, dat is je identiteitskaart, maar wat is je identiteit nog meer?'

Vragende gezichten kijken me aan.

Noor steekt haar vinger op. 'Huh, ik snap het echt niet meer. U zei zelf dat je identiteit dat kaartje is.'

Ik weet even niet wat ik moet zeggen.

Gelukkig helpt Manar mij. Vrolijk neemt ze het woord. 'Je identiteit zijn dingen die op dat kaartje staan, maar je hobby's horen ook bij je identiteit, of je geloof. Je identiteitskaart is maar een voorbeeld.' Trots kijkt ze me aan.

De rest van de klas knikt. Nu snappen ze het.

Ik kijk dankbaar naar Manar. 'Wat heb je dat goed uitgelegd, je hebt het heel goed begrepen. Kun je onderdelen van jouw identiteit opnoemen?'

Manars kuiltjes in haar wangen verraden dat ze het een leuke vraag vindt. 'Ja hoor! Ik ben moslim, dat kun je zien aan dat ik een hoofddoek draag. Ik ben Marokkaan en ik ben Amsterdammer. Ik hou van voetbal, van taarten bakken en van school.' Als reactie op dit voorbeeldige antwoord krijgt ze spontaan een applaus van de klas.

VERWACHTINGEN

Ik zit te werken in een van de kantoortjes. Geluidsdicht is de ruimte niet, bij de verbouwing van de afdeling waar de onderbouw les krijgt wilde de school een open sfeer creëren. Alle lokalen zijn omringd door glas, en hetzelfde geldt voor de kantoren waar de docenten in werken.

'Je gaat het vmbo nooit halen!' hoor ik op de gang. Ik kijk op. Voor het lokaal verderop staat een leerling van mij: Enes. Een lange, dunne, wat verlegen jongen.

'Hoe bedoelt u, ik ga het nooit halen?' Woedend kijkt hij het lokaal in. 'Met u als docent zeker niet!' Boos slaat hij de deur dicht en loopt de gang in. Zijn ogen kruisen de mijne, geschrokken wendt hij zijn blik af.

Ik sta op en loop het kantoortje uit. 'Wat is er gebeurd, Enes?'

Hij kijkt met grote ogen op. Dan kijkt hij weer weg. 'De meester deed brutaal tegen mij.'

'Kom, loop even mee,' zeg ik. Samen lopen we naar het kantoortje, dat helaas nog steeds van glas is en daarom niet écht privacy biedt.

'Waarom vond je dat de meester brutaal deed tegen je?' vraag ik als hij is gaan zitten.

'Alleen maar omdat ik mijn huiswerk niet gemaakt heb zegt de meester dat ik het vmbo niet ga halen.' Boos friemelt hij aan zijn trui.

'Dat is vervelend. Waarom had je je huiswerk niet gemaakt?'

Enes haalt zijn schouders op. 'Ik was het gewoon vergeten. Ik kan toch ook niet alles onthouden?'

'Dat is ook moeilijk. Heb je een agenda?'

'Ja die heb ik van de meester gekregen, vorige week, maar ik had het niet opgeschreven.'

Ik glimlach. 'Wat lief dat je van de meester een agenda hebt gekregen, maar je moet er inderdaad wel in gaan schrijven. Laten we daarmee gaan oefenen.'

Later op de dag geef ik de klas les, ze lopen opgewonden het lokaal binnen.

'Denkt u ook dat wij het niet gaan halen? De meester zei het zelf!' vraagt Romarfio geschrokken.

'De meester zei dat maar een paar kinderen het gaan halen! Maar u zei iedereen!' haakt Ibrahim in.

Ik maan de klas tot stilte en zeg dat ze moeten gaan zitten. 'Dan kunnen we het erover gaan hebben.' Ze nemen plaats en kijken me verwachtingsvol aan. Ik loop door de klas en zeg: 'Ik denk dat de kans groot is dat jullie het gaan halen, maar we weten het niet zeker. Het ligt aan zoveel dingen. Wat de meester bedoelt te zeggen is dat jullie wel je huiswerk moeten maken, moeten leren voor de toetsen. Dat zijn de basisdingen om naar het vmbo te kunnen. Jullie kunnen het allemaal, echt waar. Daar heb ik vertrouwen in.'

Na afloop kom ik de desbetreffende docent tegen op de gang. 'Enes gaat het niet halen,' zegt hij tegen mij. 'Je hebt een paar leuke in je klas zitten, hoor: Ibrahim, Manar, daar komt het wel goed mee. Het blijven echter praktijkleerlingen. Enes gaat afvallen. Ik geef het je mee.'

Ik vertel dat ik daar anders over denk: 'Enes heeft het hoogste IQ van de klas. Hij kan wel wat. Organiseren en plannen vindt hij alleen moeilijk.'

De docent knikt, en schudt dan toch zijn hoofd. 'Een hoog IQ? Die jongen kijkt me wat verstrooid uit zijn ogen. En hij is nog brutaal ook.'

'Ja,' zeg ik, 'hij mag af en toe wat op zijn gedrag letten, maar laten we vertrouwen in hem houden. Hij heeft drie jaar.'

Mijn collega kijkt me vertwijfeld aan: 'Het is mooi hoor, dat je zoveel hoop hebt. Maar jij werkt hier nog maar net, ik werk hier al veertig jaar. Alles heb ik meegemaakt. Je moet niet te hoge verwachtingen hebben, dan word je alleen maar teleurgesteld, meissie. Sommige kinderen kunnen gewoon niet zoveel. Dat moet je als docent niet willen veranderen, dan raak je overspannen en zijn we je kwijt. Jij bent een goeie, jou wil ik hier niet kwijtraken. Zo'n Enes gaat het verpesten voor de rest van de klas én voor jou. Je moet hem zo snel mogelijk naar het praktijkonderwijs sturen.' Indringend kijkt hij me aan. Nog voordat ik kan reageren neemt hij de laatste slok van zijn koffie en vertrekt.

Ik loop naar het kantoortje en neem een slok water. Wat is dit moeilijk. Zou hij gelijk hebben? Heb ik te hoge verwachtingen van mijn leerlingen? Ga ik of in het ergste geval zelfs mijn klas hieraan ten onder? Ik wil niet zo denken. Ik wil alles uit deze kinderen halen wat erin zit. Of ben ik dan te naïef? Wat nou als ik te hoge verwachtingen van

Enes heb? Of van de rest? Wat nou als echt maar een paar leerlingen het gaan halen? In dat geval snijdt mijn aanpak geen hout en kan ik al mijn vertrouwen in de prullenbak gooien.

'Jeetje, Max, wat heb jij een leuke klas!'

Ik kijk op. Voor me staat de docent verzorging.

'Ja echt, ze doen zo goed mee, ze hebben het echt leuk met elkaar. Geen negativiteit, niks. Echt een plezier om les aan ze te geven. Dat dit praktijkleerlingen zijn hè? Zou je echt niet denken. Toppers zijn het, echt toppers.'

Opgelucht kijk ik haar aan. 'Dank je wel. Dit vind ik echt even heel fijn om te horen. Kun je dat ook tegen de klas zeggen?'

'Ja tuurlijk! Fijne avond nog hè! Ga je ook zo naar huis?' Vrolijk loopt ze weg.

Nee, Enes ga ik niet opgeven. Hij hoort in mijn groep.

DE JUF IS LESBISCH

Het wordt tijd dat ik mijn leerlingen vertel hoe ik écht in de liefde sta. Ze vragen me vaak of ik getrouwd ben of dat ik een vriend heb. Mijn antwoord is dan een simpel 'Nee'. Iets wat de meiden heel zielig voor me vinden.

Ik vind het moeilijk mijn klassen te vertellen dat ik op vrouwen val en een vriendin heb. Vrijwel al mijn leerlingen zijn islamitisch en de vooroordelen over zulke klassen liegen er niet om. Ik vind mezelf echter ook laf, want als er iets is wat ik aan mijn leerlingen leer, is het dat ze zich van vooroordelen niks moeten aantrekken. Wat zou de boodschap zijn als ik het ze níét vertel? Ik neem me voor: vandaag wordt de dag dat ik voor mijn klas uit de kast kom.

Gespannen sta ik bij de deur. De leerlingen lopen het lokaal in.

'Wat gaan we vandaag doen?' vraagt Manar.

Youssef roept ertussendoor: 'Ik heb geen telefoon bij me, daarom doe ik hem niet in de bak.'

'Mag ik vandaag bij de verwarming zitten? Ik heb het een beetje koud,' vraagt Romarfio.

'O, juf! Ik heb een 10 gehaald voor rekenen! Goed hè!' vervolgt Salima opgewekt.

Ik glimlach en zeg dat ik hun vragen zal beantwoorden als ze gaan zitten. 'En wat goed van je 10, Salima!'

'Maar mag ik nou bij de verwarming zitten?' vraagt Romarfio ongeduldig.

'Toe maar,' zeg ik snel. Energie voor discussies over dit soort onderwerpen heb ik even niet.

Als iedereen zit haal ik diep adem: 'We gaan vandaag wat bespreken. Ik vind het spannend, want het gaat over mezelf. Als jullie willen gaan we lekker het hele uur kletsen, maar dan moeten jullie dat wel met respect doen.'

'Tuurlijk, zegt u het maar! Wij hebben respect!' antwoordt Kaan opgewekt.

Ik ga op een tafel zitten en begin: 'Ik heb jullie verteld dat ik niet getrouwd ben.' Ik voel mijn hart in mijn keel kloppen en vervolg: 'Dat ben ik ook niet, maar ik heb wel een vriendin. Ik ben lesbisch en heb een relatie met een vrouw.'

De klas is stil.

Dan zegt Youssef: 'Waarom heeft u dit niet meteen verteld? Gefeliciteerd, juf!'

Ik glimlach. 'Dank je, lief dat je dat zegt.' Ik vertel mijn leerlingen dat ik het begrijp als ze het raar vinden. 'Ik ben misschien de eerste lesbische vrouw die jullie zien.'

De leerlingen knikken.

Salima neemt het woord en zegt: 'Ja, ik ken echt niemand anders. Hoe voelt het dan om lesbisch te zijn?'

Ik merk dat ik rustiger word en antwoord: 'Ik weet niet hoe het voelt om hetero te zijn, dus ik kan het niet vergelijken, maar ik word gewoon verliefd op vrouwen. Dat voelt heel fijn.'

Vingers schieten de lucht in. Ze zitten vol met vragen. 'Wat vonden uw ouders ervan?' 'Wilt u kinderen?' 'Hoe gaat dat dan?' Rustig beantwoord ik ze een voor een.

Noor heeft het hele gesprek nog niks gezegd. Stil staart ze voor zich uit. Ik maak me zorgen, wat zal er in haar koppie omgaan?

Opeens steekt ze haar hand op. 'Juf, u zei vorige week dat u wilt trouwen. Wilt u dat nog steeds? Ook als u lesbisch bent?'

Ik ben blij dat ze zich in het gesprek mengt. 'Ja,' antwoord ik, 'dat wil ik zeker. Ik wil heel graag trouwen. Misschien wel juist omdat ik lesbisch ben.'

De klas begint te joelen.

'Jaaaaa, dan komen wij op uw bruiloft! Mag dat? Dan gaan we met confetti gooien!' roept Noor.

Salima: 'Ja, en we gaan zingen!'

Youssef beweegt ritmisch met zijn armen: 'En dan dansen!'

Opgewekt nemen ze alvast mijn bruiloft door.

Dan leg ik de bal bij hen. Wat zouden hun ouders ervan vinden als ze thuis zouden komen met de boodschap homo of lesbisch te zijn?

Kaan schudt zijn hoofd: 'Mijn ouders zouden me vermoorden.'

'Wat? Echt niet!' roept Ibrahim. 'Mijn moeder zou even schrikken, maar dan zou ze me accepteren, want ze houdt van me.'

Een voor een vertellen de leerlingen wat ze denken dat de reactie van hun ouders zou zijn. Geen enkele leerling denkt dat het makkelijk is. Even word ik weer 'de Nederlander'.

Kaan zegt: 'U snapt misschien niet dat onze ouders dat zeggen, maar u bent een Nederlander, die zijn aan homo's gewend. Bij ons is dat niet zo.'

Salima haakt in: 'Had u het daarom niet aan ons verteld? U denkt zeker dat omdat wij moslims zijn, we tegen u zijn hè, nou echt niet! We zijn het gewoon niet gewend.'

Ik vertel mijn leerlingen dat ik het inderdaad spannend vond, maar dat het echt niet alleen een ding is van moslims: 'In heel veel geloven zie je dat ze moeite hebben met homoseksualiteit. Dat is lastig.'

Dan zegt Youssef: 'Mij maakt het niks uit. Ik weet niet wat Allah ervan vindt, maar u bent een lieve juf die mij goed begrijpt, dat vind ik gewoon fijn.' Verlegen kijkt hij me aan. 'Maar twee mannen samen zijn wel een beetje vies, toch?'

Ik zeg hem dat ik blij ben dat mijn situatie voor hem niks uitmaakt, maar dat ik twee mannen niet vies vind. 'Dat is ook gewoon liefde, net als bij mij en mijn vriendin.'

Ik vertel de klas het verhaal van een christelijk opgevoede vriend van mij die geen contact meer heeft met zijn ouders omdat hij homo is en een vriendje heeft.

Youssef zucht. 'Dat is toch gewoon niet eerlijk, want hij is gewoon verliefd en liefde is mooi.'

Ik ben verbaasd over deze wending, maar ik zie aan hem dat hij het meent.

Romarfio vraagt: 'Vindt u het eigenlijk erg dat u lesbisch bent?'

De rest van de klas kijkt me vragend aan. Dit willen ze ook wel weten.

'Nee,' antwoord ik. 'Ik vind het helemaal niet erg. Ik ben heel blij met het leven dat ik heb. Alleen is het moeilijk dat je niet altijd vrij kunt zijn. Als ik met mijn vriendin hand in hand over straat loop, weet ik dat mensen ons nastaren. Ik weet dat als ik mijn vriendin een kus geef in het openbaar, ik vervelende opmerkingen kan krijgen. Dat doet wel pijn en is moeilijk.'

Salima reageert: 'Bent u weleens uitgescholden?'

'Ja,' zucht ik, 'dat zal ik nooit vergeten. Ik liep met mijn ex-vriendin over straat in Berlijn. We liepen hand in hand.

Opeens kwam er een jongen op ons afgelopen. Hij ging breeduit voor ons staan, balde zijn vuist en zei: “No homo’s here.” Daar ben ik enorm van geschrokken en het doet nog pijn als ik erover vertel. Maar je leert ermee leven.’

De klas is er stil van.

Ibrahim reageert als eerste: ‘Dat vind ik echt heel erg voor u.’ Hij slaat zijn ogen neer.

Romarfio haakt in: ‘Als dat nog een keer gebeurt moet u me bellen! Dan kom ik het voor u opnemen!’

Youssef is het daarmee eens: ‘Ja, juf! Wij zijn er voor u!’

Ik moet lachen en zeg dat ik het heel lief van ze vind. In gedachten hoop ik vurig dat dit gesprek er ook voor zorgt dat ze zelf nooit een vervelende opmerking naar homo’s gaan maken.

Dan roept Manar: ‘Heeft u een foto van uw vriendin?’

‘Jaaaaaa!’ joelen de meiden. ‘Die willen we zien!’

Ik pak mijn telefoon en zeg dat ik die zeker heb. Ik zoek een foto en laat hem door de klas gaan.

‘Ze is echt knap!’ ‘Zo schattig!’ ‘U gaat echt mooie kinderen krijgen later.’

Ik kijk mijn klas in. Ik ben erg onder de indruk. Waar maakte ik me eigenlijk druk om?

Vol vertrouwen ga ik het volgende uur in. Nu zal ik het maar meteen aan alle klassen die ik lesgeef vertellen.

EMOTIES LOPEN OP

Ik zit in het kantoortje mijn lessen voor te bereiden als ik een appje van Youssef krijg: ‘Ik ben naar huis. Meester haat mij, want geen boek.’ Ik zucht. Niet de beste reden om halverwege de schooldag naar huis te gaan.

Ik app terug: ‘Moest je naar huis of ben je zelf naar huis gegaan?’

Youssef: ‘Ik wil niet meer in de les zijn. Ik ben heel boos.

Echt juf, heel boos. Ik maak geen grappen.'

Ik ken Youssef als een heel emotionele jongen. Het ene moment is hij intens blij, de lolbroek van de klas, het andere moment heeft hij het gevoel dat de hele wereld tegen hem is en loopt hij mokkend door de gangen. Tegelijkertijd is hij heel verantwoordelijk: thuis draagt hij de zorg voor zijn zusjes. Iets wat hij al op de basisschool deed, waardoor hij weinig aan leren toekwam.

Het is pauze. Ik besluit naar de rekendocent te lopen en te vragen wat er is gebeurd.

Mijn collega zucht en antwoordt: 'Ja ik sprak hem aan op het feit dat hij zijn boek niet bij zich had en toen flipte hij helemaal. Hij beweert dat ik daar nooit iemand op aanspreek. Alleen hem.'

Ik zucht, dit ziet Youssef dus meteen als een afwijzing. Ik zie dat vaker bij leerlingen. Het gevoel dat ze er niet mogen zijn zit zo diep dat alle opmerkingen over hun gedrag enorm hard binnenkomen. Met elke nieuwe fout worden ze bevestigd in het idee dat ze niks kunnen, waar ze zich vervolgens koste wat het kost tegen willen verdedigen.

Ik zeg tegen de rekendocent dat ik met Youssef zal gaan praten. Terug in het kantoortje wil ik hem appen, maar zie dat Youssef me voor was: 'Ik blijf thuis. Ik kan gewoon geen school.' Ik app Youssef dat hij het wel kan en dat hij terug moet komen. Dat ik met hem wil praten.

Hij komt terug. Er zit een boze, gekwetste jongen tegenover me. Alles in hem wil mij ervan overtuigen dat de meester hem haat, en dat ik niet meer moet denken dat hij het nog wel zou kunnen.

Ik kijk hem aan: 'Youssef, ik vind het rot voor je dat je je zo voelt, maar de meester haat je niet.'

Hij kijkt me boos aan. 'Hoe weet u dat nou? U was toch niet bij de les?'

'Ik weet het omdat ik net met de meester heb gepraat,'

zeg ik terwijl ik hem nadrukkelijk aankijk, 'maar hoe komt het dat je dat zo voelt?'

Hij gaat wat meer rechtop zitten, friemelt aan zijn trui. 'Omdat het gewoon niet lukt.'

'Wat lukt er niet?'

'Gewoon, rekenen, alles, school. Ik kan toch niet elke dag aan elk boek denken? Iedereen vergeet toch weleens iets! Zelfs u! Geef toe.' Uitdagend kijkt hij me aan.

Ik glimlach. 'Inderdaad, ik vergeet ook weleens iets, maar volgens mij moeten we het vooral even hebben over waarom rekenen niet goed gaat.'

Samen met mij wil Youssef nog wel een keer met de rekendocent praten. Misverstanden worden uit de weg geruimd, maar de docent zegt ook: 'Als ik al niet kan zeggen dat je je boek mee moet nemen, hoe kunnen we dan ooit een goede les hebben?' Dat is inderdaad erg ingewikkeld. Ik spreek met Youssef af dat hij voortaan eerst naar mij toe komt en niet naar huis gaat als hij boos is. Daar is hij het gelukkig mee eens.

Aan het eind van de dag verschijnt Youssef opeens bij mijn lokaal.

'Hé juf, dank u wel dat u me terug naar school heeft gestuurd. Dat is toch wel belangrijk voor mijn toekomst hè?' Hij kijkt me verlegen aan.

'Zeker,' antwoord ik. 'Wil je nog steeds bij de marechaussee?'

'Ja!' Trots kijkt hij me aan. 'Dat ga ik bereiken. Ik kom weer naar school met boeken.' Vol overtuiging geef ik hem een hand. 'Het gaat helemaal goed komen, Youssef.'

Het zijn kleine momenten in het schoolleven van mijn leerlingen waarop ik besef dat het ook de andere kant op kan gaan. Wat was er gebeurd als Youssef echt had besloten thuis te blijven? Of als we niet naar zijn kant van het verhaal hadden geluisterd en enkel boos waren geworden? Wat moet er allemaal in je leven zijn gebeurd dat het gevoel er niet te mogen zijn zo diep zit? Dat het aangesproken worden op een boek zo'n pijn doet vanbinnen?

THEATERLESSEN

Elk jaar vraagt het Nederlands Blazers Ensemble een schoolklas uit het praktijkonderwijs om een voorprogramma te spelen. Dit jaar is mijn klas aan de beurt. De komende weken krijgen ze acht muzieklessen om hun programma voor te bereiden.

Ik zit met de klas te wachten op de docenten. Voorbereidend vraag ik wie er weleens een muziekinstrument heeft bespeeld. Eén meisje reageert: 'Ik speel basgitaar. Ik zit ook in een band, we treden elke maand op.'

De klas kijkt haar verbaasd aan. Dit wisten ze helemaal niet!

Salima vraagt verwonderd: 'Kan je in een band spelen?'

Het meisje moet lachen. 'Hoezo niet? Dat kan gewoon hoor.'

Ik vertel de klas dat als je op muziekles gaat, je zeker ook in een band kunt gaan spelen. 'Hebben er nog meer leerlingen weleens muziek gemaakt? Hoeft niet op les te zijn geweest, gewoon een keer op de basisschool kan ook.'

'Ohhhh, ja dat wel!' Youssef kijkt me enthousiast aan. 'Ik heb getrommeld op de basisschool!'

Dat blijken er meer te hebben gedaan, ze beginnen al enthousiast op hun tafels te trommelen.

'En ik kan beatboxen, juf!' roept Kaan.

'Jaaaa, doe het!' schreeuwt Salima.

Ik schrik van de drukte die dit opeens teweegbrengt en vraag de klas iets zachter te praten, we zitten immers in een open lokaal. Een bijkomstigheid van de verbouwing: elke verdieping telt twee volledig open lokalen. Deze lokalen hebben geen muur en zijn bedoeld als leerpleinen om zelfstandig te werken, maar in de ruimtes worden op dit moment gewone lessen gegeven.

'Hoe kunnen we nou zachtjes zijn tijdens de muziekles?' vraagt Romarfio.

'Ja, daar heb je een punt,' antwoord ik, 'maar helaas waren alle gesloten lokalen bezet.' Makkelijk zal de muziekles zo inderdaad niet zijn. In mijn hoofd bied ik nu al mijn excuses aan mijn collega's aan, die gewoon een theorievak staan te geven. Ik twijfel of het wel verstandig was om de les überhaupt door te laten gaan. Had ik niet gewoon moeten wachten totdat er een gesloten lokaal vrij was?

Kaan haalt me uit mijn gedachten. 'Oké, maar mag ik nu beatboxen?'

Ik word blij van zijn enthousiasme. 'Laat maar zien wat je kunt!' Vol vertrouwen kijk ik hem aan.

Kaan staat op. Hij trekt zijn broek op en zijn shirt wat meer naar beneden. Zijn hand gaat door zijn rode haren. Dan begint hij: 'PFFT, PRRT, PFFT, PRTTT.' Het spuug vliegt in het rond, maar de klas is enthousiast.

'Dit moet je echt in de voorstelling gaan doen, bro,' zegt Youssef terwijl hij opstaat en Kaan een boks geeft.

Dan komen de muziekdocenten aanlopen. Twee witte twintigers. De man heeft een viool meegenomen, de vrouw een gitaar. De klas kijkt verwonderd naar de instrumenten, ze zitten vol met vragen. Ik vraag om stilte zodat de docenten kunnen beginnen en geef ze het woord.

'Wat leuk dat we hier mogen zijn,' zegt de man. 'Wij zijn muziekdocenten van het Nederlands Blazers Ensemble en we gaan jullie de komende week muziekles geven.'

De docente haakt in. 'Weten jullie wat het Nederlands Blazers Ensemble is?'

De klas kijkt mij vragend aan. Had ik ze hier niet even op kunnen voorbereiden?

Ik kijk schuldbewust terug. In al mijn enthousiasme over de muziekles was ik dit even vergeten.

De docenten zeggen dat het niet erg is dat de leerlingen het niet weten en zetten een filmpje op. Vrolijke muziek deint het klaslokaal binnen.

Na die introductie en een uitleg over verschillende muziekvormen gaat de klas een opwarmoefening doen. De muziekdocenten vragen de leerlingen in een kring te gaan staan.

Salima, Youssef en Romarfio springen op, de rest aarzelt wat.

'Kom, kom,' zegt Salima, 'dit wordt echt leuk, schaam je niet!' Enthousiast vraagt ze aan de juf wat ze precies gaan doen.

Noor en Enes staan als laatsten op. Verlegen nemen ze plaats in de groep.

De leerlingen moeten de muziekdocenten met pasjes en geluiden nadoen.

Noor en Enes staan stil. Ze kijken onzeker om zich heen. Moeten ze dit echt gaan doen?

Salima heeft er minder moeite mee. Opgewekt staat ze te springen en te dansen. Ze ontpopt zich al snel als de leider van de groep. Vol vertrouwen geeft ze de verschillende klasgenoten taken en doet ze alles eerst voor.

Youssef beweegt er als een clown tussendoor. Hij heeft de lachers weer op zijn hand: 'We gaan dit als een team doen, deze show wordt *tantoe* hard,' zegt hij vrolijk.

De volgende les vind ik gelukkig wel een gesloten lokaal. Hier kunnen de leerlingen in rust werken aan hun voorstelling. Het thema is 'wensen'. De muziekdocenten vragen de leerlingen wat hun wensen zijn.

Romarfio steekt zijn hand op. 'Ik wil heel graag een mooi huis.'

Youssef vult hem aan: 'Ja, en een motor, het liefst een rode.'

De docent haakt in. 'Dat zijn mooie wensen. Nog meer?'

Ibrahim reageert: 'Ik wil een Xbox One.'

Manar rolt met haar ogen. 'Jullie zijn raaaaar. Als je alles mag wensen wat je wilt, ga je toch niet dát wensen?' Ze kijkt de klas rond en vervolgt: 'Ik wil vrede. Ik wil een mooie toekomst en dat iedereen gelijk wordt behandeld. Dus geen discriminatie en geen armoede meer.'

De muziekdocenten zijn onder de indruk.

'Dat zijn mooie wensen, Manar,' zegt de vrouw.

De man vult aan: 'De andere wensen zijn ook mooi. Je kunt wensen hebben voor jezelf, en je kunt wensen hebben voor de wereld. Over alle wensen gaan we de voorstelling maken. Jullie krijgen van ons een briefje, en daar mag je alle wensen op schrijven die je hebt.'

De leerlingen gaan aan de slag. Noor kijkt hulpeloos naar haar papier.

Ik loop naar haar toe. 'Heb jij een wens, Noor?'

Ze haalt haar schouders op en zegt: 'Ik weet niet.'

Ik pak een stoel en ga naast haar zitten. 'Stel, je mag bepalen wat er vanmiddag gaat gebeuren, wat zou je dan willen?'

Noor kijkt me aan. 'Dat mijn moeder mijn cijfer voor Engels goed vindt.'

Ik glimlach. 'Dat is een mooie wens, Noor, en als je verder denkt, wat zou je dan wensen?'

Noor speelt met haar pen. Ze denkt na en zegt: 'Dat ik een goed diploma haal en mijn ouders trots op me zijn.'

Ik leg een hand op haar schouder en sta op. 'Dat is prachtig, Noor, schrijf maar op.'

Opgelucht kijkt ze omhoog.

Het is een mooie opdracht, leerlingen laten nadenken over dromen die ze hebben. Ik ben benieuwd wat voor muziek er uiteindelijk uitkomt. Bijna al mijn leerlingen leven op of onder de armoedegrens. Thuis hebben ze weinig.

Toch wordt daar nauwelijks over gepraat. Ze weten van elkaar dat ze het allemaal beter hopen te krijgen dan hun ouders. 'Een goede toekomst' is een zin die je vaak hoort. Mooie spullen, mooie kleding, het zijn onderwerpen waar ze het verlekkerd met elkaar over kunnen hebben. Tegelijkertijd is deze klas echt betrokken bij de wereld. De uitspraak van Manar staat ook niet op zichzelf. Ze willen later allemaal voor hun ouders zorgen. Als je vraagt wat ze zouden doen met een miljoen, antwoorden negen van de tien leerlingen: 'Een huis voor mijn ouders kopen.' Iets wat ik op mijn twaalfde zelf nooit zou hebben gezegd.

PUBERLIEFDE

'Juf, heeft ú weleens gezoend?' vraagt Salima.

Mijn klas kijkt me verwachtingsvol aan. We zijn deze les al afgedwaald van het thema 'meepraten en meebeslissen' naar de zenuwen voor dansen en zoenen op het aanstaande schoolfeest. Ik weet even niet of ik dit zijspoor nog verder moet volgen. Tegelijkertijd ontroert de onschuld van de vraag me. Mijn klas weet dat ik een vriendin heb, maar blijkbaar is dit toch een vraag die gesteld moet worden.

'Ja, dat heb ik weleens gedaan,' antwoord ik.

'Met mannen of met vrouwen?' vraagt Noor snel.

'Met allebei, maar sinds ik uit de kast ben alleen nog maar met vrouwen.'

De klas kijkt me tevreden aan, het is altijd leuk als de juf wat over haar eigen leven wil vertellen. Er volgen meer vragen.

Ibrahim: 'Mag dat van uw moeder?'

Ik kijk hem glimlachend aan: 'Nu kom je weer terug bij het onderwerp van de les, wat goed. Ja, zoenen was voor mijn ouders geen probleem. Praten jullie met je ouders over de dingen die je misschien wilt doen op het schoolfeest?'

Ze moeten lachen.

'Natúúrlijk niet,' zegt Noor. 'Als mijn moeder weet dat ik op Instagram met een jongen praat hè, juf... Oh ik zou me meteen op de wc verstoppen. En dan kijken door het kiertje of ze weg is. Pas als ze weg is zou ik naar buiten komen.'

'Wat zou je moeder doen dan?' vraag ik.

'Ze zou meteen over de buren beginnen, dat die zouden gaan praten. Dat ik een net meisje moet zijn. Me moet gedragen. Dat soort dingen.'

De andere leerlingen knikken instemmend.

Kaan steekt zijn hand op. 'Ik vind het niet goed dat er zo over gepraat wordt. Ik heb nu verkering. Bij de McDonald's heb ik het aan mijn vader verteld. Hij zei eerst: "Je bent nog veel te jong, waarom doe je dat?" Toen vertelde ik hem dat ik verliefd ben. Nu is mijn vader er wel oké mee. Verkering is gewoon leuk, dan ben je echt niet meteen minder netjes.'

Ik wil een gesprek beginnen over in hoeverre je je iets aantrekt van wat je ouders tegen je zeggen, hoe je om moet gaan met tegengestelde meningen over liefde, en over verwachtingen van jongens en meisjes. Net als ik mijn mond open wil trekken, is Salima me voor.

'Maar ju-huuuf, hoe dóé je dat dan, zoenen?' De vraag is duidelijk heel prangend.

Ik loop naar haar toe en geef haar een hand. Zonder twijfel geeft ze me een hand terug. Met een vragende blik, dat wel. 'Zo gaat zoenen ook,' zeg ik. 'Je komt dichter bij elkaar, en opeens begint het. Als het eenmaal gebeurt weet je vanzelf wat je moet doen. Net als met een hand geven, dat gaat toch ook vanzelf?'

Salima kijkt me opgelucht aan. 'Gaat het echt zo makkelijk?'

'Ja,' zeg ik, 'het komt goed, echt.'

Soms is het goed om even af te wijken van de les die ik

had voorbereid. Het zijn en blijven pubers die hun eigen leven proberen vorm te geven. Veel thema's blijven thuis onbesproken, en wil je misschien ook helemaal niet met je ouders bespreken. Tegelijkertijd hoop ik niet dat ik boze ouders op mijn dak krijg. Ik kan dit toch wel met ze bespreken?

Zelf had ik vroeger nooit aan een docent durven vragen of hij of zij weleens gezoend heeft. De afstand was te groot. Mijn leerlingen vragen me echter alles. Ik vind dat fijn, daardoor krijg ik ook een inkijkje in hun leven. Ik hoop ze wat verder op weg te helpen, ook al past dat niet altijd binnen het thema van de les.

REFLECTIE

Het eerste rapport komt eraan. Twee dagen lang voer ik de hele dag gesprekken met mijn leerlingen. Op dinsdag is het reflectiegesprek, een moment om als mentor samen met de leerling te bespreken hoe het gaat. Op donderdag volgt het driehoeksgesprek. De leerling presenteert dan aan de ouders zijn of haar voortgang. Op deze manier maken we de leerlingen eigenaar van hun leerproces en betrekken we de ouders er intensief bij.

Als voorbereiding vullen alle leerlingen een vragenlijst in. Thuis aan mijn eettafel lees ik de antwoorden door. Ze ontroeren me. Op de vraag 'Wat heb je de afgelopen maanden geleerd?' antwoordde Youssef: 'Dat ik heel slim ben.' Ik neem een slok van mijn thee. Eindelijk, hij heeft het door, hij mag er zijn. Tegelijkertijd weet ik dat het geen gemakkelijk gesprek wordt morgen: hij heeft twee onvoldoendes.

De volgende dag zit hij tegenover me. In een trainingspak, zijn pet naast hem op tafel. Zijn donkere ogen kijken me ondeugend aan.

Ik vraag me af waar hij net vandaan komt. Youssef heeft twee levens: de zorg voor zijn kleine zusjes en het leven op straat. Zich aanpassen aan de normen van school is daarom soms lastig, hier tellen de regels van de straat immers niet. De klas helpt hem daarbij. Ze zijn immers samen op een missie. Samen naar het vmbo, niemand achterlaten op hun weg ernaartoe. 'Eén team, één taak.' De hele klas heeft die leus vol overgave overgenomen. Daar heeft een jongen als Youssef baat bij. Toen er geruchten waren dat hij misschien naar een andere klas moest vanwege een matige leerhouding, stond de rest op: 'We zijn een team, ons haal je niet uit elkaar. We blijven elkaar helpen om er te komen.'

Youssef gaat er nu voor. Ook al is het oprecht moeilijk voor hem. Er hoeft maar iets te gebeuren en hij zegt: 'Ziet u wel dat iedereen slecht over mij denkt!' Zoals vorige maand nog tijdens het incident met de rekendocent.

Nu ben ik bang dat de twee onvoldoendes hetzelfde gevoel gaan oproepen.

Maar zodra hij zit, zegt Youssef: 'Mijn vader gaat eindelijk geloven dat ik wel iets kan.' Breedlachend kijkt hij me aan.

Ik ben opgelucht dat hij het zegt, maar het verbaast me ook. 'Dat vind ik heel fijn, Youssef. Hoe denk je dat dat komt?'

'Omdat mijn rapport beter is dan ooit.'

Aha, denk ik, twee onvoldoendes is voor Youssef dus niks. Ik zeg: 'Dat is heel goed van je, jongen. Dat heb je goed gedaan. Wat denk je dat je vader nog meer gaat zeggen?'

Hij wordt verlegen. 'Hm ja, dat ik wel wat aan Engels en rekenen moet doen...'

Ik knik. 'Ja, dat denk ik ook, dat moet ook echt.'

Hij kijkt op: 'Ja, ik weet het, komt goed. Geen stress. Ik ga dat vmbo halen.'

Ik kijk hem aan. Ik twijfel. Zegt hij dit nou om mij gerust te stellen? Denkt hij het echt? Ik vraag hem hoe hij dat gaat doen.

'Gewoon, door er mijn doel van te maken en hard te werken.'

'Dat is een goed idee.'

Nadat we nog even hebben doorgepraat over huiswerkbegeleiding zie ik dat Youssef moe wordt. Ik besluit de rest van de vragenlijst met hem door te nemen. 'Je schrijft op dat klasgenoten goed met jou omgaan en jij met hen, vertel eens.'

Youssef is zichtbaar blij dat we van onderwerp veranderen. 'Nou kijk, op de basisschool waren er veel gevechten. Veel ruzie. Hier niet, hier heeft iedereen respect. Tuurlijk zijn we weleens druk, maar we gaan goed met elkaar om.'

Ik voel me enorm blij worden, dit is precies wat ik hoop te bereiken met mijn klas. 'Wat fijn, dat vind ik heel goed om te horen. Ik kijk uit naar het gesprek dat we overmorgen met je vader erbij hebben.'

Dan is Noor aan de beurt. Youssef vertrouwde me toe dat hij haar wel heel erg leuk vindt. Ze is ook een leuk meisje, maar ook iemand die haar hele basisschooltijd niet aan de verwachtingen van haar ouders en zussen kon voldoen. Nu kan ze eindelijk weer ademhalen, ze heeft een goed rapport.

Ook bij haar komen haar cijfers aan bod. Zevens, achten en negens. Ik vraag haar wat ze denkt dat haar ouders van haar rapport gaan vinden.

Op haar gezicht verschijnt een grote glimlach. 'Mijn moeder gaat zo trots zijn!'

We praten verder, ik geef complimenten.

Dan komen bij Noor de twijfels weer terug: 'Mijn ouders gaan nooit geloven dat ik dit ben. Elk rapport van mij op de basisschool was slecht.'

Ik vind dit moeilijk om te horen. Kinderen worden zo

jong afgerekend op hun taal- en rekenniveau. Is dat te laag, dan heb je in groep vier al een 'slecht rapport'. Wie denkt dat een kind dan vast harder zijn best gaat doen, heeft het mis. De meeste kinderen blijven dan juist stilstaan. Doordrongen van het idee dat ze niet kunnen leren. Zo stapelt achterstand na achterstand zich op. En dan kom je na acht jaar ploeteren hier: op een plek waar iedereen geploeterd heeft.

Er zijn zeker nog meer oorzaken die ten grondslag liggen aan het lage niveau van mijn leerlingen, maar deze leerlingen laten me inzien dat het gebrek aan vertrouwen op de basisschool een hardnekkige is. Als ze op school niet meer verwachten dat je het wél kunt, waarom zou je dan je best gaan doen? Hier, met vertrouwen en met z'n allen in het hetzelfde schuitje keert het geloof in zichzelf langzaam weer terug, en gaan ze aan de slag.

HET EERSTE RAPPORT

Vandaag is de dag dat we de resultaten aan de ouders kunnen laten zien. Als eerste zitten de ouders van Ibrahim voor me. Ze zien er nog net zo oud en vermoeid uit als tijdens het eerste gesprek. Met één verschil: deze keer lachen ze van oor tot oor. Ibrahim had zijn ouders al over zijn rapport verteld.

Opgewonden haalt hij het papiertje uit de envelop. Zijn kleine handjes trillen, waardoor dat nog best moeilijk gaat. Hij zucht, strijkt het papier recht en legt het voor zijn ouders neer. Dat is meer voor het idee, want zij kunnen niet lezen.

Ibrahim leest zijn rapport voor. 'Nederlandse taal, een 8,7.' Hij kijkt op, naar zijn moeder.

'Heel goed,' zegt ze stralend.

Ibrahim knikt en leest door. 'Engelse taal, een 6,8.' Snel zegt hij erachteraan: 'Iets minder goed, maar alsnog goed.'

Zijn ouders knikken.

'Rekenen, een 8,5.'

Nu beginnen zijn ouders nóg breder te lachen.

'Rekenen?' vraagt zijn vader.

'Ja,' zegt Ibrahim triomfantelijk. Hij kijkt me aan. 'Op de basisschool zeiden ze dat ik nooit zou kunnen rekenen, daarom mocht ik niet naar het vmbo. Ik werkte uit een boekje van groep vier, weet u nog? Nu kan ik het dus wel!' Hij straalt.

Dit is exact de bedoeling van het eerste jaar: de leerlingen krijgen nog geen wiskunde, maar heel veel uren rekenen. Om zo te ontdekken dat ze het wél kunnen. Volgend jaar komt daar dan wiskunde bij, wat meer inzicht van ze vraagt.

Ibrahim leest de rest van de cijfers voor. Ze zijn allemaal prachtig.

Het zet me verder aan het denken. Hoe komt het dat deze leerlingen opeens zo zijn gaan groeien? Waarom kunnen ze nu dingen die door de basisschool als onmogelijk werden gezien? Ik was altijd een voorstander van gemengde klassen en een brede onderbouw om het schooladvies van leerlingen uit te stellen. Deze klas is echter absoluut niet gemengd: alle kinderen hebben een praktijkschooladvies gehad. Ik vraag me af of deze kinderen in een gemengde 'brede brugklas' tot hun recht waren gekomen. Eigenlijk denk ik van niet. Hun gevoelens van minderwaardigheid waren daar blijven bestaan. Hier hebben ze een gezamenlijk verleden en een gezamenlijke missie. Dat laat ze hard werken. Aan de andere kant: het niveau waarin ze nu zijn ingedeeld vind ik niet terecht. Ze kunnen immers veel meer. De vraag is hoeveel niveaus ze nu nog kunnen klimmen, de weg vanuit de kansklas is lang.

Als Ibrahim en zijn ouders weg zijn komt Romarfio aangelopen. Zijn moeder is er nog niet. Gelaten gaat hij voor me zitten.

'Ik weet niet waar mijn moeder is, ze neemt haar telefoon ook niet op.' Beteuterd kijkt hij me aan.

'Wat vervelend, laten we even samen wachten.' We kletsen wat en ik zie de tijd verder tikken. Manar en haar ouders zijn al bijna aan de beurt. Ik besluit de moeder nog eens op te bellen. Gespannen wacht ik samen met Romarfio af.

Dan neemt ze op: 'Ja, hallo?'

'Hallo, u spreekt met Maxe de Rijk, de mentor van Romarfio. We hebben nu zijn rapportgesprek. Bent u onderweg?'

Romarfio kijkt gespannen naar de telefoon.

'O ja, sorry. Er kwam even iets tussen. Ik heb suikerziekte weet u. Soms moet ik prikken. Ik spreek Romarfio later.' Ze verbreekt de verbinding.

Romarfio zakt onderuit. 'Sorry, juf.'

Ik zie de pijn op zijn gezicht. Hij had een heel mooi verhaal voorbereid voor zijn moeder. Hij heeft namelijk een heel plan voor de toekomst, met allerlei tussentijdse doelen die hij daarvoor moet halen. Dat had hij graag aan zijn moeder verteld.

'We gaan een andere afspraak maken, het komt goed. Je vertelt je mooie plan een andere keer aan je moeder, oké? Ik mag je je rapport helaas nu niet meegeven. Zeg maar vast tegen haar dat je rapport goed is. Dan maken we snel een nieuwe afspraak.'

Hij kijkt me teleurgesteld aan. 'Ja, is goed. Dank u wel. Bedankt dat ik nog even met u mocht praten, dan ga ik nu maar naar huis.'

Ik geef hem een hand, hou hem even iets langer vast. 'Je bent een sterke jongen, Romarfio. Dit is niet makkelijk, maar denk aan je doel.'

Romarfio laat mijn hand los. 'Ja, juf, dank u wel.' En weg is hij.

Ik zucht. Het is niet de eerste keer dat de moeder van

Romarfio niet komt opdagen. Ze heeft het zwaar als alleenstaande moeder met veel chronische ziektes. Romarfio werkt hard voor school, maar er lijken weinig mensen om hem heen te zijn die dat zien. Ik neem me voor Romarfio net wat vaker complimenten te geven. Of zou hij dat juist niet fijn vinden?

Lang om erover na te denken heb ik niet. Manar komt vrolijk aangelopen met haar ouders.

Haar moeder zegt opgewekt: 'Zo! Ik kwam net mijn oude docent Nederlands tegen, en mijn oude verzorgingsdocent. Wat een herkenning hier!'

Dat verrast me. 'O wat leuk, u zat hier ook op school?'

'Jazeker, en ik zie dat veel docenten niet van hun plek zijn weggegaan.'

Manar lacht verlegen.

Ik laat het drietal zien waar ze kunnen gaan zitten.

Als ze zitten zeg ik: 'Nou, Manar, laat je rapport maar zien.'

Manar geeft het aan haar ouders. Trots lezen die de cijfers.

'Nou, dat is heel goed,' zegt haar moeder. Ze kijkt mij aan: 'We vroegen ons af: kan Manar nog hoger?'

Ik glimlach. 'Manar heeft zeker een heel goed rapport. En als ze zo door blijft gaan zit er wellicht meer in dan vmbo-basis. Als er aan het einde van het jaar allemaal achten staan, mag ze op vmbo-kader gaan werken. Als dat dan goed gaat kan ze in de bovenbouw naar een vmbo-kaderklas.'

Manar kijkt trots naar haar moeder.

Die antwoordt: 'Dat vinden wij heel mooi, want ze kan meer, weet u. Ze heeft een gehandicapt broertje. Daar gaat veel aandacht naartoe. Dat doet wat met zo'n meisje. Ze heeft op de basisschool niet alles eruit kunnen halen, maar we zien dat ze hard werkt. Elke middag zit ze aan haar huiswerk.'

Manars vader knikt.

Dan kijk ik naar Manar. 'Klopt dat wat je moeder zegt? Heb je op de basisschool veel last gehad van het feit dat je een gehandicapt broertje hebt?'

Manar schudt haar hoofd. 'Nee hoor, daar heb ik eigenlijk niet echt last van. Ik denk dat het komt omdat mijn school met iPads ging werken. Niemand snapte dat, dus hebben we twee jaar niks geleerd.'

Als Manar en haar ouders weg zijn laat ik alles eens bezinken. Hoe kan het dat dit meisje ooit een praktijkschooladvies heeft gekregen?

Het idee achter praktijkonderwijs is dat leerlingen zelfredzaamheid wordt geleerd en worden opgeleid om assisterend praktisch werk te kunnen verrichten. Je wordt bijvoorbeeld assistent-kapper en mag haren opvegen, spullen klaarzetten en als je goed bent ook de telefoon opnemen. Banen die op dit moment worden wegbezuinigd. Sommige leerlingen komen terecht in een sociale werkvoorziening, maar ook daar is in gesneden.

Net als Manar kunnen veel praktijkschoolleerlingen meer. Uit cijfers van de VO Gids blijkt dat de helft van de praktijkonderwijsleerlingen niet direct aan het werk gaan, maar doorstromen naar een mbo-entreeopleiding. Dat is de opleiding voor mensen die geen diploma hebben behaald in het voortgezet onderwijs. De praktijkschoolleerlingen kunnen deze opleiding bij ons op school volgen. Zo'n tachtig procent van de leerlingen lukt dat ook. Een groot deel daarvan gaat vervolgens door naar een mbo-2-opleiding en behaalt zijn of haar startkwalificatie. Een enorm mooie prestatie, maar wat zegt dat over de adviezen?

KERST

Het is bijna kerstvakantie. Thuis bij de kerstboom scrol ik een beetje door mijn telefoon. Mijn oog valt op een nieuwsbericht: 'Niet alle Amsterdamse scholen vieren nog kerst.' Ik ben verbaasd en klik het bericht aan. Uitgebreid staat er beschreven dat multiculturele scholen het moeilijk vinden om kerst te vieren. Het feest zou leiden tot te veel conflicten.

Ik denk aan mijn eigen klas. Gisteren vroegen ze me nog enthousiast hoe het kerstfeest eruit ging zien. Gingen we samen avondeten of ontbijten? Wie mocht wat meenemen? Geen moeilijkheid te bekennen.

Ik leg mijn telefoon weg. Ik vind dit lastig: wat in de media wordt bericht strookt vaak niet met wat ik zelf in de klas zie. Het maakt me boos, maar ook bezorgd. Waardoor belanden dit soort berichten in de krant?

Ik besluit de volgende dag aan mijn leerlingen te vragen wat zij ervan vinden dat we kerst vieren op school.

Ze kijken me vragend aan.

Kaan neemt het woord. 'Gewoon gezellig!'

Ibrahim vult hem aan. 'Jezus komt ook gewoon in de Koran voor hoor, alleen heet hij daar Isa.'

Ik knik. Dat had ik inderdaad vaker gehoord.

Youssef haakt in: 'We wonen toch in Nederland? Dan kunnen we gewoon kerst vieren. Hoe meer feesten, hoe beter. Als je geen kerst wilt vieren, moet je niet in Nederland gaan wonen.'

Ik kijk nog een keer de klas rond, iedereen lijkt het vrij gewoon te vinden. Ik besluit het gesprek te stoppen. Laat ik ze maar geen problemen aanpraten die ze zelf niet ervaren.

Ik moet denken aan mijn eigen ervaring met kerst. Ook ik hou ervan, terwijl er thuis niks mee gedaan werd. Ik ben niet religieus opgevoed en er waren geen grote familiebijeenkomsten. Toch geniet ik ervan als ik nu met mensen kerst kan vieren, het liefst ook nog met iemand die wel met die traditie is opgevoed. Ik vind het een mooi feest.

'Mogen we dan nu verder met de verdeling?' Noor haalt me uit mijn gedachten. Ze pakt een papier uit haar tas. 'Kijk, hier hebben we opgeschreven wat ons menu wordt. Iedereen neemt wat mee.'

Vol bewondering kijk ik haar aan. Ze heeft in prachtige letters allerlei lekker eten opgeschreven, met daarachter de naam van de klasgenoot die het meeneemt.

'Wat mooi, Noor,' reageer ik, 'dat hebben jullie goed gedaan.'

'Dank u, juf, mag ik ook helpen versieren? Ik heb nog wel mooie kerstspullen.'

Ik vraag aan de klas wie dat nog meer willen. Vrijwel iedereen steekt zijn vinger op.

'Fijn dat jullie allemaal willen helpen, maar dan moet je dus wel een halfuur eerder op school zijn hè?'

De klas moet lachen, dat wil niet iedereen. De helft van de klas valt af. Er blijft een mooi groepje over.

De volgende ochtend sta ik te wachten voor het lokaal. Voor me liggen lampjes, kerstballen en allerlei ander kerstspul. Van de tafels had ik gisteren al één grote lange tafel gemaakt, zodat we vandaag niet meer alles hoeven te verbouwen. Ik wacht op de leerlingen voor het versieren.

Opgedoft komen Noor, Salima en hun vriendinnen binnen. Ze zien er stralend uit.

'Juf, juf! Ik was al om vijf uur wakker!' roept Noor lachend. 'Ik heb cake gemaakt, toen die in de oven stond kon ik mijn haar doen, en daarna heb ik de cake nog versierd.' Triomfantelijk kijkt ze me aan.

Salima haakt in. 'En nu zijn we hier. Wat moeten we versieren?'

Ik laat de spulletjes zien. Opgewekt gaan ze aan het werk.

Terwijl de dames bezig zijn druppelen een voor een de andere leerlingen binnen. De ene in een prachtige outfit met een grote schaal zelfgemaakt eten, de ander in trainingspak met een doos koekjes van de Lidl. Allemaal worden ze blij verwelkomd door de leerlingen die er al zijn. Salima laat iedereen zien waar het eten neergezet moet worden. Vrolijk gaat iedereen op in het feestgedruis.

Als we compleet zijn vraag ik iedereen te gaan zitten. Opgewonden nemen ze plaats aan de lange, mooi versierde tafel. Ik ga aan het hoofd staan en spreek de klas toe: 'Wat fijn dat we hier met elkaar kerst kunnen vieren. Ik snap dat jullie meteen willen gaan eten, maar ik wil graag eerst even wat zeggen. Voor mij is kerst ook een periode om even terug te kijken op het jaar. Tijdens de kerstvakantie gaan we het jaar 2019 in. Er is in 2018 veel gebeurd. Je bent begonnen op een nieuwe school, in een nieuwe klas. Ik wil jullie laten weten dat ik trots op jullie ben. Jullie doen het hier fantastisch. Ik ben heel erg blij dat ik jullie mentor mag zijn. Ik ben van jullie gaan houden en zal dat blijven doen. We gaan van 2019 een prachtig jaar maken. Een jaar waarin jullie gaan shinen.'

Ik pak mijn plastic bekertje met chocolademelk en hou het omhoog, 'Proost op jullie allemaal.'

De leerlingen volgen mijn voorbeeld: 'Proost!' Lachend beginnen ze met eten.

Youssef kijkt om zich heen. Zijn ogen kruisen de mijne en hij zegt: 'U houdt wel echt van emo-speeches...' Hij kijkt me lachend aan, en maakt dan verlegen zijn zin af: 'Daarom mag ik u zo erg. U bent de beste!'

Nog voordat ik iets kan terugzeggen mengt hij zich alweer in het gesprek van zijn vrienden.

Na een kwartier zijn alle magen gevuld. De klas wordt wat onrustig, de leerlingen maken grappen en lopen rond.

Salima loopt op me af. 'Mogen we een spel doen? Het is een soort quiz maar wel vanaf je telefoon.'

Ik kijk haar nadenkend aan en zeg: 'Ik heb niet zo'n zin dat iedereen op zijn telefoon gaat.'

'Nee, alleen ik zit op mijn telefoon. Daar staan de vragen.'

'Oké vooruit.' Ik ben benieuwd wat er komen gaat en hoop dat het iets is wat iedereen leuk vindt.

Vrolijk pakt Salima haar mobiel. Samen met Noor typt ze van alles in. Vervolgens gaat ze voor de klas staan. Streng zegt ze: 'Oké, we gaan een spel doen, ga even allemaal zitten en stil zijn!'

De klas kijkt haar verwonderd aan.

'We hebben een nieuwe juf!' roept Youssef.

'Oké stil!' schreeuwt Salima terug.

De klas luistert verbazingwekkend goed.

Salima vertelt: 'Oké, deze app gaat zo iemands naam laten zien. Als je naam er staat moet je kiezen tussen waarheid en doen, daarna krijg je een opdracht van mijn telefoon.'

Ik moet lachen en moet denken aan mijn eigen jeugd. Ze gaan gewoon 'doen, durven of waarheid' spelen. Hoe vaak heb ik dit wel niet gedaan? Tevreden kijk ik naar mijn klas.

Wanneer het spel is afgelopen vertrekken de leerlingen weer naar huis. Er is nog een personeelsbijeenkomst, dus ik loop naar de kantine. Ik zit nog in mijn maag met de nieuwsberichten. Ik vraag aan mijn collega's of zij hebben ervaren dat de leerlingen geen kerst willen vieren.

'Nee hoor, hoezo? Een feestje is toch een feestje?'

Ik vertel over het nieuwsbericht.

'Tja,' reageert de collega, 'je moet niet alles geloven wat de media zeggen.' Terwijl hij op tafel slaat zegt hij: 'Dit hier, dit is de echte wereld.'

Zo is het. Trots kijk ik de kantine in. Niet alleen onze leerlingpopulatie is gemengd, ons team ook. Samen vieren we kerst én het werk dat we doen.

HET OPTREDEN

Na de kerstvakantie staat het theateroptreden met het Nederlands Blazers Ensemble gepland. De leerlingen hebben ongelofelijk hard geoefend. Een dag voor het optreden zijn de zenuwen flink aanwezig. Ik word overspoeld met appjes van leerlingen die buikpijn hebben. Ik houd de moed erin, wijs de leerlingen op hoe goed ze zich hebben voorbereid en vertel ze dat ze sowieso al verschrikkelijk trots kunnen zijn en hoeveel vertrouwen ik in ze heb. Ik vind het ook spannend, maar tegelijkertijd zijn mijn verwachtingen hoog. De dingen die ik bij de voorbereidingen heb gezien maken me blij.

Het optreden vindt plaats in een theater in Amsterdam-Noord. Kaan, Manar en Ibrahim komen met hun ouders aangelopen. Opgewekt laten ze aan hun ouders het theater zien. Veel leerlingen komen alleen. Op de vraag waar hun ouders zijn halen ze gelaten hun schouders op. Gelukkig nemen de ouders die er wél zijn alle kinderen onder hun hoede. Ze dollen wat, maken wat grapjes met elkaar, checken de outfits.

Een paar van mijn jongens willen naar buiten om een luchtje te scheppen voordat ze het podium op moeten.

'Prima, maar jullie moeten wel echt om half acht weer binnen zijn,' laat ik ze weten.

'Komt goed!' roept Youssef en ze lopen weg.

Om half acht zijn ze nog niet terug. Om kwart voor acht ook niet. Boos bel ik ze.

Ibrahim neemt op. 'We staan bij de politie, juf! Misschien worden we wel meegenomen.'

Ik schrik, dat had ik niet verwacht. 'Wat is er gebeurd?'

'Niks. We mogen hier alleen niet zijn, of zo,' antwoordt Ibrahim en de verbinding wordt verbroken.

Ik slik. Over een kwartier moeten ze het podium op.

Ik wacht gespannen, vraag me af of ik contact moet opnemen met de politie en maan ondertussen de rest van de klas tot rust.

Dan roept Kaan: 'Ze zijn er!'

Gierend van de adrenaline komen de jongens de wachtruimte van het theater binnen. 'We zien eruit als criminelen!' roept Youssef.

'Ze dachten gewoon dat wij iets gestolen hadden!' zegt Ibrahim.

'Ja,' zegt Enes, 'maar toen zei ik dat we gingen optreden in het theater. Dat geloofden ze natuurlijk niet. We zien er meer uit als dieven.'

Verbaasd kijk ik naar de jongens.

Romarfio vraagt: 'Zou het door de pet van Youssef komen?'

'Nee! Door het trainingspak van Enes!' roept Ibrahim.

'Of door het tasje van jou, Romarfio,' zegt Youssef.

Ze roepen door elkaar heen, op zoek naar redenen voor deze onterechte beschuldiging, een reden voor het feit dat de agenten dachten dat ze wat gestolen hadden, in plaats van dat ze gingen optreden in het theater.

In mijn hoofd begint het te malen. Terwijl ik probeer te laten zien dat ik hoge verwachtingen van ze heb, kan hun zelfvertrouwen binnen een paar seconden weer weg zijn. Hoe kan ik de jongens leren om te gaan met zulke situaties? Veel tijd om na te denken heb ik niet. Ze moeten het podium op.

Het optreden gaat goed. Ze spelen niet allemaal even ritmisch, en niet helemaal gelijk, maar ze staan er. Aan het einde staat Manar op en houdt een speech. De zaal luistert ademloos. Ze haalt diep adem en spreekt haar laatste zin uit: 'Mijn wens is: voor iedereen een plaats.'

Dan zet de groep het slotlied in:

'Kijk naar jezelf en maak het verschil.
Wij zijn 1AB1 en vormen een geheel.
Als groep ben je niet alleen,
want wij zijn samen één.

Wees aardig voor elkaar
en volg je dromen.
Met een goede inzet
kun je heel ver komen.'

Een daverend applaus volgt. Ik kijk om me heen en ben trots, heel trots. Deze kinderen hebben even laten zien hoe het ook kan. In het publiek zaten hun moeders met hoofddoeken tussen het klassieke witte 50+-theaterpubliek. Iedereen was onder de indruk. Misschien niet zozeer van de muziek, maar vooral van de kracht van deze groep.

Een maand later is het helaas weer raak. Het is zondagmiddag en ik krijg een appje van Youssef: 'We zijn meegenomen naar het politiebureau. Worden verdacht van inslaan van een ruit.'

'Is het opgelost of moet ik helpen?' app ik.

Ik krijg terug: 'Nee, is opgelost. Ze dachten dat ik het deed. Maar iemand anders is al aangehouden.'

Ik haal opgelucht adem. Blijkbaar wilde Youssef alleen even laten weten dat het gebeurd is.

De volgende dag bespreek ik het met de klas. Er blijken in de tussentijd nog veel meer van dit soort voorvallen te zijn geweest.

'En jullie hadden telkens niks gedaan?' vraag ik de leerlingen.

'Nee, tuurlijk niet. U kent ons toch!'

Ik kijk de twaalf- en dertienjarigen aan. Dit is natuurlijk gewoon etnisch profileren. Ik ben nog nooit aangehouden door de politie, mijn witte vrienden ook niet. Ik voel me naar. Hoe kan ik de leerlingen hiertegen beschermen? Ik wil ze voorbereiden op de maatschappij, maar dit? Kan ik ze hier ooit goed op voorbereiden? Ben ik hier wel de juiste persoon voor? Ik voel me tekortschieten, maar ben blij dat ik nog twee jaar hun mentor ben en de oplossing niet nu al hoef te hebben. Ik moet er snel maar even met collega's over praten.

Gelukkig komt er een week later positief nieuws: het Nederlands Blazers Ensemble was zó enthousiast over deze groep dat ze bij hoge uitzondering volgend schooljaar nog een voorstelling mogen maken en opvoeren. Enthousiast vertel ik het aan de klas.

De leerlingen zijn door het dolle heen.

'Ziet u wel, juf, wij kunnen de hele wereld aan!' roept Kaan.

'We gaan de mooiste show *ever* neerzetten!' vervolgt Salima.

'Mogen we dan weer voor die deftige mensen optreden?' vraagt Noor.

'Wij zijn echt goed!' roept Youssef.

'Dit is echt het mooiste jaar van mijn leven!' besluit Ibrahim.

Ik kan alleen maar hopen dat deze positieve verwachtingen alle negatieve ervaringen naar de achtergrond dringen.

DE BURGEMEESTER

Het is vrijdagmiddag, ik zit met mijn collega's een biertje te drinken om de week af te sluiten. We grappen wat over knappe vrouwen, delen onze weekendplannen en gooien wat pijlen naar het dartbord. Mijn telefoon licht op en ik kijk wat er is binnengekomen. Het is een appje van de politiek assistent van de burgemeester. Vorig jaar liep ze een dag met me mee, omdat ze misschien docent wilde worden.

'Hoi Maxe, de burgemeester wil graag met jongeren uit Nieuw-West in gesprek. Zou ze een keer bij jou op school langs kunnen komen?'

Ik laat de dartpijl zakken en ben even stil. Dan kijk ik mijn collega's aan en zeg: 'De burgemeester wil langskomen.'

Ik word enthousiast, trek me terug van de borrel en app meteen Dyane, de directeur van onze school, om te vragen wat zij ervan vindt. Dan ga ik nadenken over leerlingen die mee kunnen doen. Wie zou het leuk vinden om met de burgemeester te praten? Ik wil graag dat ze te zien krijgt wat ik elke dag zie.

De week erop ga ik de klassen rond om te vragen wie met de burgemeester in gesprek wil. Ik loop lokaal na lokaal af, maar krijg weinig respons. De meeste leerlingen vinden het veel te spannend en hebben niet het idee dat zij het kunnen. Eén leerling zegt: 'Dat is toch een veel te slimme vrouw voor ons?'

Na overleg met mijn collega's besluit ik dat we gerichter moeten gaan handelen. Niet in het luchtledige vragen wie er mee wil doen, maar leerlingen aanspreken op hun talenten. Vol vertrouwen in deze nieuwe aanpak stap ik op Romarfio en Manar af: 'Jullie kunnen jezelf goed verwoorden, lijkt het jullie niet leuk om met de burgemeester in gesprek te gaan? Ik denk dat jullie haar heel goed kunnen vertellen wat je meemaakt.' De tactiek werkt, binnen een dag hebben we een groep van vijftien leerlingen.

Een paar dagen voordat de burgemeester komt neem ik het gesprek met de leerlingen door. Gespannen zit de groep voor me. Wat willen ze de burgemeester vertellen? Ze hebben geen idee. Ik formuleer mijn vraag anders: 'De burgemeester heeft best wel wat macht, dus het kan zomaar zijn dat ze dingen in Amsterdam kan veranderen naar aanleiding van wat jullie vertellen.'

Dat opent het gesprek.

De kleinste van het stel, een tweedejaars die praktijkonderwijs volgt, begint: 'Ik wil graag vertellen dat mijn huis veel te klein is. We zijn met acht mensen thuis en we hebben maar twee slaapkamers.'

Dit is een aanzet voor meer. Verhaal na verhaal volgt.

Na een uur maak ik de balans op. 'Jullie hebben veel te vertellen, en precies dit mag je morgen tegen de burgemeester zeggen. Ik zal doorgeven dat jullie het willen hebben over betere woningen, meer kansen voor kinderen in het onderwijs en het stoppen van discriminatie.'

De leerlingen knikken. Druk pratend over wat ze aan gaan trekken verlaten ze het lokaal.

De volgende dag wordt de school klaargestoomd voor het bezoek van de burgemeester. De kantine wordt nog een keer schoongemaakt en het personeel krijgt instructies. De verwachtingen zijn hoog. Eindelijk kunnen we aan de burgemeester laten zien hoe hard we werken en hoe mooi ons resultaat is. Zes jaar nadat burgemeester Van der Laan had gedreigd de school te sluiten staat het er immers heel anders voor.

De leerlingen die met Femke Halsema in gesprek gaan, zitten gespannen te wachten in het lokaal. De koekjes worden netjes klaargelegd, de zenuwen worden weggespoeld met frisdrank. Door de ramen zien we hoe Dyane de burgemeester rondleidt.

Dan verschijnt ze bij ons lokaal. De leerlingen gaan netjes staan en geven haar een hand.

'Ze draagt helemaal niet haar ketting,' fluistert Manar mij toe.

De burgemeester hoort het en legt uit dat ze die lang niet altijd om hoeft te doen.

Ze is niet alleen gekomen, om ons heen zitten nog vijf van haar medewerkers. Ook van ons personeel is er een hele delegatie. Te laat bedenk ik dat dit voor de leerlingen niet erg prettig is, zo'n hele groep mensen die naar ze kijkt terwijl ze praten. Gespannen vertellen ze hun verhalen. De burgemeester stelt veel vragen.

Naast de gesprekken over de woningen en kansengelijkheid raken de verhalen die de leerlingen vertellen over discriminatie de burgemeester zichtbaar. Alle leerlingen hebben voorbeelden. We zouden nog uren door kunnen praten, maar de burgemeester moet gaan.

'Weten jullie wat?' zegt ze. 'Als jullie nou proberen mee te denken over wat we hieraan kunnen doen. Dan kunnen we elkaar misschien helpen. Komen jullie in het voorjaar langs op het stadhuis? Dan kunnen we er verder over doorpraten.'

De leerlingen zijn vereerd. Na afloop vragen ze me of ze snel aan de slag kunnen met het plan.

'We gaan de wereld verbeteren,' zegt Romarfio.

Trots kijk ik hem aan. Zo is het.

AANSLAGEN

Ik zit in het kantoortje mijn lessen voor te bereiden voor de komende week, het is vrijdagmiddag. Ik heb zin in weekend, maar wil pas weg als mijn lessen af zijn. Ik zit er net lekker in als ik een bericht binnenkrijg: 'Aanslag op moskeeën in Nieuw-Zeeland.' Ik schrik, dit klinkt heftig.

Het lukt me niet meer om aan mijn lessen te werken. Ik blijf maar door het nieuws scrollen. Een Australiër met extreemrechtse ideeën heeft in Nieuw-Zeeland eenenvijftig mensen vermoord, voor het grootste deel moslims die aan het bidden waren in hun moskee. Ik moet aan mijn leerlingen denken. Hoe komt dit nieuws aan bij hen?

Al snel krijg ik een appje van Youssef: 'Mijn zusje is bang, juf, ik weet niet wat ik tegen haar moet zeggen.'

Ik probeer mijn leerlingen gerust te stellen, naar ze te luisteren en vermoedens van feiten te onderscheiden. Maar ze zijn bang, heel bang. Opeens ligt er een angst bloot die ze al veel langer hadden.

Enes appt: 'We hadden al veel eerder bang kunnen zijn, want ze moeten ons hier niet.'

Het hele weekend denk ik na over hoe ik met de leerlingen hierover kan praten. Die zondag sta ik op de Dam bij de herdenking van de slachtoffers van de aanslag. Ik kijk om me heen en zie verbinding, saamhorigheid en liefde. Ik denk aan mijn leerlingen en zou willen dat ze er ook bij waren. Hier gaat het niet over angst, maar over hoop. Iets wat ze zo hard nodig hebben.

Op maandag ben ik vrij en leg ik net de laatste hand aan mijn lessen, als ik weer word opgeschrikt door een nieuwsbericht. In Utrecht heeft een man vier mensen doodgeschoten in naam van de islam. Ik app een vriendin die in Utrecht woont of het goed met haar gaat en vraag mijn ouders of ze vandaag in Utrecht werken. De spanning in mijn lichaam stijgt. Wat betekent dit allemaal? Morgen op school wordt een zware dag, dat is duidelijk.

De volgende dag loop ik mijn lokaal in. Ik open de PowerPoint van de les en leg alles duidelijk klaar. Dit moet ik goed doen. Ik wil dat mijn leerlingen al hun gevoelens kwijt kunnen én dat we het kunnen hebben over feiten. Hopelijk kan ik ze ook nog wat moed inpraten.

De klas komt opgewonden het lokaal binnen. Ze zitten vol met vragen en opmerkingen en zijn blij dat we het er meteen over kunnen hebben. Kaan zit met gebalde vuisten en veel onrust op zijn gezicht voor me. Terwijl de rest vragen stelt, opmerkingen maakt en gevoelens deelt, blijft hij voor zich uit staren.

Ik probeer hem erbij te betrekken. 'Kaan, je ziet er boos uit. Wil je ons vertellen waarom je je zo voelt?'

Hij kijkt me aan. 'Ik weet niet wat het is, ik voel me raar. Weet u, het was een Turk die het gedaan heeft. Ik ben ook een Turk. Ik ben denk ik verdrietig, of nee, eigenlijk schaam ik me. Want ik ben trots dat ik Turks ben. Maar niet op die man.'

De klas knikt begripvol.

Enes reageert: 'Je hoeft niet zo te denken. Het kan allebei. Ik ben ook trots dat ik moslim ben, maar ik haat IS-mensen. Je moet gewoon zorgen dat je zelf een goed mens bent.'

Even later krijgt het Turks-zijn een andere wending. Salima zegt: 'Ja oké, hij is in Turkije geboren, maar dat zegt toch niks.'

Noor valt haar bij: 'Ik ben toch ook in Nederland geboren, maar niemand die mij een Nederlander noemt.'

Het zijn gesprekken die we vaker in de klas voeren. Voor de wet is je nationaliteit leidend, maar in het dagelijks leven voelt dat niet altijd zo en word je beoordeeld op je afkomst. We komen op het verschil tussen gevoelens en feiten. Een nieuwszender gaat voor de feiten. Ja, de man is geboren in Turkije, dus de nieuwszender mag dat zeggen. Dat is geen aanval op Turks-zijn.

Kaan breekt in: 'Ja, maar voor mij voelt het wel als een aanval. Alsof Nederlanders nu denken dat Turken slecht zijn.'

Manar steekt haar vinger op: 'Mag ik even wat vertellen? Want ik voel me echt heel verdrietig en ik weet het even niet meer.'

Ik zeg haar dat ze alles mag zeggen.

'Afgelopen zaterdag, de zaterdag na de aanslag op de moskee, moest mijn broertje voetballen. Hij wilde eigenlijk niet, want hij was nog erg in shock. We dachten dat het wel een fijne afleiding zou zijn. Maar zijn hele voetbalteam is Marokkaans. De hele wedstrijd werden ze uitgescholden. De tegenstanders zeiden "kutmarokkaan" en "mocromaffia" tegen mijn broertje. De scheids deed niks. Pas na afloop werd er gezegd dat ze "wel wat liever hadden kunnen doen". Ik had nog wel hoop, maar die is nu helemaal weg.'

'Wat erg,' reageer ik, 'dat lijkt me heel naar om mee te maken, zeker een dag na zulke verschrikkelijke aanslagen. Ik begrijp dat je je heel verdrietig voelt.'

Nieuwe vingers schieten de lucht in. Alle leerlingen hebben zulke verhalen. Ik laat ze praten en op elkaar reageren, maar stel ook vragen: hoe kunnen wij ervoor zorgen dat we goed met elkaar om blijven gaan? Wat is een verstandige reactie op nare opmerkingen?

Ik sluit af met video's van de toespraken op de herdenking op de Dam. De video's spreken voor zich: 'Wie we ook zijn, waar we ook in geloven, waar we ook vandaan komen, samen staan we voor onze vrijheid, samen staan we voor vrede,' spreekt de burgemeester.

Romarfio en Manar glunderen van trots.

'Wij hebben ook met haar gepraat! Toen was ze ook al lief,' zegt Manar.

In de video's vallen nog meer mooie woorden en de leerlingen zijn onder de indruk van de vele verschillende mensen die samen op de Dam staan. Kaan vraagt zich af wat al die verschillende vlaggen er doen. Ik vertel dat mensen met hun vlag laten zien dat ook zij meeleven met de slachtoffers.

'Dus ook de Joden?' vraagt Ibrahim.

'Ja, ook de Joden. Iedereen was er samen voor de mensen die in de moskeeën doodgeschoten werden.'

Manar steekt haar hand op: 'Dit is echt heel mooi. Dit

laat zien dat we in Nederland gewoon samen één zijn. We moeten gewoon met elkaar blijven praten, dan komt het wel goed.'

Ik knik. Zo is het.

HET STADHUIS

De aanslagen van de afgelopen periode maken voor de leerlingen nog eens goed duidelijk dat ze een belangrijk doel hebben voor hun volgende gesprek met de burgemeester: discriminatie stoppen. De weken voorafgaand aan het bezoek aan het stadhuis brainstormen de leerlingen over een oplossing.

'We ontmoeten elkaar gewoon te weinig. En als we elkaar al ontmoeten spelen we tegen elkaar in plaats van met elkaar. Zoals toen met de voetbalwedstrijd van mijn broertje,' zegt Manar.

Een andere leerling vult haar aan: 'Ja, ik heb nog nooit met een Nederlands kind gepraat. Ik ken ze niet eens. Hoe kunnen ze dan weten dat ik gewoon aardig ben en geen crimineel?'

Ik vraag de leerlingen hoe we daar iets aan kunnen doen.

'Misschien een soort sportdag?' antwoordt Romarfio. 'Dat we dan met elkaar leuke dingen gaan organiseren? Dus niet tegen elkaar, maar met elkaar?'

'Ja!' roept iemand anders. 'Maar niet iedereen houdt van sport, misschien moeten we ook andere leuke dingen doen.'

De groep wordt enthousiast. Ik schrijf mee op het bord en binnen een uur hebben we een plan.

Een week later bereiden we het gesprek met de burgmeester definitief voor.

Een leerling oppert: 'Misschien moeten we wel eerst vertellen waarom we discriminatie willen stoppen en daarna ons plan vertellen.' Ik stem in en vraag de leerlingen allemaal in één zin op te schrijven waarom ze dat vinden. Ik raak ontroerd door hun antwoorden en we besluiten dat ze allemaal hun zin gaan voorlezen aan de burgemeester.

Onderweg in de metro naar het stadhuis nemen de leerlingen hun tekst nog eens goed door.

'Denkt u dat het goed gaat komen?' vraagt Romarfio.

'Dat weet ik wel zeker, jongen, jullie hebben je zo goed voorbereid.'

De leerlingen nemen plaats in de vergaderzaal. Verwonderd kijken ze om zich heen. Ik leg hun blaadjes met tekst voor ze neer, dit voelt wel heel professioneel.

Als de burgemeester plaatsneemt, neemt de oudste van de leerlingen het woord: 'Beste mevrouw de burgemeester, wij zijn de leerlingen van het Mundus College. Wij willen het met u over discriminatie hebben en de oplossing die wij daarvoor hebben. Er wordt in Nederland veel gediscrimineerd en je wordt vies aangekeken. Wij zien dat de politie ook discrimineert. En veel andere mensen. We hebben allemaal wel iets meegemaakt. Waarom? Alleen omdat je moslim bent en een allochtoon? Wij denken dat het komt omdat mensen elkaar niet meer leren kennen. Om dat op te lossen willen wij activiteiten organiseren met leerlingen van andere scholen. Zodat leerlingen elkaar beter leren kennen. Want de jeugd is de toekomst. Wij willen focussen op samen dingen doen, in plaats van op de verschillen.'

Romarfio vervolgt: 'Ik wil dat alle kinderen met elkaar kunnen spelen en dat niemand zich buitengesloten voelt. Want ieder kind is hetzelfde. Je moet je veilig kunnen voelen.'

Ook de andere leerlingen lezen hun zinnen voor. De burgemeester kijkt me aan en glimlacht. Ze lijkt wat te willen zeggen.

De kleinste van het stel is haar voor. Hij zegt: 'Niemand is anders, iedereen heeft een huid en bloed. Iedereen heeft botten. We zijn allemaal gelijk.'

De burgemeester reageert: 'Ik wordt hier helemaal stil van.'

De leerlingen knikken onrustig. Ze zijn nog niet klaar met hun verhaal en weten niet hoe ze moeten reageren.

Ik kijk Manar aan zodat ze snapt dat ze door mag lezen.

Ze zegt: 'Ja mevrouw, iedereen moet er voor elkaar zijn in dit land. Kinderen zijn later de toekomst voor Nederland.'

De oudste mag ook het slotwoord doen. Opgetogen kijkt ze de burgemeester aan, waarna ze verder leest: 'Wij hebben dus de oplossing bedacht: elkaar ontmoeten. Daarvoor willen we ontmoetingsdagen tussen verschillende scholen in Amsterdam organiseren. We willen dat iedereen op die ontmoetingsdag kan doen wat hij of zij leuk vindt. Bijvoorbeeld: koken, techniek, sport of kunst. Leerlingen kunnen zich inschrijven voor een activiteit die ze leuk vinden. Er worden groepjes gemaakt van leerlingen van verschillende scholen. Zodat je met andere kinderen kunt praten en anderen kunt leren kennen met dezelfde hobby's. Het is nooit te laat om de wereld te redden.'

Ik kijk naar de burgemeester. Heeft ze nou tranen in haar ogen? Ik kan het net niet zien. Bij haar staf zie ik de waterogen duidelijker. Ook ik heb kippenvel en kan mijn tranen moeilijk onderdrukken.

De burgemeester zegt dat ze enorm geroerd is door hun verhaal. Ze gaat de leerlingen helpen met hun project, dat belooft ze. Ze brainstormt nog wat met de leerlingen en komt dan met een mooi idee: 'Wat dachten jullie ervan om het project samen met leerlingen van een andere school te organiseren? Jullie kunnen dan in de organisatie meteen beginnen met de ontmoetingen.' Dat vindt de groep een goed idee.

Terug op school tril ik nog steeds van opwinding. Wat was dit indrukwekkend. De leerlingen hebben het zo goed gedaan. Samen met de burgemeester aan een oplossing werken, dat is toch fantastisch? Ik hoop dat het gaat lukken. Zo'n dag vergt natuurlijk enorm veel voorbereidingen, waar halen we al die tijd vandaan? Even bekruipt de stress me, maar dan komt er gelukkig een collega aangelopen.

'Ik hoor dat het bezoek aan de burgemeester een succes was? Wat goed, Max! Ik sprak net de leerlingen. Die zijn helemaal door het dolle heen. Ze voelen zich echt gehoord.'

Als ik aan het einde van de dag door de stad naar huis fiets maken de arbeiderswijken van mijn leerlingen langzaam plaats voor luxepanden en dure winkels. Op straat lopen de witte mensen die mijn leerlingen beschrijven. Zou het helpen als deze mensen en mijn leerlingen elkaar gaan ontmoeten? Ik fiets door naar de Albert Heijn, ik heb flink wat boodschappen te doen: vanavond komen vrienden van mijn studie politicologie eten. Ook allemaal wit, wat zegt dat eigenlijk over mij? Zelf zat ik op een gemengde basisschool. Dat heeft voor mij zeker de basis gelegd voor de makkelijke omgang die ik nu heb met mensen uit andere culturen. Waarom is mijn huidige vriendengroep dan zo wit? Bijna al mijn studiegenoten waren wit, terwijl die politicologen in de toekomst ons nationale en regionale beleid gaan bepalen. Ook bij ons op de opleiding waren er nauwelijks ontmoetingen tussen mensen van verschillende culturen. Terwijl ik door de Albert Heijn loop besef ik: de missie van mijn leerlingen is heel groot en uitdagend.

DE JUF KAN NIET STOPPEN MET HUILEN

Het is maandagochtend, ik kom net onder de douche vandaan en loop naar mijn slaapkamer. Vandaag is mijn vrije dag, ik heb niet zoveel op de planning en dat vind ik wel even lekker. Ik pak mijn telefoon van mijn nachtkastje.

Eén gemiste oproep en een appje van mijn collega Samet: 'Hé Maxe, kun jij mij zo snel mogelijk bellen?'

Ik schrik. Wat kan dit zijn? Samet is de mentor van vijf oud-leerlingen van mij. Zou er iets met hen aan de hand zijn?

Nog voordat ik kan bedenken wat het zou kunnen zijn, verschijnt er een appje in de groepsapp van de docenten: 'Dag collega's, de herdenkhoek voor Amir wordt klaargemaakt bij de zorg.'

Langzaam ga ik op mijn bed zitten. Vorige week was Amir in het ziekenhuis opgenomen met een ontsteking. Zou die hem fataal zijn geworden?

Ik staar naar mijn telefoon. Ik moet Samet bellen, maar ik durf het niet. Traag scrol ik door mijn telefoon, ik haal diep adem en klik op de gemiste oproep van Samet. Terwijl ik de telefoon hoor overgaan begint het nieuws langzaam tot me door te dringen. Amir is er niet meer.

Samet neemt op, snikkend zegt hij: 'Je hebt het vast al opgemaakt uit het appje in de groepsapp... Hij is overleden... Zijn lichaam trok het niet meer.'

Ik hoor enorme snikken aan de andere kant van de lijn. Bij mij komen de tranen nog niet. De shock is te groot. 'Wat verschrikkelijk,' stamel ik, 'dit had ik echt niet aan zien komen.' Ik zucht nog eens diep.

Samet doet hetzelfde en zegt: 'Ik ook niet, ik had nog een cadeau voor hem gekocht. Dat zou ik vandaag in het ziekenhuis langsbrengen. O, Maxe, waarom Amir? Zo'n lieve jongen.'

'Ja, hij is de liefste leerling die ik ooit heb gekend,' beaam ik.

'Sorry Maxe, ik moet ophangen, kijk maar even wat je doet. Je bent welkom op school.' Hij hangt op.

Ik laat me achterovervallen op mijn bed en staar naar het plafond. Wat moet ik doen? Ik app mijn teamleider en vraag of ik naar school moet of kan komen. Ik wil graag de leerlingen opvangen. En misschien ook wel mijn verdriet met collega's delen. Kun je dat eigenlijk wel doen in een school die open is? Kun je je verdriet tonen bij leerlingen? Mijn teamleider appt dat ik moet doen wat goed voelt.

Zenuwachtig fiets ik naar school. Het is een warme dag, zo'n dertig graden, het zweet gutst over mijn lichaam. Niet erg fris als ik mensen een knuffel moet geven. Gespannen rol ik de fietsenstalling binnen. Wat zal ik aantreffen? Ik gluur door het raam naar binnen, het gedenkhoekje moet hier net om de hoek zijn. Ik zie al veel leerlingen en docenten staan. Ik zet mijn fiets op slot en loop naar binnen.

Laila, de zorgcoördinator, loopt meteen op me af en geeft me een knuffel. Ik hou het niet meer en barst in tranen uit. Lange, eindeloze snikken. Ik kijk over de schouder van Laila heen en zie de vrienden van Amir zitten. Ik maak me los uit Laila's omhelzing en loop naar de leerlingen toe. Ook hen geef ik een knuffel. Tranen stromen over onze wangen.

'Amir was zo lief, gewoon de beste persoon op deze wereld, dit is echt gemeen,' zijn beste vriend kijkt me hulpeloos aan.

Ook hij zat vorig jaar in mijn mentorklas. Hem zo verdrietig zien gaat door merg en been. Ik neem plaats naast de leerlingen op het bankje en samen halen we herinneringen op.

Salima, Noor en Youssef lopen langs. Ze zien mij huilen en schrikken.

'Kende u hem goed?' vraagt Salima.

'Ja,' antwoord ik door mijn tranen heen, 'ik was vorig jaar zijn mentor.'

Youssef loopt op me af en legt een hand op mijn rug: 'Sterkte juf.'

Het geeft me een gek gevoel dat hij nu mij moet troosten.

De volgende dag verzamel ik het eerste uur mijn oude mentorklas in een lokaal. Dit was mijn allereerste klas, de leerlingen zullen altijd een bijzonder plekje in mijn hart houden. Dit schooljaar zijn ze verdeeld over drie verschillende klassen, waardoor ik hun mentor niet meer ben. Het leek me goed om al deze ex-klasgenoten van Amir even bij elkaar te hebben om samen het nieuws te kunnen verwerken.

We praten over wat voor lieve jongen Amir was en waar hij nu zal zijn.

Amirs beste vriend zegt: 'Allah haalt een mens bij zich als hij denkt dat het het moment is. De dag dat je overlijdt staat in ons geloof al vast sinds je geboorte. Alleen weten we die dag niet. Allah wel. Blijkbaar was het nu al Amirs tijd...' Hij veegt de tranen uit zijn ogen, een vriend slaat een arm om hem heen. Hij vervolgt: 'Maar dat maakt me gewoon zo verdrietig. Ik kan hem nog niet missen.'

Ik kijk hem aan en slik mijn eigen tranen weg. 'Dat snap ik, lieverd.'

We praten nog even door en dan loop ik met de leerlingen naar de gedenkhoek. Een voor een mogen ze iets opschrijven in het boek voor Amir. De stoere jongens aarzelen even, maar dan pakken ook zij hun pen en schrijven ze op hoe moeilijk ze het vinden.

Die woensdag moet ik weer lesgeven. Verslagen zit ik in de ruimte waar we de dag altijd aftrappen met het team. Ik ben te vroeg en staar wat voor me uit.

Een collega komt naast me zitten: 'Trek je het allemaal een beetje?'

Nog voor ze haar zin heeft kunnen uitspreken rollen de

tranen over mijn wangen. Ik merk niet dat de tafel om me heen inmiddels voller wordt.

Mijn teamleider zoekt mijn blik: 'Maxe, zo kun je geen les geven. Ik rooster je wel uit tot de pauze. Doe even wat goed voelt, ga buiten een rondje lopen, praat met wat mensen.'

Ik knik, bedank haar en sta op.

Ik app een collega met wie ik het goed kan vinden: 'Hé, ik voel me niet goed, dus ik ga even een rondje langs de Sloterplas lopen. Loop je mee?' Ik pak mijn jas terwijl haar antwoord binnenkomt: 'Natuurlijk. Zie ik je bij de fietsenstalling?' Ik loop de trap af. Buiten kom ik Dyane tegen.

Ze schrikt van mijn betraande gezicht: 'Ach meissie toch, het doet je veel hè?' Ze omhelst me.

Voor de zoveelste keer barst ik in snikken uit.

Mijn collega komt aanlopen. 'Wij gaan even wandelen,' zegt ze.

Dyane knikt en laat me los. 'Sterkte meis,' antwoordt ze terwijl mijn collega en ik weglopen.

Het wandelen doet me goed. Eenmaal terug op school kom ik Kaan tegen.

'Juf! De les viel uit! Gaat het wel goed met u?'

Ik glimlach en zeg dat het goed gaat. 'Maar ik was vanochtend nog even erg verdrietig om Amir. Na de pauze hebben jullie wel weer les van mij.'

Kaan knikt en zegt: 'Is goed! U weet dat ik er voor u ben hè!' Vrolijk dendert hij de trap af.

Ik voel me schuldig dat ook hij opeens denkt voor mij te moeten zorgen.

Dan komt er een derdeklasser op me aflopen: 'U bent de oude juf van Amir, toch?'

'Ja,' zeg ik. Ik kijk hem vragend aan.

'Nou, ik ben zeg maar een soort van familie van hem. Ik wil even zeggen dat ik u de beste juf vind. Het is echt lief van u dat u zo verdrietig bent. Meester Samet ook al. Jullie zijn echt goede mensen.'

Ik ben geroerd door zijn mooie woorden. Zo had ik mijn eigen verdriet nog niet bekeken. Mijn schuldgevoel erover ebt weg.

'Dank je wel, wat lief dat je dat zegt. Hoe gaat het met jou?'

De tranen rollen over zijn wangen. 'Niet goed.'

'Dat snap ik.' Ik leg een hand op zijn schouder. 'Zullen we even samen naar het herdenkhoekje gaan?'

Dankbaar kijkt de jongen me aan. 'Graag.'

Samen lopen we naar beneden.

EEN GEMEENSCHAP VOL VERDRIET

Vanavond is er een herdenkingsdienst in de moskee. Ik wil graag gaan, maar voel me er ook ongemakkelijk bij. Ik ben nog nooit bij een dienst van een moskee geweest. Ben ik wel welkom?

Ik overleg met Laila. Ze ziet mijn twijfels en zegt: 'Ze zullen heel blij zijn als jij er bent, Maxe. Ik regel wel een sjaaltje voor je schouders voor je.'

Ik knik en vind het fijn dat ik kan gaan. Ik wil mijn steun betuigen aan de familie en zelf het verdriet een plekje kunnen geven.

Met een sjaaltje om mijn hals en armen loop ik richting de moskee. Ik zie heel veel leerlingen van onze school. Salima en Noor komen op me af. Ik herken ze bijna niet in hun lange zwarte jurken en met zwarte hoofddoek. Normaal hebben ze hun haren los over hun schouders hangen.

Ik groet ze: 'Hé dames, wat fijn jullie hier te zien.'

'U ook juf,' antwoordt Salima. 'Welkom bij onze moskee. Wij komen hier altijd.'

Ik vind het bijzonder om de meiden hier te zien, een plek waar zij zo vertrouwd zijn en die tegelijkertijd zo ver van mij af staat.

Salima en Noor nemen me mee naar binnen. Via een achterdeur komen we in de zaal speciaal voor vrouwen. Schoenen uit bij de deur. Ik kijk om me heen, iedereen is in het zwart gekleed. Dat geeft me een ongemakkelijk gevoel. Mijn jumpsuit is lichtblauw en het sjaaltje dat ik van Laila heb gekregen zit vol met bloemen. Gespannen loop ik over het tapijt naar de achterkant van de zaal. Ik zoek een plek waar ik niet opval. Een gevoel van opluchting bekruipt me als ik daar wat andere collega's zie. Rustig neem ik naast ze plaats.

Al snel merk ik dat mijn spanning nergens op slaat. Alle vrouwen om me heen knikken me bemoedigend toe.

'Wat goed dat je hier bent, waar ken je Amir van?' fluistert een oude vrouw naast me.

'Ik was zijn juf,' antwoord ik.

De vrouw kijkt me verdrietig aan en geeft me een knuffel. 'Dan moet dit ook zwaar voor jou zijn.'

De dienst begint. De imam zegt dingen in het Arabisch, die af en toe vertaald worden door vrouwen in de zaal. Degene die niet bidden zitten achterin, aan de anderen wordt uitgelegd hoe je bidt als iemand net is overleden.

'Voor de jonge meiden die nog nooit zo'n dienst hebben meegemaakt zal ik het even uitleggen,' zegt een vrouw. Ze vertelt wat er van hen verwacht wordt.

Salima en Noor luisteren aandachtig en kijken af en toe achterom. Ik knik ze bemoedigend toe. Ook voor hen is dit nieuw.

Na afloop van de dienst loop ik naar buiten. De zon brandt op mijn huid. Ik doe mijn sjaal af en trek mijn schoenen weer aan.

Om de hoek van de moskee zie ik Samet met de gymdocent een sigaretje roken.

'Wat vonden jullie ervan?' vraag ik.

'Gek,' zegt de gymdocent. 'Ik heb maar een beetje meegebeden en aan Amir gedacht, want dit is toch wel heel anders.'

'Meegebeden?' vraag ik.

'Ja we zaten tussen allemaal mensen die aan het bidden waren, dan moet je ook maar meedoen.' Hij lacht verlegen.

Ik vertel dat wij achterin zaten, tussen de vrouwen die ook niet baden.

'Wat ga je nu doen?' vraagt Samet.

'Naar huis, een pizza bestellen en even heel hard huilen bij een serie.'

'Gelijk heb je,' zegt hij. 'Moeilijk man, dit.'

We geven elkaar een knuffel en ik vertrek.

SPORTDAG

Een week later staat de jaarlijkse avonturensportdag gepland. Mijn klas vindt het geweldig, elk uitje gaan ze lachend tegemoet. Enthousiast sturen ze berichtjes in de groepsapp.

Noor: 'Juf, wat gaan we allemaal doen?'

'Als we gaan voetballen ga ik sowieso winnen,' reageert Youssef.

Ik zeg dat ze veel specialere dingen gaan doen dan voetbal.

'O, misschien wel iets met pijl-en-boog!' stuurt Kaan.

'Dat heb je goed geraden! Maar dat is lang niet het enige.'

Ik ben wat gespannen. Vorig jaar had ik dezelfde sportdag met de klas van Amir. Ik zie hem nog lachend de rest van de klas verslaan tijdens een watergevecht. Wat gaat het met me doen als ik vandaag diezelfde activiteiten weer doe? Ik hoop dat ik mijn tranen kan bedwingen. Deze dag moet leuk zijn voor mijn klas. Ik pak mijn spullen en stap op de fiets naar het sportveld.

Vrolijke rapmuziek galmt over het veld. Een van de gymdocenten staat met een microfoon bij de ingang en heet iedereen welkom. Ik loop op hem af en word opgewekt begroet. Hij kijkt me aan alsof er de afgelopen week niks bijzonders is gebeurd. Ik haal diep adem en groet vrolijk terug. Tegen mezelf zeg ik: het komt goed. Vandaag is de dag dat ik gewoon weer even de enthousiaste juf van mijn huidige klas zal zijn. Ik ga naast mijn collega staan en begroet de leerlingen.

Youssef komt stralend en zwaaiend aanlopen in een korte Gucci-zwembroek.

De gymdocent zegt grappend: 'Sorry jongen, we gaan niet zwemmen. Verkeerd adres, keer maar om.'

Youssef moet lachen: 'Weet ik, meester, maar deze broek moet ik gewoon effe showen.'

'Dat dacht ik al,' reageer ik lachend. 'Je ziet er prachtig uit, Youssef. Loop maar snel verder, dan gaan we zo beginnen.'

Verwonderd kijk ik naar alle outfits. Ik zie ze eigenlijk nooit in gymkleding. Youssef valt op. De meeste andere jongens hebben versleten joggingbroeken en voetbalshirtjes aan. De meiden strakke leggings en een groot T-shirt.

Er klinkt een toeter als startsignaal. We gaan beginnen. Snel verzamel ik mijn groep en loop met ze naar het eerste onderdeel. Opgeblazen ballen van zo'n drie meter hoog liggen voor ons klaar. In gedachte zie ik Amir er weer op balanceren. Hij kon dit erg goed.

Kaan schudt me wakker en roept: 'Daar wil ik op! Ik weet hoe dat moet.'

Enthousiast rennen de leerlingen naar de ballen toe.

De docent die het spel begeleidt maant ze tot rust: 'Jullie moeten eerst twee teams maken. Eén iemand gaat op de bal, de rest duwt de bal voort. Wie als eerste drie keer heen en weer is geweest heeft gewonnen.'

De leerlingen roepen enthousiast dat ze er allemaal op willen.

Enes bekijkt de klas van een afstandje.

Ik ga naast hem staan. 'Wil je niet meedoen?' vraag ik.

Hij haalt zijn schouders op. 'Misschien zo, juf.'

Ik geef hem een duwtje: 'Kom op! Je gaat sowieso iets doen!'

Lachend loopt hij naar voren.

Salima neemt de taakverdeling op zich: 'Oké, de twee lichtste mensen moeten op de bal gaan staan. Dus Noor op eentje en Ibrahim op eentje.'

Kaan sputtert tegen: 'Ik wil ook op de bal!'

'Ga jij nou maar gewoon duwen,' bijt Salima hem toe.

Kaan haalt gelaten zijn schouders op en houdt een bal vast.

Ibrahim en Noor nemen enthousiast hun taak op zich.

Ibrahim roept: 'We moeten vanaf het hek op de bal klimmen, dat gaat veel makkelijker!'

Samen klimmen ze behendig het hek naast het sportveld op. De rest van de klas duwt de ballen ernaartoe. Gespannen kijken Noor en Ibrahim naar de ballen.

'Moet ik dit echt doen?' Noor kijkt vragend mijn kant op.

Ik knik en zeg dat ze het kan.

Ze strekt haar armen uit en gaat rustig zitten, Ibrahim doet haar na. Hij zit er nog geen seconde op als hij naar beneden dondert. Noor moet lachen maar blijft behendig op de bal zitten. Haar groepje duwt langzaam de bal voort.

Enes staat wat te dralen bij het groepje van Ibrahim. Ibrahim wil het niet nog een keer proberen.

Opeens klimt Enes op het hek. 'Ik ga wel.'

Salima kijkt hem verbijsterd aan. 'Dat kan helemaal niet, jij bent lang.'

Enes negeert het en klimt op de bal. Hij blijft knap zitten. Een luid applaus klinkt om hem heen.

'Lekker bro!' roept Ibrahim. Dat moedigt Enes aan om zelfs te gaan staan op de bal.

Salima kijkt verbijsterd toe.

'Hij loopt op de bal!' roept Ibrahim enthousiast.

Ik steek mijn duimen omhoog.

Noor roept Salima vanaf haar bal: 'Hallo! Jullie moeten mij duwen, schiet eens op!'

Vrolijk gaan ze door.

Als de toeter gaat en de leerlingen naar het volgende spel moeten, laten Enes en Noor zich lachend op de grond vallen. Ik kijk naar mijn groep en ben trots op ze. Amir sluimert in mijn achterhoofd, maar deze groep maakt dat ik mijn verdriet even vergeet.

JAARPRESENTATIES

Het schooljaar zit er bijna op. Alle leerlingen gaan vandaag aan hun ouders presenteren hoe het jaar gegaan is. Ik sluit mijn laptop aan op het smartboard, leg mijn boekje met aantekeningen voor het gesprek klaar en ga zitten. Voor me ligt het blaadje met de volgorde waarop de leerlingen met hun ouders langskomen. Ik scan de namen. De meeste gesprekken zullen makkelijk verlopen, het gaat goed met de leerlingen. Bij sommige zal ik wat strenger moeten zijn. Bij hen blijven de resultaten of het gedrag achter, het zijn vervelende boodschappen om over te brengen.

Ik kijk op de klok. Salima en haar familie zijn al tien minuten te laat. Nou net een onderwerp dat ik ook met de familie moet bespreken. Deze vrolijke dame komt veel te vaak te laat in de les.

Hijgend komen ze het lokaal binnenlopen.

'Al die trappen,' verzucht haar zus.

'Ja, dit moeten wij dus elke dag hè!' antwoordt Salima lachend. Ze geeft me een hand en zegt: 'Ik heb heel veel mensen meegenomen, juf. Gewoon lekker voor de gezelligheid.'

Ik geef ze allemaal een hand. Vader, moeder, een zus en twee vriendinnen.

'Erg goed dat jullie met zoveel zijn gekomen,' zeg ik terwijl ik Salima aankijk, 'maar waarom zijn jullie te laat?'

Salima strekt haar armen uit. 'Ach jaaa,' zegt ze terwijl ze haar armen weer laat vallen, 'dat is een leerpunt hè, juf?' Verlegen kijkt ze me aan.

Ik glimlach en antwoord: 'Ja, dat is een leerpunt.'

'Komt ze nog steeds zo vaak te laat?' reageert haar zus snel.

'Ja, wel minder dan in het begin hoor, maar nog steeds niet goed genoeg.'

'Dat heb je mij helemaal niet gezegd!' De zus kijkt Salima beschuldigend aan.

'Sorry,' antwoordt Salima. Ze glimlacht schuldbewust naar mij.

'Ga je presentatie maar houden,' zeg ik tegen Salima, 'dan komen we er nog wel op terug.'

'Yes,' antwoordt Salima. Ze gaat vrolijk naast het bord staan. 'Nou, dit is dus mijn presentatie. Ik vind mijn klasgenoten leuk, want ik ben goed bevriend met hen. Met de meeste docenten gaat het ook wel goed. Niet met de juf van Engels, ik moet een betere band opbouwen met haar.'

Haar zus haakt in: 'Ja, ik hoorde dat het niet zo goed gaat bij Engels?'

'Klopt,' reageer ik. 'We komen zo op het rapport, maar Engels moet wel omhoog om naar vmbo-basis te kunnen.'

'Ja en andere vakken ook,' reageert Salima meteen.

Ik wil eigenlijk niet dat het nu al over cijfers gaat. Ik wil dat Salima eerst even kan vertellen wat er goed gaat, dat heeft ze nodig. Ik kijk haar aan en zeg: 'We komen zo wel bij je rapport, maak eerst maar je presentatie af.'

'Ja,' antwoordt Salima opgelucht. Ze gaat naar de volgende dia. 'Ik ben trots op mijn motivatie, want zonder motivatie kan ik niet op mezelf vertrouwen en zal ik minder mijn best doen. Ik wil hiermee doorgaan volgend jaar en dan ook de klas motivatie geven, zodat we het samen gaan halen.' Trots kijkt ze mijn kant op.

'Dat is een mooi doel,' antwoord ik. 'Het is ook echt iets wat je kunt. Als jij blij en gemotiveerd bent, krijg je de hele klas mee. Je bent een natuurlijke leider.'

Haar zus kijkt trots naar Salima en zegt: 'Zo zo, dat doe je goed!'

Ik kijk naar de ouders van Salima, ze zitten er stilletjes bij. 'Begrijpen jullie wat er gezegd wordt?' vraag ik ze.

'Ja, is goed,' antwoordt de moeder.

'Ik leg het ze thuis nog wel precies uit,' vervolgt de zus. 'Laten we verdergaan.'

Na de presentatie komen we bij Salima's rapport. Voor de vakken rekenen en Engels staat ze er niet goed voor.

'Met dit rapport kan ze geen vmbo-basis halen,' vertel ik de familie en vrienden. 'Dus er moet volgend jaar wel iets gaan veranderen.' Ik pak er een Engels leesboekje bij. 'In de zomer wil ik in elk geval dat je dit boekje gaat lezen en de moeilijke woorden opschrijft en vertaalt. Dan kom je met een grotere woordenschat terug van vakantie.' Ik kijk de ouders aan en vraag: 'Gaan jullie op vakantie?'

'Naar Marokko,' antwoordt de vader.

'Gaat het je lukken om daar wat te lezen, Salima?' vraag ik.

'Ja hoor, zoveel heb ik daar nou ook weer niet te doen.'

Haar zus haakt in: 'Ja, dat gaat wel lukken, ik zal erop letten.' Ze kijkt Salima indringend aan. 'Je gaat ervoor zorgen dat je Engels omhooggaat. Je moet niet dat vak laten verslechteren omdat je geen band hebt met de juf.'

'Weet ik,' antwoordt Salima verslagen.

Ik ben blij dat Salima's zus doorheeft waar het misgaat en zeg: 'Ja, Salima kan erg wisselen per docent. Bij mij werkt ze als een malle, maar van de juf van Engels krijg ik heel andere signalen.'

Salima haalt haar schouders op. 'Ja, ik mag haar niet.'

Haar moeder kijkt haar streng aan.

'Jaaa,' zegt Salima snel, 'ik ga eraan werken.'

'Waarom denk je dat je minder hard werkt als je een docent niet mag?' vraag ik aan haar.

'Ik weet niet, dan is het gewoon moeilijk om me te concentreren. Sommige docenten praten ook gewoon te veel. Bij mij moet je een korte uitleg geven en me dan laten werken. Anders kan mijn hoofd het allemaal niet aan.'

We praten nog even door en dan is de tijd om. 'Ik moet door naar het volgende gesprek. Bedankt dat jullie allemaal zijn gekomen. Een fijne zomer en tot daarna!' Ik geef ze allemaal een hand en ze vertrekken.

Ik neem nog een slok van mijn koffie en vraag me af of Salima het gaat halen. Ik gun het haar van harte, maar het is een meisje met een gebruiksaanwijzing. Ik zou het heel vervelend vinden als ze het daardoor niet zou redden.

Veel tijd om na te denken heb ik niet, want ik zie Kaan met zijn ouders en kleine broertjes binnenlopen.

'Hallooooo, juffrouw!' zegt Kaan vrolijk.

'Goeiemorgen, Kaan.' Ik sta op en geef iedereen een hand. 'Wat leuk dat jullie mee zijn gekomen,' zeg ik tegen de broertjes. De jongste heeft net zulke rode haren als Kaan.

Opgewekt zegt hij: 'Ja, ik wil wel even zien wat mijn broer hier doet! Misschien kom ik later ook wel naar deze school.'

'Dat duurt nog wel even,' antwoordt de moeder. Ze vraagt waar ze kunnen gaan zitten.

Kaan zet vijf stoelen op een rijtje klaar voor het bord. 'Neemt u plaats!' zegt hij deftig.

Ik start met een introductie: 'Eerst gaat Kaan u presenteren hoe het het afgelopen jaar is gegaan, daarna krijgt hij het rapport en dan zullen we dat nog even bespreken.'

'Ik ben benieuwd,' zegt de vader. Zijn lach verraadt dat hij al weet dat het goed gaat.

Kaan begint: 'Ik ben Kaan en dit is mijn jaarpresentatie. Ik ga jullie eerst iets vertellen over mijn contact met mijn medeleerlingen en de docenten. Dat gaat goed. Ik had meteen vrienden zonder problemen. De docenten zijn trots op mij, want ze vinden mij een topleerling.'

Zijn vader haakt in. 'Is dat zo, juf?'

'Jazeker,' antwoord ik lachend, 'Kaan is echt geweldig in de klas. Hij doet enorm actief mee met de lessen, dat is heel mooi om te zien.'

'Ja, dank u wel,' antwoordt Kaan en hij vervolgt zijn presentatie. Hij vertelt over zijn planning, organisatie en het maken van huiswerk. Dan komen we bij zijn eigenschappen en talenten. 'Talenten die ik heb ontdekt zijn dat ik best slim ben.' Hij slaat zich op de borst en kijkt zijn ouders verwachtingsvol aan.

Zijn broertjes zijn hem voor: 'Ah, jij bent echt niet slim, je zat op onze domme school.'

Verontschuldigend kijkt Kaan mijn kant op. 'Ja, zij zitten ook op een speciale school. We kunnen allemaal niet echt leren.'

Zijn moeder kijkt hem aan. 'Maar nu doe je het goed, jongen, ik ben trots op jou.'

Kaan begint te blozen.

Ik haak in. 'Kaan doet het echt goed nu, hij kan zeker leren.' Ik wend me tot de broertjes. 'Dat gaat bij jullie ook nog wel gebeuren.'

De vader slaat zijn jongste zoon op de rug. 'Het komt met jullie allemaal goed. Kijk maar naar je grote broer.'

Kaan friemelt aan zijn trui. 'Ja, want daar wilde ik juist nog wat over zeggen.' Hij klikt door naar de volgende dia. 'Ik ben dus het meest trots op deze zin van mijn oom.' Kaan wijst naar het bord: 'Oom Mustafa zei dat mijn hersenen nog wel zouden groeien. Nou, dat is gebeurd, mijn hersenen zijn echt gegroeid.'

'Zei hij dat?' reageert vader. Hij wendt zich tot mij: 'Mijn broer Mustafa is een slimme man, hij werkt bij een bank. Ik ben fietsenmaker, van zijn oom moet Kaan het hebben.'

'Ook van jou hoor, pa,' antwoordt Kaan. 'Jij geeft mij motivatie.' Hij draait zich naar mij. 'Maar het meest leer ik wel van u eigenlijk, u bent echt de beste juf van de wereld. U krijgt een 10 van mij. Ik weet niet wat u doet, maar bij uw uitleg snap ik alles altijd meteen. U kunt gewoon écht lesgeven, weet u wel.'

Verlegen kijk ik hem aan. 'Dat zijn wel heel mooie woorden, Kaan. Dank je wel. Dat vind ik echt heel lief van je. Je moet wel weten dat je het echt zelf hebt gedaan. Jij haalt de goede cijfers op de toetsen en gedraagt je goed in de lessen.'

Kaan knikt. 'Dat is zo.'

Als de laatste leerlingen zijn vertrokken pak ik mijn spullen.

Een collega komt aanlopen. 'En, hoe ging het bij jou?'

'Goed wel,' antwoord ik. 'De meeste leerlingen doen het goed, dus dan zijn de gesprekken fijn. Ik word zo blij van die trotse ouders!'

'Ja, dat is mooi hè?' antwoordt de collega. 'Denk je dat al je leerlingen vmbo gaan halen?'

Ik kijk hem aan. 'Pfoe, ik weet het niet. De meeste wel hoor, zeker, en ik denk dat een deel ook echt meer kan dan vmbo-basis.'

'Ja, dat denk ik ook. Gek hè, eigenlijk zou je gewoon terug in de tijd willen en kijken wat er op de basisschool gebeurde.'

Ik zucht. 'Ja, kon dat maar... Hoe gingen jouw gesprekken?'

'Ook goed,' antwoordt hij, 'op twee na zijn ze allemaal over naar de derde klas. Wel raar dat ik dan hun mentor niet meer ben. Ik hou niet zo van afscheid nemen.'

Ik knik. 'Ja, dat lijkt me lastig. Ik moet zeggen dat ik heel blij ben dat ik mijn klas nog twee jaar houd.' Dat is nog een voordeel van mijn kansklas: drie jaar onderbouw betekent ook dat ik drie jaar hun mentor mag blijven.

EEN APPJE DAT JE NOOIT WILT KRIJGEN

Ik zit in de tuin van mijn oma. De zon schijnt volop, het is een heerlijke vakantiedag. Mijn oma vertelt enthousiast over alle verschillende bloemen in de tuin. Ik moet naar het toilet en loop naar binnen. Onderweg kijk ik op mijn telefoon of ik berichtjes heb. Ik zie een lang bericht van Noor.

'Hey juf, ik heb niet zo goed nieuws eigenlijk. U heeft vast wel op het nieuws gezien dat er een erge botsing is gebeurd in Spanje. Nou, Salima was daarbij met haar moeder, zus en vader en verder weet ik het niet. Maar Salima ligt nu in het ziekenhuis in Spanje, ze is erg gewond geraakt en haar vader is overleden en haar zus. En haar moeder ligt in coma en we weten nog niet of ze het gaat halen, maar ik hoop het insjallah wel. Juf, mijn hart breekt gewoon in twee, ik kan dit niet aan.'

Beelden van Salima biddend in de moskee voor Amir flitsen door mijn hoofd. En nu dit. Wat een verschrikkelijke gebeurtenis. Ik loop terug de tuin in, naar mijn oma: 'Een leerling van me heeft een auto-ongeluk gehad. Haar zus en vader zijn daarbij overleden, haar moeder ligt in coma.'

Mijn oma slaat haar handen voor haar gezicht. 'Wat verschrikkelijk.'

'Ja,' antwoord ik. 'Ik ga even wat mensen contacten, sorry.'

Mijn oma knikt begripvol. 'Dat begrijp ik helemaal, doe wat nodig is, meis.'

Ik antwoord eerst Noor.

Zij reageert meteen praktisch: 'Juf, als Salima weer op school is moeten we dat wel goed regelen. Dat niet iedereen druk gaat doen, ik wil Salima niet zien huilen.'

'Dat komt goed, Noor,' antwoord ik. 'Heb je Salima al gesproken?'

'Nee, ik kan haar niet bereiken, ik denk dat haar telefoon ook kapot is gegaan bij het ongeluk. Ik heb het via via gehoord.'

Even hoop ik dat Noor gewoon verkeerde informatie heeft gekregen, maar dan stuurt ze me foto's door. Dit ongeluk ziet er inderdaad wel heel heftig uit. Als de informatie van Noor klopt is de zus die ik bij het rapportgesprek nog heb gesproken nu overleden. Wat moet ik doen? Ik wil iemand van school contacten, maar ik weet niet zo goed wie. Geen idee ook wie er nu op vakantie is. Het is nu dinsdag en vrijdag vertrek ik zelf naar Italië. Kan dat eigenlijk wel doorgaan?

Ik besluit Dyane, de directeur, te appen. Ze antwoordt meteen dat ze Buitenlandse Zaken kan proberen te bellen. Ik stem in en wacht in spanning. Ondertussen probeer ik Noor te helpen waar ik kan.

Een kwartiertje later belt Dyane me op. 'Om privacyredenen kunnen ze niet veel vertellen, maar ze konden wel bevestigen dat het inderdaad om die familie gaat. Salima ligt in het ziekenhuis en het gaat goed met haar. Ze is niet heel erg gewond. Haar moeder ligt niet in coma, maar is wel gewond. De broer van Salima heeft het overleefd, we kunnen het beste contact met hem opnemen. Weet jij wie dat is?'

Ik ben verbaasd. Het afgelopen jaar heb ik veel familie van Salima gezien, maar een broer? Ik heb geen idee.

Ik app Noor het nieuws en vraag of zij weet wie de broer is.

Noor antwoordt dat zij hem ook niet kent. Ze wil graag

dat ik het nieuws in de groepsapp van de klas zet.

Ik twijfel.

Noor dringt aan: 'Iedereen weet het al een beetje, juf, maar dan kunnen we elkaar helpen.'

Ik check alle feiten nog een keer en plaats het bericht – met lichte tegenzin én met de nadruk op het goede nieuws over Salima zelf – in de appgroep. Ik wacht in spanning af wat er komen gaat.

Salima zit niet meer in de groepsapp, vol overtuiging was ze er in de vakantie uitgestapt: 'Even niet aan school denken,' appte ze mij. Nu draait de groepsapp even om haar. Noor had gelijk, met het berichtje komt er een golf van steun op gang.

Ibrahim appt: 'Wij gaan ervoor zorgen dat Salima weer gelukkig wordt.'

Manar vult aan: 'Wij gaan haar zus zijn. Wij gaan haar vader zijn.'

Noor gooit haar favoriete zin erin: 'Eén team, één taak. Altijd.'

Een paar uur later belt Noor mij dat ze contact heeft gekregen met Salima via Snapchat. Ik ben heel blij dat er contact is. Helaas heb ik die app zelf niet, maar ik stuur Noor een berichtje dat ze namens mij mag sturen: 'Lieve Salima, wat verschrikkelijk wat je hebt meegemaakt. Ik wens je heel veel sterkte. Weet dat de klas en ik er voor je zijn. Als je weer een telefoon hebt kun je me appen/bellen. Of je kunt me toevoegen op Instagram, dan kunnen we even praten.'

Voor het eerst zeg ik dat een leerling mij op Instagram mag toevoegen. Even twijfel ik nog of dit wel verstandig is, maar dan bedenk ik dat dit wel een heel uitzonderlijke situatie is. Ik wil zo graag contact met Salima.

Een paar minuten later stuurt Noor me al een reactie van Salima door. Ik zucht, wat ben ik blij met haar als tussenpersoon.

Ik lees het bericht: 'Hey juf, ik heb op dit moment alleen Snapchat. Heel misschien krijg ik volgende week mijn telefoon. Bedankt, ik hou heel veel van jullie allemaal. xxxx.' Ik slik mijn tranen weg.

De volgende dag wordt het tijd om mijn spullen voor Italië te gaan pakken. Ik ben nog helemaal niet in de vakantiestemming en twijfel of ik wel moet gaan. Ik wil Salima helpen. Terwijl ik mijn zomerkleding bij elkaar pak, krijg ik een berichtje van Noor.

'Hey juf, ik heb met Salima gebeld. Ze heeft gehuild, maar ik heb tegen haar gezegd dat haar zus en vader op een veel mooiere plek zijn en dat ze mooi samen zijn gegaan. En dat ze een sterk meisje moet zijn... Juf, als er iets is met Salima wat ik niet weet kunt u het me altijd vertellen. Ik help graag mensen met van alles en nog wat.'

Wat een bijzonder lief meisje is Noor, en wat heftig voor haar om hier nu mee te moeten dealen. Noor zit in Marokko, maar wat had ik graag een arm om haar heen geslagen nu. Ik antwoord haar dat ze heel lief is, en een goede vriendin voor Salima.

Even later stuurt Noor me opeens het nummer van de oudste zus van Salima door. Die was in Nederland gebleven, maar is inmiddels in Spanje aangekomen. Enorm opgelucht sla ik het nummer op in mijn telefoon. Eindelijk iemand van de familie die ik kan contacten.

Na verschillende pogingen krijg ik vanaf mijn vakantieadres de zus te pakken. De informatie die ik heb gekregen klopt. De situatie is verschrikkelijk. Salima en haar moeder blijven voorlopig in een Spaans ziekenhuis om te herstellen. Salima krijgt de telefoon van haar overleden zus, want die doet het nog wel. Hierdoor kunnen Salima en ik af en toe appen. Het is vakantie, maar echt loslaten kan en wil ik het niet.

HET TWEEDE JAAR

ÉÉN TEAM, ÉÉN TAAK: OOK BIJ VERDRIET

Een klas is een raar fenomeen. Een groep jongeren die bij elkaar worden gezet en tegen wie wordt gezegd: jullie zullen elke dag met elkaar in een kleine ruimte zitten, in stilte naast elkaar werken en op commando moeten samenwerken. Jullie zullen meer tijd met elkaar delen dan je doet met je familie. En dat in je pubertijd, niet de meest stabiele fase in je leven.

We gaan het tweede jaar in, een jaar waarin we gaan merken of het vmbo gaat lukken. Een jaar waarin mijn leerlingen elkaar meer dan ooit nodig hebben. We gaan ook een jaar in waarin we verdriet moeten verwerken.

Ik weet niet zo goed hoe we dat moeten gaan doen. Ik ben blij met mijn klas. Niet enkel vanwege het resultaat, maar vooral door de positieve sfeer in de groep. Het is een team dat, tegen alle verwachtingen van de buitenwereld in, blijft geloven in zijn doel. Maar nu weet ik het even niet. Hoe ga je om met zo'n heftige gebeurtenis in de vakantie? Ik kan niet wachten om morgen na alle eindeloze appgesprekken weer écht met de leerlingen te kunnen praten. Ik weet alleen niet of dat gaat lukken. Het zijn en blijven pubers. Met hun eigen onrust, emoties, gunstige en minder gunstige eigenschappen die elke seconde van de dag anders maken.

Salima ligt inmiddels in een ziekenhuis in Amsterdam. Noor is gespannen, ze appt me de hele tijd. Ze wil dat we op de goede manier over Salima gaan praten, maar wat is de goede manier? Daarentegen lijken sommige anderen het alweer vergeten, die zijn bezig met boeken, roosters en planningen.

Ik fiets naar school, in mijn tas gekleurd papier, stiften, stickers, glitters en lijm. Noor en de anderen willen graag wat voor Salima maken. Mij lijkt het een goede manier om hun emoties een plekje te geven.

Opgewekt komen de leerlingen het lokaal binnen. Manar en Noor druk pratend over een video op YouTube, Kaan dollend met Romarfio over een leuk meisje. Het is fijn om te zien dat ze nog gewoon mijn pubers zijn. Dat het vaste clubje onrustige meiden gewoon onrustig is. Dat Youssef, met zijn duizend emoties, ook vandaag duizend emoties heeft.

Na een kort begroetingsrondje snijd ik het onderwerp aan. 'Het was natuurlijk wel een beetje een gekke vakantie. Zullen we het er nog even met elkaar over hebben?'

Ibrahim kijkt opgelucht: 'Ja, wilt u vertellen wat er precies gebeurd is?'

Noor: 'En mogen we daarna wat voor Salima maken? Want dat had u beloofd.'

We praten. Daarna deel ik papier en stiften uit. De meiden nemen het voortouw. Rode en roze blaadjes worden gepakt, hartjes worden getekend, lieve woorden opgeschreven. Al hun liefde storten ze uit over de blaadjes.

De korte, krachtige brieven van de jongens raken mij enorm. Gebogen zitten ze over de tafel en helpen ze elkaar hun gevoelens op te schrijven.

Kaan vraagt: 'Kun je opschrijven: "Hoe gaat het met je?", want ze kan toch niet meteen antwoorden?'

'Tuurlijk kan dat!' roept Enes. 'Dat is toch juist aardig?'

'Ik vind het echt zo verdrietig,' haakt Ibrahim in, 'zal ik dat opschrijven?'

Romarfio schrijft: 'Als ik langskom, mag je altijd mijn haren door de war maken.' Een spelletje van Salima waar hij altijd 'boos' om werd.

Youssef zit gebogen over zijn papier. Ik lees mee: 'Ik heb gebeden voor je hele familie, insjallah dat ze naar de hemel gaan. We zien je op school.'

Van alle blaadjes samen maken we een boek. Een prachtig, ontroerend boek. Noor en Manar willen het samen met mij naar het ziekenhuis brengen, de klas stemt in.

Die middag gaan we meteen naar het ziekenhuis. Salima ligt daar omdat haar heup gekneusd is, waardoor ze niet kan lopen. Haar moeder ligt ook nog in het ziekenhuis, op een andere afdeling. Met Noor en Manar loop ik het ziekenhuis in. Via een bedompt trappenhuis komen we op de kleurrijke kinderafdeling. Er is vrijwel niemand. Overal ligt speelgoed en er staan boeken in mooie kasten. Vorige week was ik hier ook, toen zat Salima lief te puzzelen met een medewerker.

Nu ligt ze in bed, opgewekt begroet ze ons: 'Heee, daar zijn jullie!' Stralend kijkt ze ons aan. We geven haar een knuffel. Daarna pakken de meiden de boodschappentassen erbij, ze hebben eten meegenomen. Trots overhandigen ze donuts en koekjes. Salima opent de kast naast haar bed: helemaal vol met snoepgoed.

Ik kijk haar verschrikt aan. 'Zoveel snoep?'

'Ja, dat neemt iedereen nu mee, u gaat me een stuk dikker zien als ik weer naar school mag,' antwoordt ze lachend. Snel vervolgt ze: 'Wanneer denkt u dat ik weer naar school kan? Ik wil zo graag!' Zonder op een antwoord te wachten kijkt ze vervolgens Noor en Manar aan en vraagt: 'Hoe was het vandaag?'

'Ja leuk,' zegt Noor, 'we hebben wat voor je gemaakt.'

Ze overhandigen haar het boek.

Salima kijkt mij aan. 'Mag ik het al lezen?'

'Natuurlijk schat,' zeg ik.

Noor en Manar gaan op stoelen naast het bed zitten. Gespannen kijken ze naar mij. Wat zou Salima ervan vinden?

Noor kan niet meer wachten en kruipt naast Salima in bed. 'Wat vind je ervan?' vraagt ze.

'Echt mooi, zelfs de jongens hebben wat gemaakt!'

'Ja lief hè,' zegt Manar, 'iedereen is er voor je.'

Dan schiet Salima in de lach. 'Kijk die van Romarfio! Sowieso dat ik snel weer met zijn haar ga spelen!'

Ik kijk naar de meiden, het ontroert me om ze zo samen op het bed te zien. Ik hoop dat Salima snel weer naar school kan.

Ik kondig aan dat ik nog even bij Salima's moeder langsga. 'Dan hebben jullie nog wat tijd met z'n drieën. Niet te veel roddelen hè!' Ik geef een knuffel en vertrek.

Toen ik besloot docent te worden had ik nooit verwacht dat ik ooit een leerling zou moeten opzoeken in het ziekenhuis. Laat staan dat iemand in één ongeluk haar vader en zus zou verliezen. We gaan het tweede jaar in. Makkelijk gaat het niet worden, maar deze klas is er voor elkaar. Eén team, één taak. Ook bij verdriet.

EISEN STELLEN

Ik heb mijn klas voor me, we zijn twee weken verder, nog steeds zonder Salima. Van collega's heb ik gehoord dat de leerlingen losgeslagen zijn. Hier voor mijn neus is er niks druks of vervelends aan, maar al de hele week komen collega's naar me toe met klachten. De structuur zou uit de klas zijn.

Ik kijk de leerlingen streng aan en begin. 'Er moet iets gaan veranderen. Als jullie het nu bij elke les gaan verkloten, gaat het niet lukken.' Ik zucht diep en vervolg: 'Waarom zitten jullie hier ook alweer?'

Ibrahim steekt zijn vinger op. 'Om naar het vmbo te gaan.'

'Precies,' antwoord ik. 'Waarom zijn jullie dan elke les zo druk? Waarom letten jullie niet meer op tijdens een uitleg en wordt er geen huiswerk meer gemaakt?' Ik kijk ze een voor een aan.

De leerlingen draaien wat op hun stoel, wisselen wat blikken uit.

Brutaal kijkt Youssef me aan. 'De docenten zijn slecht geworden.' Hij slaat zijn armen over elkaar heen.

Ik merk dat ik geïrriteerd raak, maar maan mezelf tot rust. 'Leg eens uit?' vraag ik hem.

'Nou gewoon,' antwoordt hij.

Manar haakt in: 'Je praat onzin, jullie doen de hele tijd gewoon druk en geven docenten geeneens een kans om een goeie uitleg te geven. Ik denk dat we het gewoon opnieuw over de regels moeten hebben.'

Ik knik en denk na. Wat we precies moeten doen weet ik niet, maar gisteren kwam een collega naar me toe die zei: 'Maxe, je moet ervoor zorgen dat er een nieuwe leider opstaat in je klas. Salima was de leider, een positieve met veel kracht. Zij kreeg de klas aan het leren. Nu Salima er niet is, zijn ze die leerhouding kwijt. Bij jou in de les hebben ze die nog wel, omdat het normatief kader bij jou duidelijk is. Jou willen ze laten zien dat ze het vmbo aankunnen, maar in alle andere lessen is dat verdwenen.' Ik schrok daarvan. Het normatief kader omvat het gedrag dat in de klas als normaal gezien wordt. Als mentor heb ik er veel aandacht aan besteed. Ik wil dat de leerlingen een fanatieke leerhouding als normaal zien, dat ze elkaar erop aanspreken als die ontbreekt en dat het dus populair is om je best te doen. Ik wil echter helemaal niet dat het normatief kader van mij of Salima afhangt. Het gedrag moet uiteindelijk uit de leerlingen zelf komen. Hoe zorg ik daarvoor?

'Wat zou jij goeie regels vinden, Manar?' vraag ik.

'Gewoon,' zegt ze, 'stil zijn als de meester of juf praat, op je plek blijven zitten en aan je opdrachten werken. Zo moeilijk is het niet.'

Ik kijk de klas in: 'Is iedereen het daarmee eens?'

Kaan moet lachen: 'Ik ben het met de regels wel eens, maar niet met dat het makkelijk is. We zijn jong! We willen gewoon leuke dingen doen!'

Ik glimlach: 'Dat snap ik, maar je kunt ook leuke dingen doen na school. Daarnaast: als jullie je goed gedragen is het ook leuk op school, dat was het toch vorig jaar ook?'

'Ja!' roept Youssef. 'Vorig jaar was echt mijn beste jaar.'

Ik ben blij dat hij dit zegt. 'Nou,' antwoord ik, 'dat is dan een mooie motivatie om het goeie gedrag er weer in te krijgen.'

Dan vraagt Noor: 'U zei dat jullie dit jaar meer op cijfers gaan letten. Wat moeten we eigenlijk halen om naar het vmbo te kunnen?'

'Ik zal het jullie laten zien,' antwoord ik. Ik loop naar het bord en pak een stift. Dit kan ik beter even opschrijven, wellicht dat hun gedrag verbetert als ze de eisen kennen.

'Dit jaar krijgen jullie volledig les op vmbo-niveau, dus als je rapportcijfers hoger zijn dan een 6 ga je sowieso naar het vmbo,' zeg ik.

Youssef: 'En als dat niet zo is?'

'Je mag voor één vak onvoldoende staan, maar dat moet wel minstens een 4 zijn, en daarnaast mag je één 5 hebben voor Nederlands, Engels of wiskunde. En die onvoldoendes moet je wel kunnen compenseren.'

De klas kijkt me vragend aan.

Ik bedenk dat dit ook een vrij ingewikkeld verhaal is.

'Compenseren?' vraagt Kaan.

Ik denk even na hoe ik dit moet uitleggen. Dan vraag ik hem: 'Als je een 5 staat, hoeveel is dat dan lager dan een 6?'

Kaan antwoordt resoluut: 'Eén.'

'Precies,' zeg ik, 'dus dan moet je cijfer van een ander vak juist één punt hoger zijn. Alles moet uiteindelijk samen minimaal een zes zijn.'

Ibrahim vult aan: 'Dus als je voor Engels, Nederlands of wiskunde een 5 staat moet je ergens anders een 7 voor staan?'

'Ja precies,' antwoord ik. Ik vraag aan de klas: 'En als je voor biologie een 4 staat, wat moet daar dan tegenover staan?'

Wederom kijkt de klas me vragend aan.

Ik vul aan: 'Hoeveel is 4 lager dan 6?'

Manar roept: 'Twee!'

'Heel goed,' zeg ik, 'dus dan tel je twee bij zes op. Wat krijg je dan?'

'Acht!' roept de helft in koor.

Noor wordt onrustig, ze kijkt me vragend aan. 'Ik snap hier helemaal niks van, juf.'

'Het is ook ingewikkeld, ik zal een voorbeeldrapport voor jullie maken.' Op het bord schrijf ik al hun vakken met daarachter willekeurige cijfers. Langzaam wordt het duidelijk.

Totdat Romarfio zegt: 'Maar wie bepaalt welk cijfer er op je rapport komt dan? Ik bedoel, je maakt heel veel toetsen, dat zijn allemaal verschillende cijfers. Wat komt er dan op je rapport?'

'Het gemiddelde,' antwoord ik, 'dat was vorig jaar toch ook zo?'

'Gemiddelde?' vraagt Noor. 'Wat is dat nou weer?'

Ik moet mijn best doen mijn verbazing niet te laten zien. Hebben de leerlingen hier een jaar op school gezeten zonder te weten hoe een rapportcijfer tot stand komt? Zonder te weten wat een gemiddelde is? Ik kan mezelf wel voor mijn kop slaan. Had ik ze dit niet wat eerder moeten uitleggen? Maar hebben ze dit dan niet bij het vak rekenen gehad?

Ik veeg het bord schoon en laat aan de hand van wat rekensommen zien hoe het gemiddelde werkt. De klas wordt enthousiast.

'Wow, dat is echt een mooie som!' roept Youssef.

'Kun je dat overal voor uitrekenen?' vraagt Noor.

'Ja, voor alles,' antwoord ik.

'Zo is rekenen echt leuk!' roept Kaan.

'Zullen we het gemiddelde uitrekenen van onze leeftijd?' vraagt Ibrahim enthousiast.

'Kom maar naar voren,' zeg ik, 'dan mag jij dat op het bord doen.'

Terwijl Ibrahim bezig is kijk ik naar mijn groep: de leerhouding is nu duidelijk aanwezig, maar ik schrik af en toe best van hun niveau. Aan de andere kant: ze moeten nu ongeveer op het niveau van groep zes zitten. Dat is dit toch wel? Ik hoop dat ze dit enthousiasme volhouden, alleen dan kunnen ze verder gaan groeien.

Als iedereen het lokaal uit is roep ik Ibrahim nog even bij me. Collega's hadden vooral hem opgemerkt als plotselinge nieuwe stoorzender. De kleine jongen gaat tegenover me zitten. Hij neemt al een halfjaar extra testosteron, maar daar is lichamelijk nog weinig van te zien.

'Wat is er, juf?' vraagt hij.

'Ik ben een beetje geschrokken van wat ik van docenten hoorde, Ibrahim.'

Angstig kijk hij me aan. 'Wat dan?'

'Dat je zo druk bent, vooral met de andere leerlingen kletst en weinig met schoolwerk bezig bent.'

'O dat,' zegt hij. 'Ja, ik weet het.'

Ik kijk hem aan. 'Hoe komt dat?'

Ibrahim glimlacht. 'Weet u, ik weet dat het niet goed is, maar hier heb ik vrienden. Op de basisschool was ik altijd alleen, niemand wilde met me spelen. Daardoor was ik rustig. Maar nu... iedereen vindt me aardig. Iedereen wil de hele tijd met me praten. Dat is gewoon zo'n goed gevoel. Vorig jaar moest ik daar nog aan wennen, dus toen was ik ook nog rustig. Nu ben ik vooral blij met mijn vrienden. Ik vind het lastig om dan ook nog aan werken te denken...' Schuldbewust kijkt hij me aan.

Ik glimlach en zeg: 'Eigenlijk vind ik dat heel mooi wat je zegt, het is fijn dat je je zo goed voelt op school.'

'Ja,' zegt Ibrahim, 'maar ik wil wel graag hard werken. Ik ga daar echt mijn best voor doen.'

'Dat weet ik en dat kun je ook. Hoe gaan we ervoor zorgen dat het ook echt gaat gebeuren?'

Ibrahim vouwt zijn tengere vingers in elkaar. 'In de les ga ik gewoon keihard werken, en ik ga de anderen ook zeggen dat ze dat moeten doen. Dan word ik gewoon een vriend die zorgt dat anderen gaan werken. Als we pauze hebben ga ik weer grapjes maken en druk doen.'

Bemoedigend kijk ik hem aan. 'Dat is een supergoed idee, dat heb je heel mooi bedacht. Ga je er morgen meteen mee beginnen? Zoals je net met de rekensommen bezig was, dat vond ik echt heel goed.'

'Ja.' Ibrahim knikt. 'Het gaat me wel lukken.'

Ik geef hem een hand: 'Dat denk ik ook, en nu lekker naar huis!'

Als Ibrahim weg is loop ik wat rondjes door het lokaal. Wat een uur was dit. Ik vind het ingewikkeld, de leerlingen hebben het duidelijk heel gezellig met elkaar, daar ben ik blij mee. Maar ik vind het ook vervelend als ik hoor dat ze lessen verstoren. Zou Ibrahim dat met dit korte gesprekje kunnen oplossen? Zou uitleggen wat een gemiddelde is daarbij helpen? Wie zal opstaan als nieuwe leider? We gaan het zien. Ik hoop in elk geval dat ze net zo gelukkig blijven als nu.

ZWAKBEGAAFD

De samenleving is opgeschrikt, er is een advocaat vermoord. Terwijl ik aan het nadenken ben hoe ik dit met mijn leerlingen ga bespreken, valt mijn oog op een artikel van *de Volkskrant*: steeds meer moorden in het criminele circuit worden gepleegd door jonge jongens met een IQ onder de tachtig. Zwakbegaafd, heet je dan officieel. Ik denk aan mijn klas. Op Enes na hebben ze allemaal een gemeten IQ van onder de tachtig. Of dat goed gemeten is? Geen idee, maar móchten ze ooit een moord plegen (even afkloppen), dan zal er in de krant staan dat de dader zwakbegaafd is. Ik vind dat lastig. Als ik de term zwakbegaafd hoor, denk ik niet aan mijn leerlingen.

Het is een verschrikkelijk denigrerende term. Het drukt precies uit waar de drang naar status bij de jongeren zo enorm vandaan komt: ik ben slechter dan de rest, ik kan niks, ik hoor er niet bij. Terwijl: het zijn toch echt voornamelijk die leerachterstanden die de leerlingen nekken. Het is goed dat het artikel aandacht besteedt aan het feit dat de jonge jongens geen toekomst voor zichzelf zien en dat de criminelen daar slim op in weten te spelen. Maar hoe kunnen we dat als samenleving oplossen?

Ik bespreek de moord met mijn leerlingen en wat we eraan kunnen doen. Het grootste deel heeft de serie *Mocro Maffia* gezien, waardoor ze zich bizar goed voor de geest kunnen halen wat er allemaal precies gebeurd is en waarom. Ze verwerpen de dader.

'Je bent toch echt heel dom als je voor geld iemand gaat vermoorden,' zegt Youssef.

'Ik snap sowieso niet dat je mee gaat doen aan dat soort dingen,' reageert Ibrahim.

Manar: 'Je kunt beter gewoon je best doen op school, dan hoef je niet zo slecht te zijn voor je geld.'

Je best doen op school, veel leerlingen zien het als een weg naar een betere toekomst. Zo komen we in elk geval in het goede normatieve kader.

Dan haakt Kaan in: 'Weet u, ergens snap ik het ook weer wel. Het leven is ook gewoon zwaar. Kijk, niet iedereen heeft een kans op een goede toekomst. Soms doe je dan domme dingen.'

Kaan verwoordt dit knap. Ik vraag hem: 'Hoe denk je dat we dat kunnen tegengaan?'

'Ten eerste moeten we de discriminatie stoppen, door discriminatie denken sommige jongens dat ze nooit een baan of iets gaan krijgen.' Hij kijkt even rond, en gaat dan door: 'Kijk, die criminelen, die weten dat. Dus gaan ze dingen zeggen om je over te halen om slechte dingen te doen. Ze beloven geld en zeggen dat je een goede jongen bent.'

Ik kijk hem bemoedigend aan. 'Wat weet je hier veel van, Kaan. Hoe komt dat?'

Hij kijkt me opgewekt aan. 'Ik praat hier vaak over met mijn vader. Hij wil dat ik de goede kant op ga, daarom praat hij met mij. Zodat ik goede keuzes maak en geen foute.'

'Wat goed van jouw vader. Denk je dat je dat gaat lukken?'

'Ik denk het wel. Ik haal goeie cijfers op school, werk bij de Albert Heijn. Met mij komt het wel goed.'

'Dat denk ik ook,' reageer ik.

Kaan krijgt erkenning hier op school, van zijn vader en bij zijn baantje in de Albert Heijn. Hij heeft een heel ander leven dan sommige anderen in de klas. Terwijl hij aan het werk is kijk ik naar hem, zou hij inderdaad echt zwakbegaafd zijn? Ik kan het me werkelijk niet voorstellen. Misschien heb ik gewoon verkeerde associaties bij die term.

Maar de rekenles over gemiddeldes liet duidelijk zien dat de leerlingen echt niet alles zomaar begrijpen. Ik loop rond en kijk naar het werk van Noor, Romarfio en Manar. Hun antwoorden zijn mooi. Eigenlijk hoop ik gewoon dat ze een baan en erkenning krijgen. Hun geluk nooit via de criminele weg hoeven te zoeken. Dan maakt zo'n hele term ook niks meer uit.

WORDEN WIE JE BENT

We hebben het in de les over eigenschappen. Ik bespreek met de leerlingen het verschil tussen aangeboren en aangeleerd. 'Een deel van wie je bent ligt vast, en een deel kun je zelf bepalen,' zeg ik.

Youssef kijkt me aan: 'Nee hoor. Het leven is hard. Als je boos bent, ben je boos en als je dood bent, ben je dood. Dat weet ik gewoon.'

Hm, dit is nou net wat ik probeer te weerleggen met mijn les. 'Hoe bedoel je dat?' vraag ik hem.

'Nou gewoon, u kunt wel heel veel praten, maar dat is wel gewoon hoe het leven is: hard.'

Ik kijk de klas in en vraag: 'Wat denkt de rest?'

Romarfio steekt zijn vinger op. 'Het is wel waar wat Youssef zegt, er worden nu echt veel rappers vermoord. Ik mag eigenlijk niet meer met ze omgaan.' Hij zucht. 'Maar heel veel jongens uit mijn buurt zijn rapper.'

'Dan is het wel lastig om niet meer met ze om te gaan.'

'Ja, en heel jammer, want het zijn mijn vrienden.'

Even later zit de klas muisstil te werken aan een opdracht op hun laptop. Opeens vliegt Youssef omhoog, hij heeft op Magister zijn cijfer voor Engels gezien. Woede vuurt uit zijn ogen. Hij begint te schreeuwen: 'Ik haat Engels! Ik haat iedereen hier op deze school.'

Ik schrik, wat is hier aan de hand? Snel loop ik naar hem toe en leg een hand op zijn schouder. 'Wat is er gebeurd, Youssef?'

Hij staart naar het scherm.

'Je bent boos hè?' vraag ik.

'J-ja,' stamelt hij, terwijl hij naar de grond kijkt, zijn vuisten gespannen. Opeens rollen er tranen over zijn wangen.

'En volgens mij ben je ook verdrietig.'

Ik zie dat de rest van de klas naar ons kijkt.

Youssef lijkt het niet door te hebben. Hij kijkt me aan. 'Ik ben heel erg verdrietig.'

'Waar ben je verdrietig over?'

'Ik doe zo m'n best, met Engels, met het leren, maar het lukt gewoon niet.'

Romarfio staat op, hij gaat naast Youssef zitten. 'Natuurlijk gaat het je wel lukken, het is maar een cijfer joh.' Bemoedigend kijkt hij Youssef aan.

Youssef slikt zijn tranen weg. 'Iedereen let altijd zo op mij, ze denken dat ik slecht ben. De juf van Engels keek ook al zo naar mij. Daar kan ik gewoon niet meer tegen, ik doe mijn best om een goede jongen te zijn. U moet dat echt geloven.' Hulpeloos kijkt hij me aan.

Ik zeg: 'Dat geloof ik, Youssef, ik zie dat je heel hard je best doet. Je bent ook een goede jongen.'

Youssef veegt het restje van zijn tranen weg. 'U zegt toch dat je een beetje kunt bepalen wie je zelf bent? Nou, dat probeer ik dus, maar soms lukt het gewoon niet. Waarom heb ík dat?' Vragende ogen kijken omhoog.

Dit is lastig. Ik probeer de leerlingen zelfvertrouwen te geven en probeer ze duidelijk te maken dat ze veel kunnen bereiken. Soms is dat echter gewoon heel moeilijk. Beloof ik leerlingen misschien gouden bergen als ik zeg dat veel mogelijk is? Ik balanceer tussen enerzijds hoop geven en ze hard laten werken, en anderzijds voorkomen dat ze het gevoel hebben dat het hun eigen schuld is als iets niet lukt. Want soms heb je gewoon pech. Zitten je omstandigheden en je genen niet mee.

Een paar dagen later komt Romarfio naar mijn lokaal gelopen. 'Juf, er is iets ergs gebeurd, mag ik even met u praten?'

Ik zeg hem dat dat natuurlijk mag.

Hij gaat zitten. 'Mijn neef is gister doodgestoken...'

Ik slik, dit is wel heel heftig nieuws. 'Jeetje Romarfio, wat verschrikkelijk... Kende je hem goed?'

'Ja, best wel,' zegt hij terwijl hij naar de grond staart. 'Ik hoorde het gister toen ik thuiskwam, toen besefte ik het eigenlijk nog niet echt. Maar nu, nu besef ik het echt.'

'Dat snap ik, weet je hoe het is gebeurd?'

Hij haalt zijn schouders op. 'Ik had u toch verteld over rappers die doodgaan? Nou, mijn neef rapte ook wel, maar ik wist niet dat hij hiermee bezig was.'

Ik leg mijn hand even op zijn schouder. 'Wat moeilijk voor je, man.'

'Ja, is het ook... Vanavond is er een stille tocht in de buurt, daar ga ik heen.'

'Dat is heel goed van je. Zou je het fijn vinden om even met juf Carlijn te praten?'

Juf Carlijn is de orthopedagoog die Romarfio op school begeleidt op sociaal-emotioneel vlak. Aangezien op onze school veel leerlingen zitten die extra zorg nodig hebben, hebben we een groot team van specialisten op school. Als uit een klassenvergadering blijkt dat een leerling behoefte heeft aan extra begeleiding, dan krijgt die iemand toegewezen. Vaak is dit maar een paar maanden nodig en kan de leerling vervolgens met extra tools weer zelf aan de slag. Ik moet mijn volgende les in en ben blij dat ik Romarfio nog niet alleen hoef te laten.

'Dat zou heel fijn zijn,' zegt Romarfio. Dankbaar kijkt hij me aan.

'Is goed, dan bel ik haar even op en zeg ik dat je naar beneden komt.'

Aan het einde van de dag pluk ik Romarfio nog even van de gang. 'Loop je nog even met me mee?'

'Ja, tuurlijk,' antwoordt hij terwijl hij achter me aan loopt.

We lopen het kantoortje in.

'Hoe gaat het nu met je?' vraag ik.

'Best goed, het was fijn om met juf Carlijn te praten. We hebben het ook over mijn doelen gehad. U heeft toch met mij doelen gemaakt? Nou, die gaan ervoor zorgen dat ik er ga komen. Ik ga heel hard aan mijn doelen werken. Niet alleen voor mezelf, maar ook voor mijn neef.'

'Wat goed van je. Wat wordt je eerste doel?'

'Nou, ik vind het dus best moeilijk dat ik ook een Surinamer ben, Surinamers gaan dood door rap, weet u, maar ik ga laten zien dat dat niet zo is. Sommige Surinamers zijn net als ik. Die doen goede dingen. Dat ga ik ook doen.'

'Wat mooi, Romarfio. Ik denk eigenlijk dat de meeste Surinamers gewoon goede dingen doen, het lijkt me goed als jij hun een gezicht gaat geven.'

Romarfio kijkt opgelucht. 'Ja precies, het kan ook gewoon de goede kant opgaan.'

Verwonderd kijk ik naar deze jongen. Hij heeft in zijn korte leven al zoveel meegemaakt. Werkelijk alles lijkt hem tegen te zitten. En dan toch zo sterk. Misschien is dit wel wat ik bedoel met het idee dat een deel van wie je bent vastligt, en dat je een deel zelf kunt bepalen.

EEN FEESTJE

We zitten inmiddels al meer dan een maand zonder Salima. Ze volgt thuisonderwijs voor zieke kinderen, want fysieke lessen kosten nog te veel energie. Ik maak me zorgen, want thuis is Salima niet te motiveren en de achterstanden stapelen zich op. Ik vind het moeilijk te bepalen hoeveel druk ik haar kan opleggen. Je vader en je zus verliezen is niet niks, dus ik snap dat er nu weinig aandacht is voor school, dat hoeft ook echt even niet. Tegelijkertijd: het vmbo ligt nu nog binnen handbereik, als ze verdere achterstanden oploopt niet meer.

Ik overleg met onze zorgafdeling. Ook mentaal zal het voor Salima beter zijn als ze wat afleiding kan vinden op school, dus we gaan haar proberen hierheen te halen. Al is het maar voor een uurtje, voor een gesprekje of een kleine motiverende les.

Ik app het Salima en krijg meteen een reactie van haar.

'Ja, ik wil ook heel graag naar school, ik leer echt weinig nu hè.'

Gelukkig, ze is niet afwijzend. Ik app terug dat ik denk dat ze op school inderdaad meer leert en vraag wanneer ze denkt te kunnen komen.

'Vrijdag al?' vraagt ze.

Nog voordat ik kan antwoorden krijg ik een berichtje van Noor binnen.

'Juf, ik hoor dat Salima vrijdag weer komt, zullen we dan een feestje voor haar bouwen?'

Dat lijkt me een heel goed idee, ik hoop dat Salima zich snel weer fijn voelt op school.

De volgende dag bespreek ik het met de klas. Alle leerlingen zijn blij dat Salima weer terugkomt.

Kaan zegt: 'Eindelijk wordt alles weer zoals vroeger.'

Al snel gaat het over hoe we haar gaan verwelkomen.

'Ik wil een echte surpriseparty!' roept Manar.

'Dan versieren we het lokaal, zetten we allemaal eten en drinken neer en als ze dan komt roepen we "surprise"!' zegt Noor.

Ik word blij van dit enthousiasme. 'Dat is een heel goed idee. Jullie mogen zelf een plan bedenken en een boodschappenlijstje maken.'

'Een heel plan bedenken?' antwoordt Romarfio. 'Dat is niet nodig hoor, dit hebben we zo gedaan. Ik ga vanmiddag wel even naar de winkel.'

Ik moet lachen en zeg dat het heel fijn is als hij naar de winkel gaat. 'En wie gaan het lokaal versieren?'

Noor, Manar en Youssef steken opgewekt hun vingers op.

'Maar hoe laat komt ze dan?' vraagt Noor.

'Ik heb met haar afgesproken dat ze in de middag komt, dus als jullie het uur daarvoor komen versieren komt het goed.'

Ik ben blij dat de leerlingen zelf de verantwoordelijkheid oppakken. Toch vind ik het ook spannend. Die middag fiets ik voor de zekerheid even langs de winkel voor wat snoep en drinken. Romarfio vergeet wel vaker wat en het lijkt me toch een minder leuk feestje als we morgen zonder zitten. Ook koop ik meteen wat vlaggetjes en andere versiering. Terwijl ik naar huis fiets bedenk ik me dat ik de leerlingen op deze manier ook geen verantwoordelijkheid léér pakken.

Maar de volgende dag blijkt dat ik het goed aangevoeld heb.

Romarfio appt: 'Ik heb geen tijd om het eten en drinken te halen, juf, sorry.'

Ik ben teleurgesteld en app: 'Wat vervelend, hoe komt het dat het niet gelukt is? Je had het wel beloofd...' Ik krijg enkel het woord 'sorry' en een sippe emoji terug. Op school maar even navragen.

Eenmaal daar komen de versierders meteen enthousiast op me afgelopen.

'Wat heeft u allemaal gekocht waarmee we kunnen versieren?' vraagt Noor.

'Ik heb zelf ook nog wat meegenomen!' roept Manar opgewekt.

'Kijk, op jou kan ik rekenen!' Dankbaar kijk ik Manar aan. Ik overhandig ze de tassen.

Terwijl de leerlingen het lokaal klaarmaken heb ik nog een vergadering. Als ik een uurtje later terugkom ziet alles er prachtig uit. Aan de zijkant staan tafels met daarop eten en drinken, alle stoelen staan in een kring. Vlaggetjes in de lucht, een prachtige tekening op het bord.

'Wat hebben jullie dit mooi gedaan!' zeg ik.

Youssef glundert. 'Ja goed hè, alles voor Salima.'

In krulletters schrijft Noor nog snel op het bord: 'Welkom terug, Salima. *We love you*. Eén team, één taak.' Gespannen kijkt ze me aan. 'Denkt u dat Salima dit leuk gaat vinden?'

'Dat denk ik wel, het ziet er prachtig uit.'

Manar vraagt: 'Hoe laat komt de rest van de klas?'

'Over tien minuten,' antwoord ik. 'Dan hebben we nog een kwartiertje met elkaar en daarna komt Salima. Hebben jullie nog dingen die je aan de klas wilt meegeven voordat Salima komt?'

Noor: 'Ja, wanneer we "surprise" gaan zeggen.'

'Wie gaat Salima eigenlijk ophalen en de blinddoek omdoen?' vraagt Youssef.

'Dat doe ik wel!' zegt Noor. 'Heeft u een doek of zo?'

Ik haal een doek uit de personeelskamer en het wachten kan beginnen.

Als de klas gespannen zit te wachten in het lokaal, krijg ik een appje van Salima: 'Ik ben er! Heeft u de sleutel van de lift voor me?'

Snel vertrekt Noor naar beneden met de liftsleutel.

'Zal ik vast wat drinken inschenken voor Salima?' vraagt Ibrahim.

'Ja, zet maar vast wat lekkers voor haar klaar.'

Als Ibrahim de cola aan het inschenken is, verschijnen Salima en Noor voor de ramen van het lokaal. Noor leidt de geblinddoekte Salima naar de deur. De klas valt stil. Gespannen kijken ze elkaar aan. Wat moesten ze nu ook alweer doen?

Manar fluistert: 'Oké, ik tel af, bij nul roepen we "surprise".'

Terwijl Noor met de geblinddoekte Salima naar de deur loopt, fluistert Manar: 'Drie, twee, een, nul.'

'Surprise!' roept de klas in koor. Armen gaan de lucht in.

Noor trekt Salima's blinddoek af.

Verbluft kijkt Salima naar de klas. 'Een feestje? Voor mij?'

'Ja,' zeg ik, 'we zijn allemaal heel blij dat je er weer bent.'

Ibrahim laat zien waar ze kan zitten en wijst haar op de cola. Vrolijk gaat Salima op in het feestgedruis.

Ik bekijk de klas. Ik ben blij dat ze dit feestje hebben voorgesteld. Dit is een veel betere manier om haar te verwelkomen dan met een standaardles. Salima is het stralende middelpunt en geeft zelf aan wanneer het haar te veel wordt en ze gewoon even rustig wil praten. Romarfio treedt op als haar assistent en stelt mooie, indringende vragen.

'Ik mag je haren nog door de war maken hè!' roept Salima plotseling.

Romarfio ondergaat haar kroelkunsten lachend.

Ik besluit om hem maar even niet te vragen waarom het niet gelukt was met het eten en drinken. Nu is het tijd om te genieten, ook voor hem.

DE JUF HEEFT EEN WHIPLASH

Het is kwart over zes in de ochtend. Mijn wekker is net gegaan, langzaam word ik wakker. De regen slaat keihard tegen de ramen. Ik wrijf de slaap uit mijn ogen en pak mijn telefoon. Ik zie dat het de komende uren blijft regenen en vervloek de fietstocht naar school.

Dan krijg ik een appje van een collega: 'Hey Maxe, moet ik je ophalen met de auto? Dan kom je droog aan.'

Ik twijfel, is dit niet iets te veel moeite voor hem? Ik kan ook gewoon mijn regenpak aandoen. Droog aankomen klinkt echter wel erg aanlokkelijk. Ik beslis erop in te gaan.

'Dat zou superlief zijn! Maar red je dat wel?' app ik terug.

Een uur later staat hij voor de deur, samen rijden we naar het Mundus. Op de A10 wordt het steeds drukker. Plotseling trapt mijn collega op de rem. Ik zwiep naar voren. Als ik achter ons een doffe klap hoor, klapt mijn rug weer naar achter.

'Kak!' roept mijn collega. Hij kijkt me aan. 'Botsing.'

Verschrikt kijk ik terug, is dit hoe een botsing gaat?

Na het afhandelen van de schade kunnen we gelukkig nog naar het Mundus doorrijden. Terwijl ik op school de trap op loop voel ik een enorme pijnscheut in mijn rug. Ik hang mijn jas op en merk dat de pijn alleen maar erger wordt. Tranen prikken in mijn ogen. Is dit pijn van de schrik? Of is er echt iets mis? Ik app mijn vriendin, die me meteen opbelt.

'Als je pijn hebt moet je naar huis, ik kom je wel ophalen.'

Ik twijfel, ik wil helemaal niet naar huis. Ik had zulke leuke lessen gepland voor vandaag. De tranen rollen over mijn wangen. Snel verschuil ik me achter het schot in het kantoortje, de enige vierkante meter waar niemand je kan zien. Het schot is neergezet voor een meisje dat haar suiker moet prikken en ik ben nu heel blij dat het er staat.

Een collega komt binnenlopen. 'Maxe, ben je hier?'

Voorzichtig kom ik achter het schot vandaan, de telefoon nog aan mijn oor. 'Hoi, ja, hier ben ik,' zeg ik tegen de collega.

Hij bekijkt me even van top tot teen. 'Ik hoorde dat je een ongeluk hebt gehad. Ik ben fysiotherapeut geweest, moet ik je even nakijken?'

Ik zeg mijn vriendin dat ik haar zo terugbel en laat de collega mijn rug inspecteren.

'Dit is niet goed,' zegt hij al snel. 'Ik zou nu naar huis gaan, even langs de huisarts en dan het hele weekend platliggen.'

Verdrietig kijk ik hem aan. 'Echt?'

'Echt,' zegt hij resoluut.

Eenmaal thuis vind ik het moeilijk om met de klas te delen dat ik een auto-ongeluk heb gehad, zo vlak na dat van Salima, dat vele malen erger was. Ik vertel de leerlingen dat het maar een klein ongeluk was, maar dat ik er wel flinke pijn aan over heb gehouden.

'Sterkte juf, dat is vervelend,' appt Kaan meteen.

'Wanneer komt u weer terug?' vraagt Ibrahim.

Youssef zegt: 'Rustig aan doen, we doen ook ons best zonder u!'

Salima: 'Ik mis u nu al.'

Ik antwoord de leerlingen en zeg dat ik hen ook mis. Hopelijk ben ik snel weer de oude.

In de loop van de week wordt de pijn steeds heviger. Typische klachten die horen bij een whiplash, zo vertelt de huisarts. Hij vreest dat ik er een paar maanden uit ben. Ik vind het moeilijk te bevatten. Salima zou langzaam gaan opbouwen, het is een belangrijk jaar voor de klas en ik ben net coördinator geworden van leerjaar één. Ik wil aan de slag, ik wil helemaal niet thuisblijven. Collega's manen me zo veel mogelijk rust te pakken, maar mijn hoofd maakt overuren. Hoe kan ik de leerlingen vanuit huis bieden wat ze nodig hebben? Hoelang gaat dit duren? Op internet lees ik horrorverhalen over whiplashes die nooit verdwijnen.

Elke dag hoop ik dat ik de dag erna kan werken, maar dan moet ik de leerlingen toch weer teleurstellen. De lessen van mijn klas kunnen gelukkig gewoon doorgaan. Ik geef ze normaal gesproken persoonsvorming & socialisatie, mens & maatschappij (M&M) en de mentoruren. Deze worden nu overgenomen door collega's. Elke docent bij ons op school valt ongeveer twintig uur per jaar in voor andere collega's, dat is opgenomen in het contract. De docenten die tijdens mijn uren invallen zijn vaak echter niet docenten die ook hetzelfde vak geven. Als de huisarts gelijk heeft en ik er inderdaad een paar maanden uit lig, wordt het flink bijspijkeren op M&M en P&S als ik terug ben.

Op afstand probeer ik er wat van te maken. 'Jullie zijn echt toppers!! Net al jullie cijfers in Magister bekeken en ik ben echt supertrots,' app ik de klas op de maandag erna.

Ibrahim gooit meteen de favoriete zin erin: 'Eén team, één taak. Ook nu, juf.'

'Geen stress, juf, we gaan het halen!' sluit Youssef aan.

Ik ben trots op ze, maar lang niet alles gaat goed. Een week later krijg ik een ellenlange mail van een collega. De klas heeft het hele lesuur biologie lopen kloten. De stress gutst door mijn lichaam als ik de mail lees. Zoiets face to face met de klas bespreken heeft zoveel meer zin dan er weer een appje uitgooien. Toch doe ik het maar. De klas belooft beterschap en ik moet het maar geloven.

In mijn derde week thuis zit ik op de bank een boek te lezen als Enes een bericht stuurt in de groepsapp.

'Juf, een camera van de tv komt zo langs! Ze gaan ons

filmen over Erdogan. We worden beroemd!'

Ik vraag me af of dit verstandig is voor een item over Erdogan en vertrouw het niet helemaal. 'Wat gaan ze filmen dan?' vraag ik.

'Geen idee, de hele school staat al buiten!' appt Youssef enthousiast.

In de appgroep van het docententeam vraag ik wat er aan de hand is. Het blijkt niet om een neutraal item over Erdogan te gaan. De tv-ploeg lijkt vooral op zoek naar heftige uitspraken van jongeren. Ik maak me zorgen. Kan ik vanaf de bank mijn leerlingen ervan weerhouden wat voor de camera te roepen om 'beroemd' te worden?

Ik app: 'Ga maar niet naar buiten, je weet nooit wat ermee gebeurt.'

Maar het kwaad is al geschied. Ik krijg van collega's te horen dat verschillende van mijn leerlingen erbij staan en dat ze het allemaal heel interessant vinden.

'Ga naar binnen,' app ik, 'zo'n video kan je levenslang achtervolgen.'

Misschien was dat een iets te heftige uitspraak van mijn kant, maar ik ben er niet gerust op. Ik krijg geen berichtjes meer terug en kan niks anders doen dan wachten. Ik leg mijn boek weg, lezen lukt niet meer.

Die avond verschijnt de video al online. Voor school staan wat jongens, opgefokt roepen ze dingen in de camera. Mijn leerlingen zijn niet te zien. Ik herken wel leerlingen uit de bovenbouw, maar zoals ze op de film staan, zo ken ik ze niet. Ik krijg al snel berichtjes van collega's over hoe rot de jongens zich nu voelen. Ik ben blij dat mijn leerlingen het item niet gehaald hebben en hoop dat ik snel weer naar school kan om dit soort dingen te bespreken. Misschien wil ik te veel controle houden, moet ik juist leren loslaten. De leerlingen zelf leren omgaan met dit soort situaties. Maar toch, zo op afstand, dat is niks voor mij.

VOORTGANG

Na de herfstvakantie komt het verlossende woord van de bedrijfsarts: ik mag langzaam gaan opbouwen. Uurtje voor uurtje, drie maanden lang. Als alles goed gaat kan ik in februari weer volledig aan het werk. Het voelt alsof ik een eeuwigheid ben weg geweest en ik wil graag weer volledig aan de slag, maar ik ben blij dat ik ten minste weer iets kan doen. Sneller dan de huisarts voorspelde. Gewoon langzaam opbouwen en kijken hoever ik kom.

Salima is de afgelopen periode ook niet meer naar school geweest, omdat ze zich toch nog niet goed genoeg voelde. We starten dus tegelijk. Ik mail mijn collega's: 'Morgen start Salima weer met de lessen. Ze begint om 10.30 uur, daarna maakt ze de dag vol, zolang ze het volhoudt. Salima is erg gemotiveerd om weer te beginnen! Graag Salima zo "normaal mogelijk" behandelen, maar wel goed aankijken wat wel en niet gaat. Ze heeft weinig thuisonderwijs gehad, dus waarschijnlijk is ze niet bij. Vrijdag heb ik een gesprek met haar moeder, zus en het zorgteam om precieze afspraken te maken. Daarvan zal ik jullie dan ook op de hoogte stellen. Ik werk vanaf morgen twee uurtjes per dag (i.v.m. whiplash), maar we spreken elkaar vast wel even over hoe het gaat met Salima in de lessen. Mail gerust als je nog vragen hebt.'

Ik ben benieuwd hoe het zal gaan, met Salima, de klas en met mijn eigen pijn. Wat ben ik blij dat ik ze weer kan zien.

Die dag voelt het al snel als vanouds. Vrolijk zit de klas voor me.

'Nu zijn we eindelijk echt compleet!' zegt Ibrahim opgewekt.

'Ja, maar niet de hele tijd hè, juf komt maar soms,' antwoordt Romarfio.

Ik vertel de klas wanneer ik er wel en niet ben en dat

ook Salima soms misschien wat eerder naar huis zal gaan. 'En Salima, jij wilt de klas nog wat vragen toch?'

Salima kijkt de klas rond. 'Ja... Ik loop natuurlijk best wel achter, dus ik wilde vragen of jullie me willen helpen.'

'Tuurlijk!' roept Youssef meteen.

Enes: 'Haha, ik weet niet of jouw hulp gaat werken, je hebt allemaal onvoldoendes, man...'

'Jij anders ook!' roept Youssef terug.

'Oké, maar alle andere kinderen dan?' vraagt Salima.

Ik haak in: 'Jullie kunnen allemaal Salima helpen. Het begint al met het tillen van zware spullen, en inderdaad ook met huiswerk en toetsen. Samen kunnen jullie Salima er wel doorheen trekken.' Ik kijk naar Youssef en Enes. 'Jullie moeten misschien qua werk even op jullie zelf letten. Net als Salima moeten jullie ook om hulp vragen. Dan komt het goed. Laten we later deze week even praten over hoe jullie cijfers omhoog kunnen.'

'Ja, dank u, juf,' antwoordt Youssef, 'ik ga Salima wel gewoon helpen met spullen tillen.'

Enes staart stil voor zich uit. Ik ben benieuwd wat er in zijn hoofd omgaat. Van al mijn leerlingen kan ik hem het slechtste peilen.

Ik besluit hem even met rust te laten en vervolg: 'Eigenlijk ben ik heel trots op jullie allemaal. Ondanks dat ik er drie weken niet was, hebben jullie echt hard gewerkt. Daar ben ik heel erg van onder de indruk.'

Tevreden kijkt de klas me aan.

Gedurende de weken die volgen merk ik dat de klas rustiger wordt. Het normatief kader is terug, de duidelijkheid doet ze goed. De meesten staan er ook goed voor. Als het zo doorgaat mogen Manar en drie anderen zelfs op vmbo-kaderniveau gaan werken. Dat is nog een niveau hoger dan vmbo-basis, het doel van deze klas. Youssef en Enes staan er niet goed voor. Zij zullen nog even flink aan de bak moeten. Net als Salima, van wie we überhaupt nog te weinig gegevens hebben om haar vooruitgang goed te kunnen beoordelen.

De volgende dag spreek ik Youssef en Enes even apart. Eerst komt Youssef bij me langs.

'We moeten praten hè?' zegt hij verlegen.

Ik kijk hem aan. 'Ja, je staat er niet best voor.'

'Klopt.'

'Hoe denk je dat het komt?'

Youssef zucht. 'Het lukt me gewoon niet. Ik leer echt voor de toetsen, ik doe echt mijn best, maar steeds komt er een 4 of een 3.'

Ik moet weer denken aan zijn tranen toen hij het cijfer voor Engels binnenkreeg. Ik wil hem zo graag helpen. 'Dat is heel vervelend, zullen we samen gaan oefenen met leren? Dan kom je na school naar mij toe en gaan we samen oefenen.'

'Ik moet na schooltijd mijn zusjes ophalen.' Verlegen friemelt hij aan zijn trui.

'Dat is waar ook,' zeg ik, 'maar als ik nou eens je ouders bel om uit te leggen dat dit belangrijk is?'

Youssef moet lachen. 'Gaat niet werken.'

Ik glimlach. 'Mag ik het proberen?'

'Wat u wilt.'

'Wat zou je verder nog kunnen doen, denk je?'

'Ja, beter opletten in de les, maar dat is niet echt mijn kwaliteit.'

'Nou... je kunt dat best, Youssef. Bij mij in de les let je altijd supergoed op.'

'Ja, maar dan is het gezellig.'

We praten nog even door over hoe het hem bij andere vakken ook zou kunnen lukken. Het is fijn om dit gesprek te kunnen voeren. Deze informatie kan ik delen met collega's en wellicht hebben zij ook nog tips.

Als Youssef weggaat vraag ik hem Enes te halen. Verlegen komt hij binnen. Het is een bijzondere jongen. Populair in de klas, maar enorm schuw naar volwassenen toe. Hij laat niet veel emoties zien, behalve als iemand zich autoritair opstelt, dan wordt hij in één keer heel boos. Nu is zijn gezichtsuitdrukking vlak.

'Enes, ik vind het zo zonde dat je er zo slecht voor staat, want je kunt het wel.'

Hij staart naar de grond. 'Ja, weet ik.'

'Hoe komt het dat het niet lukt?'

'Ik weet niet, ik doe niet genoeg denk ik...'

'Waarom niet?'

'School is saai.'

'En saaie dingen doe jij niet?'

Er verschijnt een glimlach op zijn gezicht. Hij kijkt even op.

Ik glimlach terug.

'Eigenlijk niet nee,' zegt hij.

'Wil je wel een vmbo-diploma halen?'

'Tuurlijk, waarom zou ik dat niet willen?' Hij kijkt me verbaasd aan.

'Omdat je soms voor dingen die je graag wilt bereiken saaie dingen moet doen.'

'Dat is waar.'

'Hoe kunnen we ervoor zorgen dat je het gaat doen?'

'Ik moet het zelf doen.'

'En kan ik je helpen? Wil je hier op school werken? Kan iemand anders je helpen?'

Hij kijkt me indringend aan. 'Nee, ik ga het gewoon zelf doen.'

'Oké, dat is goed. Zullen we dan volgende week kijken of het lukt?'

'Is goed.'

Enes verlaat het kantoortje. Ik kijk hem na, ik kan hem niet echt doorgronden. Anders dan bij Youssef weet ik bij

Enes echt zeker dat hij het moet kunnen. Als hij leert voor een toets haalt hij een 8. Maar hij leert niet. Ik heb het gevoel dat er meer speelt dan ik eruit krijg en hoop dat ik erachter kan komen wat dat is. Of moet ik het loslaten?

OP EN NEER

Ik werk inmiddels halve dagen. Ik ben blij dat ik in ieder geval elke dag de klas kan zien. Ze willen graag uitgebreid Sinterklaas vieren. Lootjes worden getrokken, gedichten geschreven en cadeautjes gekocht. Op de dag voor de sinterklaasviering posten de leerlingen trots hun creaties in de appgroep.

Ik moet lachen om de foto van Youssef. Een in kranten ingepakt cadeau met ernaast een uitgeprint gedicht, duidelijk van internet. Hij is echter net zo trots als Noor en Manar, die hun cadeaus met lintjes, strikjes en hartjes hebben versierd.

Eenmaal op school komt Romarfio met lege handen aan. 'Sorry juf, geen tijd,' zegt hij verontschuldigend.

Ik zucht, 'geen tijd' lijkt me niet de reden. Ik had nog zo tegen de leerlingen gezegd dat ze geld van mij konden krijgen als de vijf euro te veel was. Was er toch schaamte? Had ik Romarfio gewoon ongevraagd die vijf euro moeten geven? Nu krijgt een leerling geen cadeau en voelt Romarfio zich schuldig.

Ibrahim ziet mij en Romarfio staan en komt naar ons toe. 'Juf, u had toch snoep gekocht? Als we gewoon wat snoep inpakken dan heeft diegene in elk geval iets. Ik help wel.' Samen met Romarfio loopt hij naar de zakken met snoep. Snel halen ze er wat lekkers uit en maken er een mooi pakketje van.

Tevreden kijk ik naar de heren. Dít is één team, één taak.

De volgende dag moet ik de leerlingen helaas weer appen met slecht nieuws. 'Hoi allemaal, ik moet toch weer thuisblijven omdat ik te veel pijn heb.'

Ik baal enorm, maar het gaat niet. De rest van de week moet ik de klas van een afstandje bekijken. Gelukkig is er WhatsApp.

Vol bewondering lees ik de volgende dag een berichtje van Kaan in de groepsapp. Hij deelt een video waarin een homo in elkaar wordt geslagen. Hij schrijft erbij: 'Kijk, alleen omdat hij gay is slaat diegene hem kapot. Dat kan gewoon niet. Zoals mijn pa zegt: als een gay je niet lastigvalt, dan moet je hem niet aanraken.'

Reacties vol medeleven met de homo volgen. Alle leerlingen zijn geschrokken.

Ik vraag me af of Kaan dit speciaal voor mij deelt, maar terwijl ik thuis zit te wachten op minder pijn doet het me goed dat mijn leerlingen dít soort dingen delen in de appgroep.

De week erna zijn de rapportvergaderingen, gelukkig kan ik daar wel weer bij zijn. Leerling voor leerling nemen we iedereen door. Met de meeste gaat het erg goed, ze liggen goed op schema. Er is ook bijzonder goed nieuws: zoals we al hoopten mag Manar samen met drie anderen definitief op vmbo-kaderniveau gaan werken. Een enorme prestatie. Ze krijgen andere boeken en we gaan kijken of het lukt ze in de huidige klas op een hoger niveau te laten werken.

De conclusies over Youssef en Enes zijn daarentegen hard: het vmbo lijkt er niet in te zitten. Ik vind het niet eerlijk: ze hebben immers drie jaar om zich te bewijzen. Moeten wij als school niet gewoon beter ons best doen?

Er zijn echter twijfels over de intelligentie van Enes. Hij heeft weliswaar het hoogste IQ van de klas, maar men gelooft die resultaten niet. Veel uitleg lijkt niet bij Enes binnen te komen. We besluiten dat Carlijn, de orthopedagoog, een uitgebreid intelligentieonderzoek gaat doen en gesprekken met hem gaat voeren. Waar gaat het leren bij Enes mis? Als we dat weten, kunnen we hem immers beter begeleiden. Van de basisschool ontbreekt namelijk veel informatie.

Voor Youssef geldt dat de gegevens die wij van de basisschool hebben gekregen uitgebreider zijn. Hij is gediagnostiseerd met een taalontwikkelingsstoornis en daarom kan hij extra hulp krijgen van een begeleider. Vorig jaar kreeg hij die aanvankelijk ook, maar die werd stopgezet toen Youssef geen last meer bleek te hebben van die stoornis. Tijdens de rapportvergadering komt echter naar boven dat we die docente toch weer moeten gaan inzetten, omdat alle beetjes kunnen helpen. Wellicht kan deze vrouw door intensieve begeleiding er ook achter komen waarom het leren bij Youssef niet lukt. Ze is immers breder opgeleid dan enkel in begeleiding bij taalstoornissen.

Ook over Salima maakt men zich zorgen. We kunnen nu nog geen conclusies trekken, maar ze is nog lang niet bij met de lesstof. Ze heeft flinke achterstanden en kan zich moeilijk concentreren in de klas. Hierdoor blijft ook haar rapport achter. De vraag is of het haar gaat lukken op tijd bij te zijn. In een reguliere klas hadden we haar dit jaar over kunnen laten doen, maar deze klas heeft al een extra jaar. Als ze ook nog eens een jaar blijft zitten, gaat ze zes jaar over het vmbo doen. Dat is te lang. Ze zal dus of bij moeten komen, of toch naar het praktijkonderwijs moeten gaan.

Het idee was dat de leerlingen drie jaar bij elkaar zouden blijven en dat daarna besloten zou worden of ze naar de bovenbouw van het vmbo kunnen. Ik wil ze die tijd gunnen. We willen de leerlingen echter ook niet gek maken met stof op een te laag of te hoog niveau. Dus wellicht moeten er al eerder keuzes gemaakt worden. Dat is het lastige van de eerste kansklas zijn: we weten nog niet echt goed wat de beste aanpak is. Voorlopig hoop ik dat Youssef, Enes en Salima de draad kunnen oppakken en dat het Manar en de andere meiden lukt om in deze klas op kaderniveau te gaan werken.

Maar nu eerst: kerstvakantie. Ik hoop dat mijn rug in de vakantie kan herstellen en ik daarna weer volledig aan de bak kan. Op oudejaarsdag kan ik mijn geluk niet op. Mijn telefoon stroomt vol met mooie berichtjes.

Noor begint: 'Fijne jaarwisseling allemaal! Hopen dat we nog heel lang een klas blijven.'

De rest van de leerlingen volgt met een heleboel hartjes.

Dan komt Salima: 'Hey lieverds, wat was 2019 toch een lang jaar, maar we zijn er bijna. Het is gewoon bijna 2020. Maak van 2020 je beste jaar, ga voor al je doelen en laat niks of niemand je tegenhouden. Alleen zo kom je er... Ga voor alles wat je doen wilt. En een fijne jaarwisseling. Ik wens jullie het beste!'

Ik ben er stil van en weet even niet wat ik terug moet sturen. Ik stroom op dit moment over van liefde voor deze tieners. Ik schrijf: 'Lief topteam, ik wil jullie bij dezen alvast een heel mooi 2020 wensen. Ik ben supertrots op jullie allemaal! Jullie zijn zo'n goede klas, werken zo hard en zijn allemaal mooie mensen! Ik ben superblij dat ik jullie mentor mag zijn. Ik hoop dat 2020 voor jullie veel moois gaat brengen en dat we samen blijven. De beste wensen voor jullie allemaal! Hou van jullie toppers.'

Mijn vriendin leest mee en vraagt verbaasd: 'Zeg je tegen je leerlingen dat je van ze houdt?'

'Ja,' antwoord ik. 'Dat doe ik ook echt dus dat mogen ze best weten.'

DE ECHTE WERELD

Na de kerstvakantie starten we in het tweede leerjaar met een projectweek mediawijsheid. Helaas is mijn rug nog niet volledig hersteld: ik mag maximaal zes uur per dag werken.

Om de leerlingen én onszelf digitaal wegwijs te maken komt TMI Academy een week langs. Het is een organisatie die docenten en jongeren traint in mediawijsheid. Al dat appen met de leerlingen is leuk, maar de digitale wereld is ook complex en kan vervelend zijn. Als docent is het moeilijk de vinger te leggen op wat leerlingen nou precies allemaal doen.

Al op de eerste dag drukt TMI ons op de feiten: 84% van de leerlingen zit in massale appgroepen waarin onder andere kinderporno, onthoofdingsvideo's en andere gruwelijkheden worden gedeeld. Geen vrolijke mededeling.

Het team van TMI komt met maar liefst vijf trainers per klas. Zo kunnen de leerlingen in kleine groepjes aan het werk gaan met thema's als cybercrime, fake news, reclamewijsheid en de filterbubbel. Opgewekt komen de trainers het lokaal binnen.

Youssef laat zich meteen van zijn beste kant zien: 'Goeiemorgen, beste mensen! Wij zijn klas 2AB1 en wij gaan er een feestje van maken deze week.'

Lachend kijkt een van de trainers hem aan. 'Dank je, en jij bent?'

'Ik ben Youssef!'

'Leuk je te ontmoeten, Youssef!'

De trainers leggen uit wat de leerlingen allemaal gaan doen. Deels krijgt de klas theorie, deels gaan ze zelf aan de slag met de thema's. Op tablets kruipen ze in de huid van criminelen en ondervinden ze hoe makkelijk het is om bijvoorbeeld nepnieuws te maken. Het is de strategie van TMI: niet uitleggen wat allemaal gevaarlijk is, maar leerlingen laten ondervinden hoe makkelijk het is om gevaarlijk te zijn. Juist dan zouden ze zich bewust worden van de gevaren, is het idee.

Het werkt bij de klas. Na enige aansporing genieten ze van de opdrachten. Ik vind het mooi om de leerlingen vanaf een afstandje tijdens hun activiteiten te bekijken. Enes leeft helemaal op. Het is een stille, maar enorm creatieve jongen. Hoe meer je hem zijn gang laat gaan, hoe meer eruit komt. Dat voelen deze trainers haarfijn aan. Geconcentreerd zit hij te werken aan een ontwerp voor een video.

Youssef doet er alles aan om de aandacht van de trainers te krijgen. Op een positieve manier. Hij geeft ze complimenten, stelt ze constant vragen. Ik vind hem af en toe te druk en wil hem tot kalmte manen, maar de trainers lijken het geen probleem te vinden. Youssef geniet.

De theorie die de trainers meegeven is ingewikkeld. Ze proberen het simpel te houden door constant vergelijkingen te maken, maar dat maakt het niet altijd meteen duidelijker. Zo wordt de schuldvraag bij het doorsturen van een naaktvideo uitgelegd aan de hand van een bergbeklimmer die wordt gezekerd door een vriend.

'Als de bergbeklimmer naar beneden valt, is het dan de schuld van de klimmer of van de zekeraar?'

De klas kijkt de trainer vragend aan.

'Huh, heeft hij een verzekering voor het klimmen?' vraagt Ibrahim.

'Die vriend zekert hem,' zegt de trainer.

De klas blijft stil.

Ik vul de trainer aan: 'Hij heeft een touw vast waardoor de klimmer niet kan vallen.'

'O zo,' zegt Kaan, 'maar als hij dat touw loslaat is de klimmer dood? Dan is het de schuld van die verzekering.'

De trainer probeert de link te leggen naar het doorsturen van een video: 'Dus als de hele school die video heeft, is het dan de schuld van degene die de video gemaakt heeft of van degene die hem doorstuurt?'

'Van degene die hem gemaakt heeft natuurlijk!' zegt Youssef resoluut.

De trainer kijkt zorgelijk. 'De klimmer heeft de video gemaakt.'

Salima kijkt de trainers vragend aan. 'Hij kan toch geen video's maken als hij aan het klimmen is?'

'Nee het is een vergelijking,' zucht de trainer.

Manar snapt het wel: 'Diegene die de video maakt weet dat hij een risico loopt en degene die de video doorstuurt moet dat gewoon niet doen. Net als bij het klimmen. Als je gaat klimmen loop je gevaar, maar degene die hem vasthoudt moet het beter doen.'

Ik glimlach naar Manar. Het wordt steeds meer een inkoppertje, alles wat zij wel snapt en de rest niet. Ik twijfel of ze niet toch naar een andere klas moet, waar ze meer wordt uitgedaagd.

Als ik de volgende dag voor het tweede deel op school kom, hoor ik een van de vrouwelijke trainers met een collega praten.

'Er zit zo'n leuke leerling in die kansklas. De jongen vroeg aan mij of ik een vriend had. Toen ik zei dat ik ook een vriendin kan hebben, zei hij: "Tuurlijk kan dat, juf, ik ben dan wel een Marokkaan, maar ik heb niks tegen lesbi's hoor! Alles kan, gewoon gezellig toch." Waarna hij weer aan het werk ging. Echt een wereldventje is dat.'

Ik haak in en vraag aan haar wie dat gezegd heeft.

'Youssef,' zegt ze lachend. 'Die jongen gun je toch de hele wereld.'

Ik moet lachen en zeg dat hij inderdaad erg leuk is.

Ik ben blij dat Youssef bij deze lessen zo opleeft, dat hij het zo goed met de trainers kan vinden en echt gezien wordt. Tijdens de reguliere lessen gaat het nog steeds niet goed met hem. Waar Manar tot grote hoogten komt, zakt hij steeds verder weg. Het leren wil maar niet lukken. Ik maak me er zorgen over of hij het vmbo gaat halen, en vooral over wat het met hem doet als hij het niet haalt. Blijft hij dan die vrolijke, humoristische jongen?

Ik ben ook bang voor hoe hij door een deel van de buitenwereld wordt bekeken. Youssef wil er het liefst zo uitzien als jongens van de straat. Trainingspak of dure spijkerbroek, petje, klein tasje, mooie sneakers. Het staat hem goed, maar er kleven ook vooroordelen aan. Dat Youssefs reactie over lesbisch zijn zo'n enthousiasme oproept bij de trainer laat óók een vooroordeel zien. Ze had het blijkbaar niet van Youssef verwacht. Zouden oudere dames hun handtas steviger vastpakken als hij dichterbij komt? Komt dat dan door zijn kleding of omdat hij Marokkaans is? Of is dat een vooroordeel van mij? Moet ik Youssef hier nou wel of juist niet op voorbereiden?

Altijd als de leerlingen een project doen met de buitenwereld ga ik op een andere manier nadenken over de samenleving waarin ze terechtkomen. Ik ben bang dat die ver af staat van alles wat we hier op school meemaken. Alsof wij hier als enige in een bubbel zitten waar liefde groter is dan vooroordelen. Maar moet ik eigenlijk wel bang zijn? Mezelf echt in de leerlingen verplaatsen is moeilijk. Ik vraag me af of het wel goed is dat de leerlingen zo'n witte juf hebben. Hun leefwereld zal ik nooit echt begrijpen, dus kan ik ze dan wel voldoende op de toekomst voorbereiden?

GELOVEN

Het is februari, ik kan eindelijk weer volledig werken. De les over vrijheid van meningsuiting en vrijheid van geloof staat op de planning. Ik start met een bruggetje naar de vorige les.

'Vorige week hadden we het over verschillende culturen in Nederland. Wie kan me nog vertellen waarom er zoveel verschillende culturen in Nederland zijn?'

Ibrahim wil graag het woord. 'Mensen kwamen hier voor werk of voor veiligheid, net als mijn vader. Na uw les heb ik met hem gepraat. Hij is hier vanuit Marokko komen werken. Hij vertelde dat hij nooit schoenen aanhad voordat hij naar Nederland kwam. In Marokko was hij er te arm voor. Daarom is hij zo blij dat wij in Nederland wonen. Nu heeft hij elke dag schoenen aan.'

'Wow Ibrahim, dat is wel bijzonder,' antwoord ik. 'Hoe oud was je vader toen hij naar Nederland kwam?'

'Zeventien jaar.'

Romarfio draait zich om naar Ibrahim: 'Had hij al die tijd geen schoenen?'

'Nee,' antwoordt Ibrahim, 'daarom krijg ik nu ook zoveel spullen van mijn ouders, ze zijn blij dat ze me wat kunnen geven.'

'Dat klopt wel hoor, juf,' antwoordt Kaan, 'mijn vader had in Turkije ook niks. Hier is gewoon meer. Turkije is een goed land, maar Nederland is wel beter om te leven.'

'En nu heeft je vader zelfs een eigen winkel,' antwoord ik.

'Ja, hij is echt trots op zijn fietsenzaak, als we in Turkije zijn vertelt hij dat aan iedereen!'

Ik vind het mooie voorbeelden, maar we moeten weer verder met het onderwerp van de les.

'Dat mensen naar Nederland komen gaat al heel ver terug in de geschiedenis. Er was hier bijvoorbeeld relatief veel vrijheid. Je mocht geloven wat je wilde en een eigen mening hebben. Dat is nog steeds zo. Over die twee wetten gaan we het vandaag hebben. Je gaat leren wat ze inhouden en ook hoe ze soms met elkaar in conflict kunnen komen.'

'Dat is toch eigenlijk gewoon waar het misgaat met Wilders?' haakt Manar in.

'Tfoe, hem haat ik echt,' antwoordt Youssef.

Ik kijk de klas rond en zeg: 'Manar heeft gelijk dat dit precies is waar Wilders mee te maken krijgt. Aan de ene kant mag je een vrije mening hebben, dus Wilders mag zeggen wat hij van moslims vindt, maar aan de andere kant mag je in Nederland ook geloven wat je wilt.'

Youssef imiteert Wilders en zegt: 'Willen jullie meer of minder Marokkanen?'

'Minder haha!' antwoordt Salima. 'Nee grapje, ik mag hem echt niet.' Boos slaat ze haar armen over elkaar. Ze is sinds een paar weken weer helemaal terug en is de klassengesprekken duidelijk niet verleerd.

'Waarom vind je dat?' vraag ik haar.

'Gewoon, hij is tegen moslims. Van hem mag ik hier niet zijn.'

Angstig kijkt Youssef mij aan. 'Ja, als hij premier wordt moeten wij toch allemaal weg?'

'Ik wil helemaal niet weg!' roept Salima.

Ik slik, de angst dat de leerlingen weg moeten speelt elke keer opnieuw op. Ik probeer de leerlingen gerust te stellen en zeg: 'Wilders heeft inderdaad gezegd dat hij minder moslims wil, maar in Nederland leven we in een democratie, dus hij kan niet in zijn eentje de wetten bepalen. Jullie hoeven echt niet weg.'

'Gelukkig,' zucht Youssef.

'Wat kun je in een democratie doen als je het niet eens bent met iemand?' vraag ik.

'Niet op hem stemmen,' antwoordt Salima.

'Precies, en je ziet dat er zeker wel mensen op Wilders stemmen, maar lang niet iedereen. Sterker nog: de meeste mensen niet. Daarnaast is die wet over vrijheid van geloof echt heel belangrijk in Nederland. Het staat zelfs in de grondwet, dus daar kan Wilders niet zomaar iets aan veranderen. En ten slotte heb je ook nog het verbod op discriminatie.' Zo, dat is een hele hap informatie. Ik hoop dat het tot de leerlingen doordringt.

Enes vraagt: 'Maar waarom kan Wilders dan gewoon alles zeggen?'

Noor valt hem bij: 'Ja, als "geen discriminatie" een belangrijke wet is, zou hij allang moeten zijn opgepakt!'

'Dat is precies het ingewikkelde,' zeg ik, 'dat komt door de wet op vrijheid van meningsuiting. Zeker bij mensen die in de politiek werken is daar extra aandacht voor. Mensen in de politiek moeten hun meningen goed kunnen geven.'

'Maar dan hoeven ze toch nog niet gemeen te doen...' Youssef kijkt me hulpeloos aan.

'Nee, dat klopt, dat is ook heel vervelend. Voor die "minder, minder"-uitspraak wordt Wilders ook berecht.'

'Nou, dan moeten die rechters maar goed hun werk doen,' reageert Salima. 'Ik zou echt nooit op hem stemmen.'

'Precies, dat is democratie,' zeg ik.

Enes: 'Ik ben echt blij met een democratie, Wilders vind ik stom, maar je kunt hier wel gewoon jezelf zijn. Iedereen leeft gewoon samen. Ik heb nooit problemen.'

'Wat fijn, dat zeg je mooi. Laten we eens naar de volgende dia gaan, daar staan alle geloven die we in Nederland hebben.' Ik klik de volgende dia in de presentatie aan. Op het scherm verschijnt een cirkeldiagram waarin de verschillende geloofsovertuigingen van mensen in Nederland zijn afgebeeld.

'Kijk,' zeg ik, 'je ziet dat we met veel verschillende geloven samenleven in Nederland.'

'Waar zijn de moslims, juf?' vraagt Noor.

'Dat is het paarse deel, zes procent van de Nederlanders is moslim.'

'Zo weinig!' roept Kaan.

'Dat kan nooit! Kijk hier in deze klas.' Youssef wijst om zich heen.

'Ja, hier in de klas is het anders verdeeld,' antwoord ik,

'maar dat betekent niet dat het in heel Nederland zo is. Je hebt ook veel plekken waar bijna geen moslims wonen, maar bijvoorbeeld wel veel christenen.'

Manar wijst naar het bord. 'Wow, echt veel mensen hebben geen geloof.'

'Ja, zo'n veertig procent van de Nederlanders gelooft nergens in.'

Romarfio: 'Ik snap echt niet hoe je dan kunt leven. Dan heb je toch geen doel?'

'Ja, dan weet je toch niet wat je moet doen?' haakt Kaan in.

Salima zucht. 'Juf heeft toch ook geen geloof, die weet toch ook wat ze moet doen?' Ze wendt zich naar mij. 'Hoe doet u dat eigenlijk?'

Ik vertel de klas dat je niet per se een geloof nodig hebt om te weten hoe je goed kunt leven. 'Dat leer je ook van je ouders, vrienden, familie, school...'

Ibrahim: 'Ja, net als wij eigenlijk. Ik leer het geloof van mijn ouders en familie.'

'En van de moskee,' antwoordt Kaan, 'dat heeft juf niet.'

Romarfio haakt in: 'Maar dat is ook niet nodig hoor, ik ben christen maar ik ga niet naar de kerk. Toch weet ik wat ik moet doen.'

'Precies,' zeg ik, 'iedereen doet het op zijn eigen manier. En daarnaast heb je natuurlijk ook nog gewoon je eigen gedachtes. Niet alles wat je doet, of wat je goed of verkeerd vindt, wordt bepaald door anderen. Je hebt ook eigen opvattingen, waarden en normen.'

'Waarden en normen! Daar hadden we het vorige week over!' haakt Youssef vrolijk in.

'Inderdaad, nu zijn we weer rond,' zeg ik lachend.

Ibrahim rondt het af: 'Uiteindelijk moet je gewoon een goed mens zijn, dan komt alles goed.'

Ik glimlach. Zo is het.

AMSTERDAM TEENS UNITED

Het ontmoetingsproject heeft de afgelopen maanden niet stilgestaan. De leerlingen zijn druk bezig het evenement te organiseren waarbij Amsterdamse tieners elkaar gaan leren kennen. Vandaag gaan we op bezoek bij leerlingen van Cartesius 2 om ze over te halen om het project mee te organiseren. In de tram rijden we naar de overwegend witte havo/vwo-school. Uit mijn klas zijn Romarfio en Manar erbij en daarnaast nog vijf andere leerlingen. Gespannen lezen ze op hun telefoon de presentatie nog een keer door.

Romarfio zegt: 'We gaan het niet over problemen met discriminatie hebben, maar gewoon dat we het gaan oplossen.'

Ik zeg dat ze moeten doen wat zij denken dat het beste is. Ik heb alle vertrouwen in ze.

Via de grachten lopen we het laatste stukje naar de school.

'Mooi is het hier hè?' zegt Manar. 'Later wil ik hier ook wonen.'

'Haha, ja het is hier wel echt anders dan bij ons,' reageert Romarfio.

'Ik zou hier niet op school willen zitten hoor,' haakt een andere leerling in, 'wij hebben tenminste de ruimte.'

Eenmaal binnen blijkt ook daar de ruimte krap. Waar onze school groots is opgezet, is dit vooral een mooi monumentaal pand. We lopen naar het lokaal waar de leerlingen hun eerste presentatie gaan houden. Maar liefst vijftig leerlingen van het Cartesius 2 zitten klaar.

'Zoveel leerlingen in een klas?' Romarfio kijkt geschrokken om zich heen.

'Ziet u al die MacBooks, juf?' fluistert Manar.

'Zijn deze kinderen zo rijk?' vraagt een ander.

'Dat weet ik niet,' reageer ik, 'maar ze gaan jullie plan vast heel goed vinden.'

De leerlingen halen diep adem.

'Wij zijn de leerlingen van het Mundus College,' zegt Romarfio, 'en we hebben een plan om discriminatie te stoppen. Jullie kunnen ons daarbij helpen...'

Rustig vertellen ze wat het project inhoudt en wat ze van de leerlingen verwachten. Ze willen de dag samen gaan organiseren, zodat het een breed gedragen project wordt waar alle scholieren zich thuisvoelen. Aangezien de leerlingen van het Cartesius 2 een vak hebben waarbij ze iets moeten organiseren, mogen ze het van hun docent daarvoor doen.

'Als je mee wilt doen moet je je docent een mailtje sturen met je motivatie,' sluit Manar af, 'en dan kiest die acht leerlingen uit met wie wij het project samen gaan organiseren. Hebben jullie nog vragen?'

Er gaan een paar vingers omhoog. De leerlingen beantwoorden de vragen en dan kunnen we weer vertrekken. Nu is het afwachten wat er binnen gaat komen.

Een week later komt de verlossende mail: het is gelukt, acht leerlingen hebben zich bij ons aangesloten. Komende week komen ze langs bij ons op school om de eerste voorbereidingen te treffen. Ik merk dat het project te groot is om als enige docent te dragen, dus vraag ik mijn collega Lotte erbij. Zij geeft ook P&S en is erg enthousiast over het project. Samen bereiden we de middag dat de leerlingen bij elkaar komen voor. De leerlingen moeten elkaar leren kennen en een naam en locatie bedenken voor de grote dag. Lotte kent veel leuke werkvormen dus in no time hebben we een plan.

Gespannen druppelen de leerlingen die dag het lokaal binnen. Ze kijken elkaar afwachtend aan. Braaf groeten ze elkaar, om vervolgens weer bij hun eigen school te gaan zitten. Lotte en ik mixen ze voor het eerste kennismakingsspel: de leerlingen moeten op post-its kenmerken van zichzelf schrijven die waar of niet waar kunnen zijn. De rest van hun groepje moet raden wat er klopt. De eerste ontmoetingen zijn een feit. De eerste verschillen komen echter ook meteen aan het licht: waar de leerlingen van het Cartesius muziek- en hockeylessen opschrijven, benoemen de leerlingen van het Mundus meteen hun afkomst. Ik vraag me af of het een goede opdracht is en vind het even lastig dat we voor een havo/vwo-school hebben gekozen. De verschillen zijn nu extra groot, want het is echt niet zo dat alle witte kinderen MacBooks hebben of op hockey zitten. Lotte kijkt me echter bemoedigend aan: de leerlingen zijn gezellig met elkaar in gesprek, dáár gaat het om. Verschillen mogen er best zijn.

Na nog wat spellen is het tijd voor de organisatie van de ontmoetingsdag. Eerst stellen we met elkaar de voorwaarden voor de locatie op.

'Het moet sowieso in Amsterdam zijn,' zegt Romarfio.

'En groot genoeg voor vijfhonderd tot achthonderd leerlingen,' vult een leerling van het Cartesius 2 aan.

Manar: 'Ja klopt, en we moeten er veel activiteiten kunnen doen.'

Driftig schrijven Lotte en ik mee op het bord.

Als de voorwaarden zijn opgesteld gaan de leerlingen locaties zoeken en benaderen. Binnen een paar minuten hebben twee meiden van het Cartesius 2 een prachtige mail opgesteld die alle leerlingen kunnen gebruiken. Ik ben verbluft. Is dit wat een havo/vwo-leerling al kan schrijven in de tweede klas? Even ben ík me heel bewust van de verschillen in deze groep. Mijn leerlingen schrijven nog verhalen zonder hoofdletters, punten en komma's. Dit is een volwaardige mail. Daarentegen willen de leerlingen van het Mundus meteen locaties opbellen: enthousiast typen ze telefoonnummers in en voeren ze professionele gesprekken. Als alle locaties zijn benaderd is het afwachten welke beschikbaar zijn. Nu staat er nog één laatste onderdeel voor deze middag gepland: de naam van het project.

Daar hoeven de leerlingen niet lang over na te denken. Snel zijn ze het erover eens dat het woord Amsterdam, hun leeftijd, 'tieners', en iets met 'samen' erin moet komen. Lotte en ik vragen ons nog af of 'tieners' wel stoer genoeg is, maar waar wij op onze leeftijd absoluut niet tiener genoemd wilden worden, zeggen deze leerlingen dat het juist een goeie term is.

'Maar eigenlijk moet het wel in het Engels,' zegt Romarfio.

'Ja, dat komt beter over,' reageert een andere leerling.

'AMSTERDAM TEENS...' schrijf ik op het bord.

'Wat is samen in het Engels?' vraagt Manar.

'*Together*,' reageert een ander.

'Hm, dat is niet mooi,' zegt de volgende.

'Als jullie op je laptop eens synoniemen opzoeken?' stelt Lotte voor.

Gedreven gaan de leerlingen aan de slag.

'*United*!' roept een leerling.

Ik schrijf op: 'AMSTERDAM TEENS UNITED.'

Tevreden kijken de leerlingen naar het bord. Dat gaat het worden.

VERTROUWEN ALS LEVENSBELANG

We hebben het in de klas over behoeften. Ik vertel dat mensen naast de behoefte aan eten en drinken ook behoefte hebben om ergens bij te horen, zichzelf te kunnen zijn en gezien te worden. Dat jij mensen kunt vertrouwen en dat mensen jou vertrouwen.

'Wat?' roept Youssef van achter uit de klas. 'Ik hoef echt niet ergens bij te horen hoor. Ik ben gewoon mezelf.' Stoer staart hij voor zich uit.

Enes is het met Youssef eens. 'Ik heb ook niemand nodig. Je moet echt niet verwachten dat mensen goed met je omgaan. Ik vertrouw niemand.'

Dat vind ik wel een nare uitspraak. 'Wat heftig,' zeg ik, 'dat lijkt me heel vervelend om te voelen.'

Kaan steekt zijn vinger op: 'Kijk, juf, ik zal het u uitleggen: u en ik vertrouwen mensen. Bijvoorbeeld: u vertrouwt de meeste mensen wel, en sommige mensen niet. Bij Youssef en Enes is dat andersom. Zij vertrouwen de meeste mensen niet, en maar een paar wel.'

Kaan heeft vaker van die mooie, wijze observaties. Hij komt uit een warm nest, bespreekt alles met zijn ouders en lijkt zich bij iedereen op zijn gemak te voelen. Hij heeft goed gezien dat dit bij de meeste van zijn klasgenootjes niet zo is. Ik vind het fijn dat Kaan dit uitspreekt, dat kan de andere leerlingen aan het denken zetten. Meer dan wanneer ik het zeg.

Een paar dagen later hebben we het over veiligheid en politie. Ik vraag aan de leerlingen wat ze voelen als ze een agent tegenkomen op straat.

'Boosheid, omdat de politie Marokkanen haat,' zegt Salima.

'Ja, daarom ben ik juist bang,' reageert Ibrahim.

Romarfio haakt in: 'Niet alleen Marokkanen hoor. Elke keer als ik politie zie moeten ze me hebben!' Hij zakt boos onderuit.

'Wat gebeurt er dan?' vraag ik.

'Nou, laatst was ik gewoon met wat vrienden aan het lopen op straat, stopt er een politieauto en worden we gefouilleerd. Mijn vriend vroeg nog waarom. De agent zei: "Jullie lijken op verdachten." Maar dat zijn we helemaal niet!'

We bespreken de gebeurtenis, en nog vele andere. Wat kun je doen als je het meemaakt? We komen net in een constructief gesprek, als Youssef uitroept: 'Maar juf, je kúnt de politie gewoon niet vertrouwen. Ik heb laatst een filmpje gezien en daarin was iemand verkleed als agent. Hij deed dus gewoon alsof. Dus als je een agent ziet kan hij gewoon verkleed zijn.'

De rest van de klas schiet in de paniek.

'Echt? Is de politie nep? Zijn ze gewoon verkleed?' roept Salima.

Ik maan de klas tot rust en vraag Youssef wat hij precies gezien heeft.

'Gewoon een filmpje op Instagram.'

Ik zeg: 'Het kan best dat er een keer iemand verkleed was als agent, en het is goed dat je voorzichtig bent als er bijvoorbeeld een agent voor je deur staat, maar dat er één keer een verklede agent op straat was, betekent niet dat elke agent verkleed is.'

De klas kijkt me verward aan. Eerst hadden we enkel de discussie of de politie hén wel vertrouwt en nu moeten we ons opeens afvragen of de politie zélf wel te vertrouwen is.

'Pff wat moeten we nou, juf?' vraagt Noor.

We kunnen hier eindeloos over doorpraten, maar ik weet dat ik nu duidelijk moet zijn. Niet nog meer verwarring zaaien. Ik zeg: 'De politie is er voor ons, voor jullie, voor iedereen. Je kunt ze vertrouwen.'

Ibrahim kijkt me aan. 'Oké juf, u vertrouw ik wel. Dus als u zegt dat ik de politie moet vertrouwen, doe ik dat.'

Het is lief dat hij dat zegt, maar tegelijkertijd hoop ik dat hij leert om zelf de juiste inschattingen te maken. Hoe zorg ik ervoor dat leerlingen vertrouwen krijgen in de instanties om hen heen? Het is echt lastig. Het ene bericht op Instagram interpreteren ze als dé waarheid, terwijl ze het volgende bericht juist weer totaal wantrouwen. Het gebeurt steeds vaker: iets of iemand slingert iets de wereld in, en de leerlingen checken bij mij of het waar is.

Ik moet denken aan toen ik zelf in de collegebanken

van mijn studie politicologie zat en hoorde: 'Voor een democratie is vertrouwen in instanties van levensbelang.' Ik ben zelf opgegroeid in een omgeving waar dat vertrouwen vanzelfsprekend was, dus destijds dacht ik alleen: oké prima, komt goed. Maar nu ik hier naar mijn leerlingen kijk is het toch een ander verhaal. Hoe zorg je dat ze instanties vertrouwen? Zoals Kaan observeerde: mijn leerlingen vertrouwen meer niet dan wel. En dat maakt het leven best ingewikkeld.

Door het wantrouwen gaan ze zich afsluiten en stoer roepen 'dat ze niemand nodig hebben'. Juist dat afsluiten wil ik doorbreken. Door mijn leerlingen veel liefde, vertrouwen en informatie te geven hoop ik dat ze meer vertrouwen gaan voelen. In mensen én in instanties. Succeservaringen zijn hiervoor de sleutel. Alle keren dat de leerlingen positieve ervaringen opdoen, zal hun vertrouwen groeien. Allereerst in zichzelf, vervolgens in de mensen om hen heen, en uiteindelijk, hoop ik, ook in de instanties. Maar om dit te laten slagen dienen zij de jongeren eerst vertrouwen te schenken. Want als je geen vertrouwen krijgt, wie vertrouw je zelf dan nog?

DE TOETS

De komende week staan de TOA-toetsen gepland. Dit zijn niveautoetsen die de voortgang van de leerlingen laten zien. Naast de rapportcijfers zijn deze toetsen een belangrijk middel om te bepalen of de leerlingen het vmbo aankunnen en of er zelfs nog meer in zit. Veel is uiteindelijk afhankelijk van hun niveau in Nederlands, rekenen/wiskunde en Engels. Vakken die ik zelf niet geef. Natuurlijk krijg ik signalen van collega's en heb ik de rapportcijfers, maar toch vind ik dit moment wel spannend. Hoe staat het er echt voor met de leerlingen?

Vandaag maken ze de eerste toets. De leerlingen lopen het computerlokaal in, gespannen nemen ze plaats achter de computers. Daar vindt al meteen de eerste moeilijke opgave plaats: inloggen. Ze hebben duidelijke instructies op het blaadje voor zich liggen, maar toch blijkt goed inloggen nog best lastig. Een voor een help ik ze, terwijl de anderen ongeduldig wachten.

'Dit gaat toch niet van mijn tijd af hè?' vraagt Noor.

'Juf, kom nou snel!' roept Salima.

'Rustig, het gaat niet van jullie tijd af,' zeg ik, 'de tijd gaat pas lopen als je de toets voor je hebt.'

'O, oké,' reageert Noor, 'maar toch wil ik echt snel beginnen.'

'Ik kom zo bij je, het komt goed.'

Als alle leerlingen de toets aan het maken zijn hoor ik enkel nog diepe zuchten en korte kreuntjes. Ze vinden het moeilijk. Youssef blijft maar wiebelen op zijn stoel en wil de hele tijd naar het toilet. Maar de toets kan niet gepauzeerd worden. Hij moet doorwerken, anders gaat het van zijn tijd af. En tijd hebben de leerlingen hard nodig.

Na afloop van de toets zitten ze verslagen in mijn lokaal.

'Het was echt heel moeilijk, juf,' zucht Kaan.

'Ze denken echt dat we vwo hebben of zo!' roept Youssef.

'Ze weten toch dat we praktijk hadden? Waarom geven ze ons dan zo'n moeilijke toets?' vraagt Salima.

Ik zeg de leerlingen dat ze expres een paar heel moeilijke vragen in de toets doen, om te kijken of ze misschien nóg meer kunnen. De twijfels van de leerlingen haal ik er niet mee weg, maar ik wil niet dat ze zich na zo'n toets opeens minder slim gaan voelen. Ik vraag me ook af of toetsen of ze het juiste niveau hebben wel een goede manier is. Natuurlijk is het een fijn, onafhankelijk middel. Het is echter ook een momentopname, daarnaast vraagt een toets veel van de leesvaardigheid van de leerlingen. Laat dat nou net iets zijn wat ze erg moeilijk vinden. Mag je ze daarop afrekenen?

Als alle toetsen erop zitten bekijk ik de uitslagen. De leerlingen appen me al onrustig of ik ze wat kan vertellen. Het interpreteren van de scores blijkt echter lastig. Ik zit gebogen over tabellen, grafieken en cijfertjes. Na een dag puzzelen heb ik alle gegevens van mijn leerlingen ingedeeld in groen (vmbo-niveau), oranje (bijna vmbo-niveau) en rood (praktijkniveau). Ik bekijk de kleurtjes. Manars tabel kleurt voor alle vakken felgroen, die van Youssef is echter knalrood. De meeste andere leerlingen zitten ertussenin. Overwegend of deels oranje, met af en toe een vakje rood en af en toe een vakje groen. Dit geldt ook voor Salima en Enes, wat een hele opluchting is.

Voor Enes is dit een bevestiging van wat ook al uit zijn intelligentieonderzoek kwam. De orthopedagoog liet weten dat zijn visueel ruimtelijk vermogen sterk is ontwikkeld en zijn verbale vermogen wat minder. Van de vijf onderdelen die tijdens een IQ-onderzoek worden getest is zijn verwerkingssnelheid het laagst. Daardoor komt hij vaak niet aan alles toe en scoort hij minder goed. Als hij de tijd neemt voor de stof kan hij wel hoge cijfers halen. Ik deel dit met het team, zodat we hem daarmee kunnen helpen.

Ik deel alle TOA-scores met de vakdocenten en vraag ze aandacht te besteden aan de moeilijkheden van de leerlingen. Ook bespreek ik de uitslagen met de leerlingen en hun ouders. Samen stellen we duidelijke doelen per vak op. Ik merk dat de leerlingen het prettig vinden dat ze deze duidelijkheid hebben. Nu weten ze waar ze aan moeten werken, en waar ze iets geruster over kunnen zijn.

Voor Youssef is het een ander verhaal. De toetsen laten zien wat we al vreesden: hij zit nog volledig op praktijkschoolniveau. Ook de juf die hem begeleidt denkt dat hij het vmbo niet aankan. Doordat we op dit moment overvragen, gaat zijn gedrag achteruit, zo is haar analyse. Youssef zou toch beter gebaat zijn bij een reguliere praktijkklas. De rest van het docenten- en zorgteam is het daarmee eens. Youssef moet volgend schooljaar naar het praktijkonderwijs. Ik vind het moeilijk te verwerken, deze jongen heb ik de afgelopen anderhalf jaar enorm in mijn hart gesloten. Hij wil zo graag, maar het lukt hem niet. Hoe zal dit voor hem zijn? Ik besluit dat ik het eerst met hem apart ga bespreken, en dan pas met zijn ouders erbij. Voor zijn ouders houdt Youssef zich vaak groot, dat wil ik hem bij zulk slecht nieuws niet meteen aandoen.

Als Youssef binnenkomt laat hij me trots zijn nieuwe schoenen zien. 'Helemaal zelf voor gespaard!'

'Wat goed, ze zijn erg mooi,' reageer ik. 'Ga even zitten, we moeten je TOA's en je rapport bespreken.'

Terwijl Youssef naar een stoel loopt zegt hij: 'Het is niet goed hè?'

'Klopt, helaas. Je staat vier onvoldoendes op je rapport, en ik zal je TOA-scores er even bij pakken.'

'Die toetsen waren echt moeilijk.'

'Ja, ik denk ook dat ze te moeilijk voor je waren. Kijk, je hebt ze allemaal op praktijkniveau gescoord.'

Beteuterd kijkt hij naar het blaadje.

Ik vind het moeilijk, maar ik moet het nu gewoon zeggen. 'We hebben het met alle docenten en de mensen van de zorg besproken. Op dit moment gaat het vmbo niet lukken. Ik denk dat volgend jaar een derde klas praktijkonderwijs beter voor je is.'

'Niks aan te doen, juf.' Hij haalt zijn schouders op en kijkt me stoer aan.

'Hoe is het voor je om dit te horen?' vraag ik.

Youssef slikt. 'Niet leuk natuurlijk, ik had wel op vmbo gehoopt.' Zijn blik gaat naar de grond, tranen prikken in zijn ogen.

'Dat snap ik, en het is niet erg dat je verdrietig bent. Je hebt zo je best gedaan.'

Youssef veegt de tranen uit zijn ogen. 'Ja, dat weet ik. Meer kon ik niet doen.'

'Precies. Ik ben echt trots op hoe je bezig bent. En het is niet het einde hè?'

'Weet ik, juf.'

Ik zoek de woorden om uit te leggen hoe hij ook zijn dromen kan bereiken. Ik pak pen en papier en teken een mogelijk traject uit. 'Als je volgend jaar naar praktijk gaat en het daar goed doet, kun je tijdens het vierde en vijfde jaar hier op school je Entreediploma halen. Daarna kun je naar mbo-2 en sta je weer gelijk met de rest van de klas.'

Youssef kijkt me vragend aan.

Ik pak de grafieken erbij en laat het zien. De routes binnen het praktijkonderwijs liggen niet vast. Het onderwijs draait om een persoonlijk traject dat de leerling het beste begeleidt naar een vervolgopleiding of werk. Meestal duurt dat traject vijf jaar. Youssef gaat volgend schooljaar naar het derde leerjaar praktijkonderwijs. Wiskunde hoeft hij dan niet meer te volgen. Als hij hoog genoeg scoort op rekenen en Nederlands kan hij in het vierde en vijfde leerjaar hier op het Mundus een Entreediploma (mbo niveau 1) halen.

De rest van de klas is nog drie jaar bezig met het vmbo, omdat ze een extra jaar in de onderbouw zitten. Als ze het allemaal aankunnen, gaan ze tegelijk met Youssef naar mbo niveau 2 op een ROC.

'Dus eigenlijk is het gewoon hetzelfde?' Hij kijkt me opgelucht aan.

'Het is een andere route om er te komen.'

'Kan ik dan nog bij de marechaussee?'

Ik pak mijn laptop erbij. Samen stippelen we zijn route naar de marechaussee uit. Of het ook echt gaat lukken weet ik natuurlijk niet. Maar in theorie is het mogelijk.

Langzaam komt er wat rust bij hem terug.

'Dus ik kan het vmbo niet halen, maar ik kan het nog wel gaan maken?' vraagt hij.

'Ja, je kunt het zeker nog steeds gaan maken.' Vol vertrouwen kijk ik hem aan.

Als hij rustig genoeg is bespreken we samen hoe we dit aan zijn ouders gaan vertellen. Youssef vindt het moeilijk dat hij zijn ouders teleur moet stellen, maar ik vertel hem dat hij zichzelf niks moet verwijten.

Als hij weg is verwerk ik het gesprek. Het blijft gek dat leerlingen via praktijkonderwijs en een Entreediploma tegelijkertijd mbo-2 kunnen halen als deze leerlingen in de kansklas. Dat komt omdat de leerlingen in de kansklas een jaar extra over het vmbo doen, precies het jaar extra dat praktijkleerlingen ook krijgen. Ik bespreek het met de zorgcoördinator en de docent Nederlands van mijn klas.

'Tuurlijk, als je het in jaren bekijkt, kunnen de leerlingen net zo goed praktijkonderwijs en Entree doen,' zegt de zorgcoördinator, 'maar je moet niet vergeten dat ze met een vmbo-diploma veel breder worden opgeleid. Ook staat het beter op hun cv én ontwikkelen ze meer zelfvertrouwen. Die kansklas is echt een goede zet.'

Ik knik, dat is waar. 'Maar voor Youssef niet, hij is nu extra teleurgesteld in zichzelf.'

De collega Nederlands haakt in. 'Nu even ja, maar uiteindelijk is deze klas heel goed geweest voor Youssef. Ik vrees dat hij in een reguliere praktijkklas óók tot de minderen had gehoord, en dan had hij nooit Entree kunnen doen. Deze klas daagde hem uit, liet hem leren, misschien niet voldoende, maar wel genoeg. Via de reguliere praktijkroute denk ik niet dat hij het mbo zou halen.'

'Dat zou wel kunnen kloppen, ja,' zeg ik. 'Youssef ging erg goed mee in de flow van iets willen bereiken met elkaar.'

'Precies, dat is ook belangrijk.'

Het is pijnlijk dat die flow in een praktijkklas vaak ontbreekt. De leerlingen voelen zich echt vaak de onderkant van de samenleving. Ik ben benieuwd hoe Youssef het gaat doen volgend jaar. Hij zal dan weliswaar niet meer in mijn klas zitten, maar ik zal hem zeker nog blijven volgen. De komende maanden krijgt hij een aangepast programma, waarmee we hem vast voorbereiden op het praktijkonderwijs. Ik hoop dat het hem wat lucht geeft.

KOMT ER CORONA?

Het is 28 februari, ik geef les aan een eerstejaarsklas praktijkonderwijs. Gisteren is de eerste coronabesmetting in Nederland vastgesteld: iemand in Brabant. Voor de leerlingen is Brabant ongeveer net zo ver weg als China. Zorgen maken ze zich dus niet, nieuwsgierig zijn ze wel.

'Corona komt doordat Chinezen vieze dingen eten, hè juf?' vraagt een jongen.

'Gelukkig eten wij in Nederland gewoon normaal,' zegt een ander.

'We weten nog niet precies waar het virus vandaan komt,' zeg ik, 'maar het ligt vast niet aan de eetgewoontes van de Chinezen. Ook zij eten gewoon wat jullie eten. Je moet niet alles geloven wat je op internet leest.'

De kinderen knikken.

Aan het einde van de les halen de leerlingen hun telefoon uit de bak. Opeens beginnen ze te gillen.

'Iemand in Diemen heeft corona!'

'Diemen is naast Amsterdam, we gaan allemaal dood!' roept de volgende.

'Ik ga nu naar huis, juf!' Geschrokken kijkt een leerling me aan.

Een andere leerling staat al met zijn moeder te bellen.

Snel kijk ik op mijn eigen telefoon. Ik zie een pushmelding van de NOS: tweede coronabesmetting in Nederland, vastgesteld bij een vrouw in Diemen. De leerlingen hebben gelijk dat Diemen dichter bij Amsterdam is. Maar is er echt zoveel reden voor paniek? Ik denk van niet. Ik maan de leerlingen tot rust en vraag ze nog even in het lokaal te blijven.

'Maar we hebben pauze!' gilt een meisje.

'Ja, maar ik denk dat we het hier even over moeten hebben,' zeg ik.

De leerlingen gaan in een kring om me heen staan.

Ik zeg: 'In Nederland hebben we heel goede zorg. En er zijn nog maar twee mensen in heel Nederland die corona hebben. Dat is echt niks. Corona vliegt niet zomaar van Diemen naar Amsterdam. Jullie kunnen rustig je schooldag afmaken.'

'Oké, mogen we dan nu pauze houden?' vraagt een meisje.

Als ik instem verlaten de leerlingen opgewonden het lokaal. Op de gang hoor ik de jongen die dacht dat we allemaal zouden doodgaan roepen: 'Hé, jij bent een Chinees! Heb jij corona?'

Ik schrik. Dit is geen juiste houding. Ik loop naar buiten en roep de jongen terug het lokaal in.

'Dat is niet lief om te zeggen, niet elke Chinees heeft corona.'

De jongen kijkt me verbaasd aan. 'Niet?'

'Nee, dus ga nu maar pauze houden en laat Chinezen met rust.'

'Oké juf.'

Als de jongen weg is pak ik mijn telefoon er weer bij. De groepsapp van mijn eigen klas stroomt vol. Ook zij zijn bang. Ik app dat dat niet nodig is. Als ze vragen hebben mogen ze bij me langskomen, maar er is echt niet zoveel aan de hand. Ik krijg ze er niet rustig mee. Het meest ongerust zijn ze over het kamp. Dat staat over drie weken gepland.

‘We gaan sowieso wel op kamp toch?’ appt Noor.

‘Ja, als dat niet doorgaat haat ik corona echt,’ zegt Romarfio.

‘Kamp zou de beste dagen ooit worden,’ aldus Youssef.

Het gaat veel beter met hem sinds hij weet dat hij naar praktijk gaat. Hij is opgewekter nu de druk is weggevallen. Met het kamp zou hij deze klas afsluiten, voor hem is het extra pijnlijk als hij daar niet bij kan zijn. Al twee maanden lang verheugen alle leerlingen zich erop. We zouden naar de provincie Groningen gaan. Even eruit, even naar buiten met een groep kinderen van wie sommige nauwelijks hun wijk uit komen. Ook ik heb me erop verheugd en hoop dat het door kan gaan.

‘Laten we alles even afwachten,’ app ik terug. ‘We kunnen vast gewoon op kamp.’

MAGISCH

De week erop zijn de grootste corona-angsten alweer weggezakt. Met de leerlingen die meedoen aan het ontmoetingsproject hebben we een afspraak bij de Johan Cruyff ArenA. Zij zijn erg enthousiast over het project en willen de locatie graag beschikbaar stellen voor de activiteitendag. Met twee leerlingen van het Cartesius 2 en twee leerlingen van het Mundus vertrekken we naar Zuidoost.

Eenmaal daar aangekomen presenteren de leerlingen zich als heuse organisatoren. Ze vertellen uitgebreid waar ze de ArenA allemaal voor willen gebruiken.

‘We moeten niet alleen maar sporten, want niet alle leerlingen houden van sport,’ zegt Romarfio.

Een andere leerling vult hem aan. ‘We willen ook bijvoorbeeld koken en creatieve activiteiten doen. Hebben jullie dat ook?’

De vrouw van de ArenA knikt. ‘Dat schreven jullie in

je mail inderdaad, dat moet goed komen. Willen jullie een rondleiding?'

Met grote ogen kijken de leerlingen de vrouw aan. Dat willen ze zeker!

Via hoge roltrappen komen we bij de kleedkamer van de spelers van Ajax. Onder de indruk kijkt de groep rond.

'Jullie mogen wel even gaan zitten, hoor!' zegt de vrouw enthousiast.

Opgewekt nemen de leerlingen plaats op de plekken van hun favoriete Ajax-spelers.

'Wow juf, ik wist niet dat ik dit ooit in mijn leven zou meemaken,' zegt Romarfio. 'Wilt u een foto van mij maken?'

Van alle leerlingen maak ik foto's. Daarna lopen we door naar het grasveld. Ook ik ben onder de indruk. Loop ik hier langs de zijlijn van het veld van mijn favoriete voetbalclub! Een magisch gevoel overvalt me. Bij de leerlingen gebeurt hetzelfde. Er wordt geen vraag over het ontmoetingsproject meer gesteld. Dit moeten ze even rustig beleven.

De vrouw van de ArenA brengt ons terug naar de realiteit. 'Daar op de tribunes kunnen jullie misschien een muziekworkshop doen? En hier achter het grasveld kunnen we een pannatoernooitje houden. Zullen we naar boven lopen? Daar hebben we een *live cooking*-restaurant, uitermate geschikt voor jullie kookworkshops.'

'Ik kan echt niet geloven dat we hier iets gaan organiseren,' zegt Romarfio.

'Nog één foto en dan kunnen we naar boven!' zegt een ander.

Na afloop van de rondleiding gaan we zitten aan een grote vergadertafel. Notitieblokken worden erbij gepakt, de vergadering kan beginnen. Alles wordt besproken: de verschillende groepjes, indelingen op basis van hobby, de tijden, de lunch, de activiteiten, de speech van de burgemeester. Alles lijkt hier te kunnen. De prijs is wat hoog, maar daar valt misschien wel over te onderhandelen.

‘We gaan het morgen met de burgemeester bespreken,’ zegt een leerling.

‘Zo,’ zegt de vrouw, ‘hebben jullie morgen alweer een afspraak bij de burgemeester?’

‘Ja,’ vult Romarfio aan, ‘morgen gaan we haar de locatie voorleggen en de naam bespreken.’

‘Dat hebben jullie goed voor elkaar,’ lacht de vrouw.

De volgende dag gaan we met het hele organisatieteam naar het stadhuis om de plannen verder met de burgemeester te bespreken. De leerlingen hebben bedacht om ook met de burgemeester een kennismakingsspel te doen. Al een stuk minder gespannen dan bij de eerdere ontmoetingen lopen ze door het stadhuis. We krijgen te horen dat de burgemeester geen handen meer schudt, door corona.

‘Maar ons spel kan wel doorgaan, toch?’ vraagt Manar.

Dat kan, samen met de burgemeester gaan de leerlingen in een kring staan. Eén leerling staat in het midden. Die moet een eigenschap van zichzelf opnoemen. Iedereen die die eigenschap ook heeft moet een nieuwe plek in de kring zoeken. Degene die als laatste een plek heeft gevonden moet een nieuwe eigenschap noemen. Zo gaat het spel door. De burgemeester doet enthousiast mee. Ze blijkt net als sommige leerlingen aan kickboksen te doen.

Na het spel bespreken de leerlingen hun locatie en de naam voor het project. De burgemeester is enthousiast, maar vindt de prijs ook wel wat hoog. Daar moeten we nog wat voor bedenken.

‘Dan nu de rest van het plan,’ haakt een leerling in.

‘Ja, we hebben besloten dat we alle scholen in Amsterdam een mail gaan sturen,’ vult een leerling van Cartesius 2 aan. ‘Zij kunnen zich dan bij ons aanmelden. Vervolgens maken we een selectie van de zes meest verschillende scholen. Alle tweedeklassers van die scholen kunnen dan meedoen. Zo komen we op ongeveer vierhonderd leerlingen.'

'En hoe willen jullie de groepjes gaan indelen?' vraagt de burgemeester.

'De kinderen krijgen een formulier waarop ze kunnen aankruisen welke activiteiten ze leuk vinden. Wij maken dan groepjes van tien kinderen van verschillende scholen bij een activiteit. Zij gaan samen de activiteit doen en tussendoor gezellig lunchen.'

'Wat goed bedacht,' zegt de burgemeester. 'Dan hebben jullie dus ongeveer veertig groepjes?'

'Ja, dus we moeten nog wel veel begeleiders zoeken, want elk groepje moet wel een begeleider hebben. Daar gaat juf ons mee helpen en de ArenA had daar ook wel ideeën over.'

'Dat klopt,' zeg ik, 'het wordt nog een hele puzzel, maar we denken dat het goed moet komen.'

Manar wendt zich tot de burgemeester. 'We hebben nog wel ergens anders uw hulp bij nodig.'

'Vertel.'

'We gaan een promotiefilmpje maken om scholen enthousiast te maken en we willen graag dat u daar ook iets in zegt.'

'Wat leuk! Komen jullie ook in het filmpje voor?'

'Jazeker!'

'Nou, zeg maar, wat gaan we filmen?'

De leerlingen laten zien waar de burgemeester kan gaan staan en gaan dan vrolijk om haar heen staan.

'Komen jullie ook naar Amsterdam Teens United in de Amsterdam ArenA?' zegt de burgemeester in de camera. 'Ik wel! Tot dan!'

Na afloop gaan we met de hele groep leerlingen nog wat drinken in het café om de hoek. Romarfio komt naast me zitten.

‘U zei dat de ArenA magisch was, en dat was het ook. Maar dit, de dag die wij gaan organiseren tegen discriminatie, dát wordt echt magisch. Ik kan nu al niet meer wachten.’ Vrolijk kijkt hij me aan.

‘Dat denk ik ook, het is echt supergoed dat jullie dit organiseren.’

‘Ja hè? Dank u wel.’

Ik kijk om me heen. Voor het eerst zitten de leerlingen van de twee verschillende scholen uit zichzelf gemixt door elkaar. Manar vertelt aan meiden van het Cartesius 2 dat ze een profielkeuze moet maken als ze naar de bovenbouw gaat. Dat blijken de meiden van het Cartesius 2 ook te moeten doen. Gezellig kletsend wisselen ze uit hoe je dat goed kunt doen, kiezen. Aan de andere kant van de tafel praat Romarfio met een jongen van het Cartesius 2 over de nieuwste games op de PlayStation. De jongen van het Mundus die nog nooit met een Nederlands leeftijdgenootje had gepraat zit opgewekt over voetbal te praten met een meisje van het Cartesius 2. Ik kijk naar Lotte, we glimlachen. Deze ontmoetingen, die zijn alleen al magisch.

DICHT

Een week later, op 12 maart, worden er door het kabinet nieuwe coronamaatregelen aangekondigd. De ernst liegt er opeens niet meer om. Er wordt geadviseerd zo veel mogelijk thuis te werken en evenementen van meer dan honderd bezoekers zijn niet meer toegestaan. De scholen blijven voorlopig wel open. Op school vragen wij ons af of dit verstandig is. Onrustig loopt iedereen door de gangen. Wat zijn we hier eigenlijk aan het doen met elkaar? In onze school lopen op een dag zo’n elfhonderd mensen rond. Dat is toch veel meer dan een evenement van honderd mensen?

Die vrijdag is er een grote personeelsbijeenkomst in de kantine. Met z'n allen bespreken we hoe we alles gaan doen als de school toch dicht moet. De vakgroepen zitten samen aan kleine tafels. Af en toe zegt er iemand: 'Kan deze bijeenkomst wel, met corona?' Maar het nu voorbereiden van mogelijke onlinelessen is essentieel. Plannen worden geschreven, lesideeën uitgewisseld.

Tijdens het weekend lopen de coronacijfers op. De massale personeelsbijeenkomst lijkt achteraf enorm onverstandig, maar gelukkig wordt er niemand ziek. De plannen die we gemaakt hebben moeten we meteen die maandag inzetten. De scholen gaan namelijk tóch dicht. Er worden lijsten gemaakt van leerlingen die geen laptop hebben, en alle laptops die we op school hebben worden uitgedeeld. Wifiverbindingen worden in kaart gebracht. Ik bel alle ouders van mijn mentorleerlingen op om te checken of het thuiswerken gaat lukken. De ouders zijn blij dat hun kinderen thuis moeten blijven, de angst voor corona overheerst alles. Ook de leerlingen vinden het wel even fijn. Via de telefoon leg ik ze uit hoe het videobellen werkt en hoe het rooster eruit gaat zien.

De weken die volgen zijn zwaar. 's Ochtends open ik mijn telefoon en laptop. Terwijl ik op Instagram al allerlei BN'ers trots met hun kroost huiswerk zie maken, slapen mijn leerlingen nog. De meeste worden niet wakker gemaakt.

Ik probeer ze een beetje structuur te bieden en app: 'Goeiemorgen allemaal. Vandaag hebben jullie videolessen Engels en mens & maatschappij. Daarna ga je aan de slag met je huiswerk van wiskunde en biologie.'

Terwijl mijn leerlingen nog slapen bekijk ik wat er vannacht allemaal is binnengekomen. Er staan een paar gemaakte opdrachten van eerstejaars over het *Jeugdjournaal* in mijn mailbox. Ze moesten hun emoties bij het nieuws beschrijven en vertellen waarom ze zich zo voelen.

'Ik vind niks meer leuk, want alles is niet leuk. Door het coronavirus is de hele wereld verpest,' lees ik.

Ik open het volgende bestandje. 'Ik ben blij dat mensen meer luisteren naar wat ze moeten doen, na het gesprek van Mark Rutte. En ik ben bang dat we allemaal doodgaan.'

Ik slik en vink in een Exceldocument aan dat deze leerlingen hun huiswerk hebben gemaakt. Zo maar even in de videoles bespreken. Ik scrol verder en open een nieuwe opdracht. Ik lees: 'Omdat mensen zoveel kopen is alles uitverkocht. Ik ben blij als andere kinderen nog wel speelgoed krijgen in plaats van de hele dag zitten en naar de muur kijken. Dat vind ik ook wel zielig voor al die kinderen.' Van dit meisje weet ik dat dit jammer genoeg eigenlijk over haarzelf gaat.

Er komt een geluidje uit mijn computer, daar is Romarfio. Ook hij heeft het zwaar nu. Ik open het videogesprek.

'Goeiemorgen jongen, hoe is het met jou?'

Hij kamt zijn haren achter zijn schermpje. 'Goed hoor, juf, met u?'

'Met mij gaat het ook goed, dank je wel.'

'Maar juf, wat moeten we vandaag doen?'

Op de valreep heb ik nog een laptop voor hem kunnen regelen, die had hij namelijk nog niet. De volgende stap is overzicht houden van wat wanneer gemaakt moet worden. Dat is lastig voor hem, zeker aangezien het bij hem thuis erg onrustig is.

'Je moet je huiswerk voor Engels en wiskunde nog afmaken. Je hebt zo de lessen, dus het zou goed zijn als het voor die tijd lukt.'

'Oké, maar wat moet ik doen dan?'

'Dat staat in je mail.'

'Ja, maar ik zie dat nergens staan.'

'Ik kijk wel even mee, kun je je scherm met me delen?'

Samen zoeken we de opdrachten op. Voor leerlingen wier leesvaardigheid laag is, is het terugzoeken van mail een flinke opgave.

Als we het hebben gevonden, vraagt Romarfio: 'Oké en wanneer mogen we weer naar school?'

'Dat weet ik nog niet.'

Hij kijkt me teleurgesteld aan vanachter de computer. Achter hem hangen lappen voor de ramen. Een neefje schreeuwt tegen een nichtje. Romarfio negeert het en zegt: 'O, heeft Rutte nog niets verteld?'

'Nee, volgende week pas. We praten later verder. Ik moet nu weer door.'

'Oké juf, tot later.'

Ik vind het moeilijk dat ik hem alweer gedag moet zeggen, maar ik moet verder. Ik open nog wat opdrachten. Mijn leerlingen moesten bij het *Jeugdjournaal* omschrijven wat ze van het beleid van de regering vonden. Waar het vertrouwen van mijn leerlingen in de politiek normaliter laag is, schiet het nu omhoog.

Noor schrijft: 'Ik vind dat ze hun best doen, dus ja, als het zo blijft doorgaan komt 't goed.'

Veel leerlingen leggen daar de nadruk op, dat de regering zo goed haar best doet. Dát is belangrijk.

Maar ze willen de scholen weer open. Manar: 'Ik zou de scholen echt niet zo lang dichtdoen, want dan leren we echt niet zoveel.'

Het is tien uur. Ik heb nog niet alle opdrachten die gisteravond en vannacht zijn binnengekomen kunnen nakijken, maar de nieuwe les begint zo. Het ritme van de leerlingen is volledig omgedraaid. Normaal gesproken maken ze het meeste werk in de les af en kan ik het dan meteen met ze bespreken. Nu moeten ze alles zelf doen en dat komt voor veel leerlingen aan op nachtwerk, dan is het rustig in huis.

Ik verheug me erop om alle koppies weer te zien. Ik bel in.

Manar appt me nog snel: 'Zitten we ook met jongens?'
'Ja,' antwoord ik.
'Oké, dan doe ik nog even mijn hoofddoek om.'

Een voor een zie ik ze verschijnen. Liggend op een stapelbed of zittend in de woonkamer met veel familieleden om zich heen. Heel af en toe zit er eentje achter een bureau. Gisteren zat een meisje verstopt achter het gordijn: 'Hier zit ik gewoon lekker rustig, juf!'

Het is lastig, thuisonderwijs bieden aan leerlingen die juist thuis zo weinig hebben. De leerlingen maken thuis veel minder werk dan op school. De achterstanden die ze al hebben worden groter. Op school had deze groep structuur, begeleiding als het leven even tegenzat en afleiding in de vorm van naschoolse activiteiten. Nu er geen school meer is missen ze veel meer dan alleen leerstof. Ik gloei echter ook van trots als ik bedenk wat we met deze kinderen bereikt hebben. Snel is er voor iedereen een laptop geregeld. De lijntjes zijn kort. Het docententeam is betrokken.

De videoles zit erop en ik kijk op mijn telefoon. Zes gemiste oproepen, 134 appjes. Dit thuiswerken zorgt bij mijn leerlingen voor veel onzekerheid en stress. Ze willen het graag goed doen, maar weten niet zo goed hoe.

Ditmaal komt de onzekerheid door een opdracht van een collega van mij, waar ze niks van snappen. Ze zijn in paniek, want de opdracht moet morgen al ingeleverd worden. Ik bekijk een printscreen van het mailtje. Die is inderdaad onduidelijk als je niet zo goed kunt lezen. Ik neem een spraakbericht op en leg de opdracht nog een keer uit. Op deze manier hoeven de leerlingen niet te lezen en kunnen ze gewoon luisteren.

'Ooooh,' appt Ibrahim, 'zeg dat dan!'
'Dit is wel makkelijk!' appt Salima.

Opgelucht haal ik adem. Op naar het volgende appje met een prangende vraag.

'Juf, de wiskundemeester heeft huiswerk gestuurd, maar ik zie het nergens. Hij heeft het zeker niet naar mij gestuurd!' schrijft Enes.

Ik kijk met hem mee. Natuurlijk heeft de meester het huiswerk ook naar hem gestuurd, maar dat was al een paar dagen geleden.

'Hoe vind ik dan een mail terug?' vraagt hij mij.

Er wordt niet alleen veel leesvaardigheid, maar ook meer zoekvaardigheid en zelfredzaamheid van mijn leerlingen gevraagd dan ze aankunnen. Aangezien bij de meeste ook hun ouders hierbij niet kunnen helpen, fungeren mijn collega's en ik nu ook als logistiek medewerker van de leerlingen, zoals een collega treffend omschreef.

We proberen zo veel mogelijk leuke opdrachten te geven. Zo hebben de gymdocenten elke dag een sportieve challenge en bedacht Lotte de *Jeugdjournaal*-quiz. Aan het eind van de week kunnen de leerlingen meedoen met een onlinequiz over nieuwsfeitjes van de afgelopen dagen. Fanatiek doen ze eraan mee.

We werken hard en ik ben ongelofelijk trots op wat mijn leerlingen doen onder deze moeilijke omstandigheden. Ik ben echter ook bang dat de coronacrisis leidt tot nog meer kansenongelijkheid. Dat doet pijn. Onze leerlingen hebben al zulke grote achterstanden en stress. Wat voor effect heeft dit op de lange termijn? Hoe gaan we dit voor elkaar boksen?

Het zijn vragen die leven bij iedereen op school. Elke mentor ziet zijn leerlingen wegkwijnen, de ene leerling nog erger dan de ander. Al snel wordt besloten: de meest kwetsbare leerlingen moeten we naar school laten komen. Een rooster wordt gemaakt, personeel wordt opgetrommeld. Op school kunnen de kwetsbare leerlingen onder begeleiding van zorgmedewerkers aan hun opdrachten werken. Uit mijn klas zijn dit Romarfio, Salima en Enes. Dolblij vertrekken zij de volgende dag naar school.

HOMO'S SCHELD JE NIET UIT

Terwijl de scholen voor de meeste leerlingen nog gesloten zijn, wordt er bij mij om de hoek een homostel uitgescholden en bespuugd door een groepje minderjarige jongens. BN'ers, instanties, media: iedereen buitelt over elkaar heen om te vertellen hoe verschrikkelijk dit is. De regenboogvlag wordt veelvuldig gedeeld, menig opinieartikel wordt geschreven.

Wat verschrikkelijk beangstigend moet het zijn wat deze mannen hebben meegemaakt. Ik ben blij dat ik in een land leef waar men voor je opkomt als je als homo wordt uitgescholden. Haat jegens de liefde van iemand anders mag nooit als normaal gezien worden. Tegelijkertijd besef ik: al mijn leerlingen zijn weleens uitgescholden of vies nagekeken op basis van de kleur van hun huid, een hoofddoek, of hun kortgeschoren koppie. Ze vertellen mij dan dat niemand hen te hulp schiet. Ik vermoed dat als zij een filmpje online zouden zetten van de discriminatie die ze meemaken, er geen steunberichten op Instagram zouden verschijnen, geen verhalen geschreven zouden worden over hoe erg het gesteld is met de acceptatie en BN'ers niet massaal zouden opstaan. Nee, deze jongeren verwerken het in hun eentje. Terwijl: tegen álle vormen van discriminatie moeten we opstaan.

Mijn hoofd draait weer eens overuren. De jongens die het gedaan hebben moeten daarvoor gestraft worden, maar willen we echt verder komen dan zullen we met elkaar moeten praten, in plaats van groepen tegen elkaar op te zetten. Helaas zie ik dat dat nu juist gebeurt.

Ongeveer op hetzelfde moment dat de mannen in Amsterdam uitgescholden werden fietste ik met mijn vriendin door Poelenburg in Zaandam. Om ons heen hoge flats, veel groepjes jongeren op straat.

Mijn vriendin vroeg mij: 'Zou je hier ook hand in hand

lopen?' Ze weet dat ik dat graag doe.

'Dat denk ik niet,' reageerde ik toch, 'maar als ik in deze wijk docent was, zou ik wel aan al mijn leerlingen vertellen dat ik lesbisch ben.'

Natuurlijk doet het pijn om te beseffen dat ik niet altijd op straat mezelf durf te zijn, maar echte verandering creëer je door gesprekken. In elke wijk lijkt het me goed om die gesprekken op school met jongeren te voeren. Daarom zou ik dat wel doen.

Een van de daders, Ilyas, doet zijn kant van het verhaal in een vlog. Hij zegt dat de mannen een opmerking maakten over moslims, dat ze hem onterecht van iets beschuldigden en daarna provocerend gingen filmen. Gevoelige punten, waarvan ik weet – na al die uren voor de klas – dat ze oprecht pijn doen bij een jongen als Ilyas. Ilyas werd dus boos en schold het stel meerdere keren grof uit.

Dat uitschelden is een grote fout van Ilyas, dat geeft hij zelf ook toe. Maar de redenen die Ilyas aanhaalt in de video worden nu in verschillende media weggezet als slachtofferschap. Ik merk dat ik dat oneerlijk vind. De pijn die Ilyas omschrijft is er bij jongeren. Ik vind het ook nuttig dat hij zijn kant van het verhaal doet. Het biedt namelijk aanknopingspunten voor het gesprek. Het is precies wat ik mijn leerlingen ook leer: vertel waarom je boos bent, vertel waar je gevoelens vandaan komen, dan kunnen we samen naar een oplossing zoeken.

Ik besef: Ilyas is geen lieverdje. Hij is echter ook vijftien, stond onder groepsdruk en heeft nog een heel leven voor zich. We moeten vertellen hoe verschrikkelijk het is wat hij en zijn vrienden gedaan hebben, maar we moeten ook naar hen willen luisteren. Als we dat niet doen, komen we geen stap verder met elkaar. Ik besluit een opinieartikel te schrijven. *Het Parool* is enthousiast en zet het diezelfde dag nog op de website.

De volgende dag word ik wakker met een telefoon vol steun- én haatberichtjes. Ik open mijn Facebook, waar het gescheld alomtegenwoordig is. Men vindt mij een verschrikkelijk mens. Hoe durf ik op te komen voor een moslim? Op Twitter lees ik berichten dat mensen hopen dat ik snel in elkaar geslagen word door een groepje 'k*nker Marokkanen'.

Ik schrik me helemaal te pletter. Dat ik schreef over een gevoelig onderwerp wist ik, maar dat dit de reactie zou zijn? Het doet me pijn, veel pijn. Ik vind het erg dat de moslimhaat zo diep zit en vind het moeilijk dat mensen denken dat ik het voor Ilyas opneem. Het maakt me onzeker. Heb ik het verkeerd verwoord? Ik neem het toch helemaal niet voor hem op? Ik vind het hartstikke fout wat hij gedaan heeft. Het enige wat ik probeer te zeggen is dat we met elkaar in gesprek moeten, dat dát de oplossing is. In plaats van een dialoog heb ik echter vrij veel haat opgeroepen. Ik raak er enorm gestrest van, moet huilen en krijg spijt. Hoe kan ik duidelijk maken wat ik bedoel?

Gelukkig is er ook liefde. Uit allerlei hoeken komen berichten hoe dapper mensen het vinden, hoe broodnodig dit geluid is, juist van iemand die ook uit de homogemeenschap komt. Collega's, vrienden en familie, ze steunen me. Mensen die ik niet ken en met de meest uiteenlopende achtergronden vertellen mij hoe opgelucht ze waren toen ze mijn artikel lazen. Ik lees het, reageer, maar vind het moeilijk om de positieve geluiden ook tot me door te laten dringen. Op mijn telefoon blijven namelijk nog steeds de anonieme haatberichten en doodsbedreigingen binnenstromen.

Ook met mijn leerlingen bespreek ik het onderwerp, in een videoles dan. Ze beginnen er zelf over.

'Ze hebben homo's uitgescholden hè. Wat vindt u daarvan?' vraagt Ibrahim.

Ik vertel dat ik het heel erg vind, dat zoiets echt niet kan. Maar dat ik het ook erg vind dat iedereen nu over die jongen heen valt, en dat dat niks oplost.

'Ja die homo's scholden die Marokkanen ook uit, het is allebei discriminatie,' zegt Kaan.

'Ik word hier zo moe van,' zegt Salima, 'waarom hebben mensen niet gewoon respect voor elkaar? Iedereen moet de ander gewoon met rust laten.'

'Ja, als iedereen dat zou doen was er niks aan de hand,' reageert Ibrahim.

'Wordt u eigenlijk nog weleens uitgescholden, juf?' vraagt Youssef.

'Het valt de laatste tijd wel mee,' reageer ik, 'maar zo'n bericht laat natuurlijk wel zien dat het nog gebeurt.'

'Ik zou het echt nooit van mijn leven doen,' zegt Romarfio.

'Ik heb gewoon respect,' sluit Salima aan.

Even later word ik uitgenodigd voor een radioprogramma. Een weekend lang twijfel ik. Ik wil niet nog meer haat over me heen, ik wil niet dat mensen me verkeerd begrijpen en dat het lijkt alsof ik het gedrag goedkeur. Echter: ik wil juist ook dialoog. Hoe laf ben ik dan als ik een gesprek op de radio afzeg?

Ik besluit te gaan. Samen met Haroon Ali, columnist bij *de Volkskrant*, ga ik in gesprek. Ik vertel dat ik het fout vind wat Ilyas heeft gedaan, maar dat ik pas gedragsverandering merk bij jongeren als je met ze in gesprek gaat. Ik vertel dat ik zelf ook veel praat met mijn leerlingen en dat dat tot mooie gesprekken leidt. Renze Klamer, de interviewer, vraagt aan mij wat ik had gedaan als Ilyas bij mij in de klas zou hebben gezeten.

'Ik zou beginnen met tegen hem te zeggen dat hij de wet heeft overtreden, dat hij iets verschrikkelijks heeft gedaan, en dat de rechter hem dus gaat straffen. Vervolgens zou ik ook tegen hem zeggen dat hij mij verschrikkelijk heeft geraakt, heeft gekwetst, en niet alleen mij maar een heel grote groep mensen. Ik zou zeggen hoeveel pijn dat mij heeft gedaan. Daarna zou ik vragen: waarom heb je het nou gedaan? Hoe gaan we dit voorkomen in de toekomst? Want je gaat nog meer homo's tegenkomen op straat.'

Haroon Ali haalt aan dat de vlogger bij wie Ilyas zijn kant van het verhaal doet wel heel erg omstreden is. Ik luister naar Haroon en ben het met hem eens: waarom moest Ilyas juist bij deze verschrikkelijke vlogger, veroordeeld voor seksueel misbruik, een man die zelf homo's belachelijk heeft gemaakt, zijn verhaal doen? Renze vraagt wat ik ervan vind.

'Ik ben het helemaal met Haroon eens dat het niet handig is om het bij die vlogger gedaan te hebben, dat lijkt me alleen maar in zijn nadeel werken. Ik had liever gehad dat hij het bij een iets serieuzere journalist had gedaan.' Terwijl ik dat zeg besef ik: contact met dergelijke journalisten heeft Ilyas waarschijnlijk niet. Mijn leerlingen weten niet eens van het bestaan van journalistieke programma's totdat ik die aan ze laat zien.

Renze vraagt me of praten en straffen wel samen kunnen gaan.

'Jazeker, bij mij in de klas merk ik dat dat kan. Je moet straffen om te laten zien welk gedrag niet kan, maar vervolgens moeten we verder. Dat maken wij op school elke dag mee. Een leerling kan een docent uitschelden, dan moet je straffen. Maar de volgende dag zit de leerling wel weer bij die docent in de klas. Dan moet je een gesprek hebben gevoerd.'

Zo praten we nog even door. Het blijft een ingewikkeld onderwerp. Hoever kun je gaan met gesprekken voeren, hoe groot is de kans dat iemand dan verandert? Hoe streng moet je zijn als samenleving? Hoe hard moeten we straffen?

Als ik thuiskom open ik mijn telefoon, de negativiteit

lijkt weggeëbd. Ik krijg vooral veel berichten binnen van mensen uit het onderwijs die zich in mijn verhaal herkennen en blij zijn dat ik dit op de radio verteld heb. Ik weet dat ik me niks moet aantrekken van de haat, het was nooit mijn bedoeling om zo'n storm te creëren. Langzaam verdwijnt de stress weer. Ik ben blij dat ik het artikel heb geschreven. Het is misschien niet de meest gangbare opvatting, maar wel eentje die ook gehoord mag worden.

OORLOGSGESPREKKEN IN LOCKDOWN

4 en 5 mei komen eraan. Traditiegetrouw praat ik dan met mijn leerlingen over de Tweede Wereldoorlog. Maar hoe geef je via een videoscherm les over zo'n ingewikkeld en emotioneel onderwerp?

Als we opgestart zijn vraag ik de leerlingen of ze nog weten waar 4 en 5 mei over gaan. Het blijft oorverdovend stil.

Ik geef een hint: 'Het heeft met de oorlog te maken.'

'O ja! Van Anne Frank!' roept Noor opgewekt.

'Daar weet ik alles van, juf! Anne kreeg een dagboek en ze werd verliefd, maar dat kon niet want ze zat verstopt en en...'

Ik onderbreek haar. 'Wat goed dat je daar al zoveel over weet!'

Trots kijkt ze de camera in.

Ik breng het gesprek terug naar 4 en 5 mei. We hebben het over herdenken en vrijheid. Ik vertel kort wat feiten over de oorlog en dan laat ik een video zien. Gelukkig kan dat via mijn eigen scherm, zo kan ik de video af en toe stopzetten om te kijken of de leerlingen het echt begrijpen. Dat gaat verrassend goed.

'Ik mag Hitler echt niet,' zegt Youssef.

'Die soldaten zijn echt arrogant! Dat ze denken dat ze anderen kunnen oppakken!' zegt Salima.

Manar haakt in: 'Ik snap het niet, we zijn toch allemaal mensen? Waarom moeten ze Joden dan doodmaken? Ze hebben toch niks gedaan?'

Ik bevestig dat en vraag andere leerlingen wat ze ervan vinden.

'Juf, dit noemen we toch racisme? Dat heeft u ons geleerd!' zegt Kaan.

'Ja, dit is een heel erge, extreme vorm van racisme.'

Dan roept Noor: 'Het ging helemaal niet over Anne Frank in de video! Hoe kan dat nou? Zij ís toch de oorlog?'

Ik vertel dat nog veel meer mensen de oorlog hebben meegemaakt, dat Anne Frank één van de zes miljoen Joden is die vermoord zijn. Dat alle mensen die ouder zijn dan vijfenzeventig de oorlog hebben meegemaakt.

'Dus ook sommige juffen en meesters bij ons op school?' vraagt Youssef.

Ik moet lachen: 'Nee, die zijn geen vijfenzeventig, maar mijn oma heeft hem bijvoorbeeld wel meegemaakt.'

Ik baal ervan dat ik online niet zo diep op ingewikkelde onderwerpen in kan gaan als we normaal doen. Er valt nog zoveel meer te bespreken en te leren. Naast taal- en rekenvaardigheden is dat ook echt iets wat verloren gaat door deze crisis. Ik wil de lessen weer gewoon op school geven en de leerlingen zien zonder tussenkomst van een scherm.

De les erna snijd ik het onderwerp Israël/Palestina aan. Ik leg de link met de Tweede Wereldoorlog en vertel dat de Joden na de oorlog graag een eigen land wilden hebben. Er werd gekozen voor het land waar de Palestijnen woonden, omdat de Joden daar de oorsprong vonden van hun geloof. De leerlingen hebben veel vragen.

'Hoezo kozen ze voor een land waar moslims woonden, juf?' vraagt Ibrahim.

Ik leg uit dat het land voor verschillende geloven een belangrijke betekenis heeft.

We praten over wat er nu gaande is, hoe dat vroeger was en hoe je het misschien zou kunnen oplossen. Dan moet ik alweer afsluiten.

'Helaas moeten we nu stoppen. Ik stuur jullie twee video's door over het ontstaan van Israël en Palestina, de oorlogen en de rol die het land bij verschillende geloven speelt. Daar gaan jullie opdrachten bij maken. Die opdrachten bespreken we dinsdag na de meivakantie als ik jullie op school zie. Dan kunnen we weer een echt gesprek voeren zoals we vroeger deden.'

Op mijn scherm zie ik opeens heel veel blije gezichten.

'Gewoon een echte les juf? Dat we gaan discussiëren?' vraagt Salima met glinsterende ogen.

Ik zie dat ze in een lokaal op school zit te werken. Ik ben heel blij dat zij daar nu al terechtkan, maar eenzaam voelt Salima zich er wel.

'Ja, wel in halve klassen, maar dat maakt niet uit,' antwoord ik.

'O ik ben zo blij,' zegt Ibrahim, 'ik heb dat echt gemist.'

Ik sluit af en slik mijn eigen emotie weg. Ik heb dat ook gemist. Gelukkig is er aangekondigd dat na de vakantie alle leerlingen één keer per week twee uur naar school mogen komen.

Als we weer op school zijn gaan we verder met de les over Israël/Palestina. Ik heb maar de helft van de klas voor me, dat is veiliger qua besmettingen. De andere helft is morgen aan de beurt. Het lijkt even alsof de leerlingen vergeten zijn hoe we dat doen, met elkaar in gesprek gaan over een onderwerp. Ze hakkelen en lijken geen zin te hebben in een klassengesprek.

Dan steekt Manar haar vinger op. 'Ik snap het niet, wij gaan toch ook gewoon goed met elkaar om, ook al hebben we verschillende geloven? Waarom kunnen ze dat daar niet ook doen?

'Ja, waarom kunnen ze niet gewoon samen in één land leven?' haakt Youssef in.

Ik zucht en zeg dat ze gelijk hebben.

'Oké, dan hebben we de oplossing voor Israël en Palestina. Kunnen we het dan nu nog even over corona hebben?' vraagt Noor.

Aha, dat is wat ze willen. Aan de ene kant baal ik, want vorig jaar had ik met de tweedejaars een prachtig diepgaand gesprek over de situatie. Aan de andere kant: we leven echt in een andere tijd. Het is heel logisch dat de leerlingen het over corona willen hebben. Hoe had ik dat niet kunnen voorzien?

Nu 'corona' is gevallen schieten vingers de lucht in. Het is ontroerend dat ze deze gewoonte erin houden, want in halve klassen is dat niet echt nodig. Ik geef Noor de beurt.

'Juf! Corona is echt heel erg! Mijn tante had het, zij werkt in de zorg. Ze was zo ziek! We moeten echt voorzichtig doen.'

Het gesprek barst los. Dit is wat er speelt in de koppies, dit is wat we moeten doen. Fysiek op school lesgeven betekent ook in gesprek gaan met leerlingen over wat ze bezighoudt. Een vertrouwde omgeving bieden waarin leerlingen hun gedachtes kwijt kunnen. Ook dat is van groot belang voor de ontwikkeling. Wat ben ik blij dat ik op een school werk waar we er nu al voor gekozen hebben om leerlingen op een veilige manier langs te laten komen. Zodat we echt kunnen aanvoelen wat ze nodig hebben.

BLACK LIVES MATTER

Naar aanleiding van de moord op George Floyd in Amerika vinden er inmiddels ook veel Black Lives Matter-protesten in Nederland plaats. Ook ik stond op de Dam en ik wil graag met mijn leerlingen in gesprek over wat er nu speelt, wat er al veel langer aan de hand is en hoe we naar de toekomst kunnen kijken. Gelukkig geven we inmiddels alweer wat meer lessen op school, in grotere groepen. Ik zet mijn PowerPoint klaar en wacht op de leerlingen.

Romarfio stormt het lokaal binnen. 'Juf! Juf! Denkt u dat die Nederlanders echt willen dat discriminatie gaat stoppen? Ik denk dat ze het alleen voor Instagram doen. Discriminatie zal altijd blijven bestaan.' Opgewonden neemt hij plaats.

Ik loop naar hem toe en zeg: 'Ik weet niet of discriminatie erdoor gaat stoppen, maar ik zie wel om me heen dat heel veel mensen anders zijn gaan denken. Heel veel mensen zien nu in hoeveel er gediscrimineerd wordt en vinden dat erg.'

Romarfio kijkt me aan. 'Daar zijn ze dan wel een beetje laat mee.'

Ik knik. 'Maar beter laat dan nooit. Zullen we het er zo even met de hele klas over hebben?'

Romarfio gaat rechtop zitten. 'Ja!' zegt hij enthousiast.

Als de rest van de klas er ook is praten we met elkaar. Eén leerling is bij een demonstratie geweest, de meeste leerlingen vinden het lastig te begrijpen dat er opeens aandacht is voor een thema dat al zo lang hun leven beheerst. Er is wantrouwen, maar ook hoop. Wordt het nu anders?

Het voelt gek voor mij dat ik degene ben die ze moet uitleggen wat de protesten inhouden, wat er nu allemaal in Nederland gebeurt. Ik voel me opeens weer te wit om me echt in hen te kunnen verplaatsen, de juiste dingen te zeggen. Ik zou willen dat er geen corona was en ik mensen op school kon uitnodigen. Bijvoorbeeld de organisatoren van de protesten. Maar gelukkig is op onze school zeker de helft van de docenten van kleur, dus ik zeg de leerlingen dat ze er ook met andere docenten bij andere vakken over moeten praten.

Na een tijdje met elkaar gesproken te hebben, heb ik

een video klaarstaan. Het is een fragment van de uitreiking van de Gouden Kalveren in 2011, toen Nasrdin Dchar het Gouden Kalf voor de beste acteur van dat jaar won en de zaal toesprak. Hij zegt: 'Ik ben een Nederlander, ik ben heel trots op mijn Marokkaanse bloed, ik ben een moslim en ik heb een fucking Gouden Kalf in mijn hand.' Zijn speech is een oproep voor het overwinnen van angsten. En een oproep aan jongeren om hun dromen na te jagen en trots te zijn op wie ze zijn. De overwegend witte zaal van de uitreiking gaat los en steunt Nasrdin.

'Juf, dit is de mooiste video die ik ooit in mijn leven heb gezien,' reageert Youssef emotioneel.

Ook de rest van de klas staart ontroerd naar het scherm.

'Wat bijzonder dat je dat zegt, Youssef. Wat vind je zo mooi aan de video?' vraag ik.

'Gewoon, dat hij ook Marokkaan is, en acteur, en dat iedereen dan voor hem gaat klappen. Zijn ouders waren ook echt trots, dat zag je.'

Noor haakt in. 'Ja, hij is van *Mocro Maffia*, maar hij is niet slecht of zo, hij is gewoon een goed mens. Hij zegt goeie dingen. Door hem weten Nederlanders dat Marokkanen ook goed zijn. Ze gingen allemaal klappen.'

Ik kijk de leerlingen vragend aan. 'Weten Nederlanders dat alleen door hem?'

'Nee, ook door ons!' roept Kaan. 'Weet u nog toen wij in het theater gingen optreden?'

'Ja, ons lied! Dat was echt goed,' zegt Salima.

Youssef zet het in, de rest van de klas zingt lachend mee:

'Kijk naar jezelf en maak het verschil.
Wij zijn 1AB1 en vormen een geheel.
Als groep ben je niet alleen,
want wij zijn samen één.

Wees aardig voor elkaar
en volg je dromen.
Met een goede inzet
kun je heel ver komen.'

We hebben het over hoe we de dromen van Nasrdin kunnen verwezenlijken. Manar steekt haar vinger op. 'Maar juf, dit is toch precies waar we met de burgemeester mee bezig zijn? De dag die wij na corona gaan organiseren, dát is toch de oplossing?'

Ik ben blij dat ze ons hieraan herinnert. Mijn leerlingen zijn al begonnen aan een oplossing. We praten vrolijk verder over hoe we een wereld zonder racisme kunnen bereiken.

Als de leerlingen weg zijn ruim ik het lokaal op. Ook ik verbaas me over de plotselinge aandacht van witte mensen voor dit onderwerp. Ik ben enorm blij en opgelucht dat nu zoveel mensen zich uitspreken hierover. Eindelijk. Echter, voor hoelang? WHITE SILENCE IS VIOLENCE, stond er op een kartonnen bordje dat door een wit iemand omhoog werd gehouden tijdens de demonstratie op de Dam. Is de stilte nu definitief doorbroken? Gaat de pijn stoppen? IT'S NOT THE RESPONSIBILITY OF BLACK PEOPLE TO FIX RACISM, las ik op een ander bordje. Zullen de witte mensen nu blijvend opstaan? Ik vraag me af: hoe zouden de witte demonstranten met mijn leerlingen omgaan? En zouden ze hun kinderen op multiculturele scholen zetten? Ik hoop het. Mijn leerlingen zijn met het ontmoetingsproject begonnen aan een oplossing, maar ze kunnen het niet alleen.

Ik weet niet of ík genoeg doe, maar zelf ben ik bewust antiracistisch opgevoed. Rond Sinterklaas vertelde mijn oma me altijd dat Zwarte Piet voortkwam uit de slavernij, dat het dus racisme is. Mijn ouders zetten me op een gemengde school, simpelweg omdat ze het onzin vonden om verder te fietsen voor een 'witte' school. Daarnaast vonden ze het belangrijk dat mijn zusje en ik kinderen uit meerdere culturele achtergronden leerden kennen. We waren een van de weinige witte kinderen op de school. Ik werd al jong geconfronteerd met maatschappelijke thema's. De meeste andere witte kinderen in de wijk gingen niet naar deze basisschool, ik snapte dat niet. Mijn beste vriendinnetje was van Marokkaanse afkomst, uren speelden we samen buiten. Ze moest opeens verhuizen omdat haar huis door de woningbouwvereniging verkocht werd. We waren enorm verdrietig. Ik had simpelweg het geluk dat mijn ouders een koophuis hadden, daarom konden wij blijven. Stuk voor stuk verhuisden de meeste kinderen weg van de school. Gentrificatie overspoelde de wijk. Ik besefte: mijn leven barst van de voordelen omdat ik wit ben, en hetzelfde geldt voor het feit dat ik makkelijk kan leren: ook dat maakt je leven makkelijker.

Nu ben ik zelf een witte juf op een multiculturele school. Ik lees over *white privilege*, over *white saviorism*. In hoeverre maak ik me daar zelf schuldig aan? Hoe voorkom ik dat ik me als witte 'redder' van deze kinderen opstel? Het is nooit mijn bedoeling of intentie geweest om die houding te hebben, maar hoe weet je dat zelf eigenlijk? Ik praat erover met collega's, met mijn vrienden van kleur, en lees meer artikelen. Ik vraag het ook aan mijn leerlingen. Wat vinden zij er eigenlijk van dat ik een witte juf ben voor een diverse klas?

'Hoezo is dat erg, juf?' vraagt Kaan. 'Door u begrijp ik Nederlanders wel gewoon beter.'

'Ja, door u weet ik dat niet alle Nederlanders racisten zijn,' reageert Youssef.

Zo kun je het inderdaad ook bekijken. Ontmoetingen in het klein.

'Het maakt toch niet uit wat voor afkomst je hebt, je moet gewoon een goed mens zijn,' reageert Salima.

'Alleen is het wel jammer dat u niet meedoet met de ramadan,' zegt Youssef lachend.

'Ja! Dat zou echt leuk zijn, doet u de volgende keer mee?' vraagt Noor.

'Ik heb toch ook meegedaan, ik ben ook geen moslim,' zegt Romarfio.

'Nou, wie weet,' reageer ik.

De leerlingen weten natuurlijk niet hoe het was geweest als ze een andere mentor hadden gehad. Misschien komen ze er in de bovenbouw wel weer op terug. Ik heb het goed met deze groep kinderen, en volgens mij zij ook met mij. Ik laat het onderwerp even rusten en wil focussen op het traject naar het vmbo. Door het hele coronagebeuren is dat toch een stuk spannender geworden.

TOCH NIET ÉÉN TEAM

Het laatste rapport van het schooljaar komt eraan. Gespannen zit de klas voor me. Wat zal de rapportbespreking met ze doen? Hun lot ligt opeens in de handen van een groep docenten, een zorgcoördinator en een teamleider.

'U had beloofd dat we allemaal bij elkaar zouden blijven, drie jaar lang. Maar nu is dat toch niet zo.' Noor kijkt me voorzichtig aan. 'Dus we zijn niet één team?'

'Ik denk dat jullie altijd een team blijven. Ik vind het ook jammer dat jullie niet allemaal bij elkaar in de klas kunnen blijven, maar soms blijkt uit elkaar gaan toch beter.'

Youssef moet lachen. 'Net als met een relatie!'

Ik ben gecharmeerd door zijn gevatte opmerking. 'Helaas wel.'

'Wie moeten er nog meer weg dan?' vraagt Romarfio.

'We gaan het morgen bespreken, maar er zullen geen grote verassingen aankomen. Ik heb jullie allemaal apart gesproken. Voor sommigen is het spannender dan voor anderen, maar ik heb er vertrouwen in.'

'Ook al ga je het vmbo niet halen, je kunt het alsnog

maken,' zegt Youssef overtuigend.

'Dat klopt.' Ik glimlach naar hem.

'Het is niet eerlijk.' Boos kijkt Salima me aan. 'We zouden op kamp gaan met z'n allen. Wie er ook weg moeten, die gaan toch wel met ons mee op kamp volgend jaar?'

Corona heeft niet alleen tot achterstanden geleid, maar ook tot het annuleren van het uitje waar deze klas al twee jaar over praat. Ik zeg: 'Als we volgend jaar op kamp kunnen, ga ik mijn best doen om ervoor te zorgen dat we met z'n allen kunnen gaan.'

De klas kijkt me wantrouwend aan, ze geloven het niet.

De volgende dag zijn de klassenvergaderingen. Het is ingewikkeld. De achterstanden door het thuisonderwijs zijn enorm, bij bijna alle leerlingen. Als school zijn we er echter van overtuigd dat corona voor geen enkele leerling de reden voor afstroom mag betekenen. Ook vanuit de gemeente is het duidelijk: de hele vakantie zullen er zomerscholen zijn om achterstanden weg te werken op cognitief én op sociaal vlak.

De vergaderingen zijn spannend. Ik ben helder: het liefst wil ik al mijn leerlingen meenemen naar volgend schooljaar, want alleen dan kunnen we ze eerlijk beoordelen op wat ze wel en niet kunnen. Bij zeven van de achttien leerlingen zijn er echter twijfels over of ze vmbo-basis aankunnen. Bij één jongen is dit net als bij Youssef overtuigend te staven met de TOA-toetsen. Ik vind het lastig: hij heeft juist in de thuiswerkperiode heel hard gewerkt. Het voelt als afstraffen, maar tegelijkertijd weet ik dat dit uiteindelijk het beste voor hem is.

Bij Salima, Noor en Enes is het lastiger. Ze zitten niet op het niveau waar ze moeten zijn, maar komt dat door het thuiswerken of omdat ze het echt niet kunnen? Over Salima is het team eensgezind: zij heeft een verschrikkelijk jaar achter de rug, dus of ze het nou wel of niet kan, zij moet bij deze klas blijven. Het is de plek die haar gelukkig maakt. Maar wat te doen met Noor, Enes en de andere leerlingen die achterlopen? We kunnen ze allemaal aanmelden voor de zomerschool, maar zou dat helpen? Is een vakantie knallen voldoende om volgend jaar door te stromen? We besluiten dat we het erop gaan wagen. De zomerschool stellen we voor Enes, Noor, Salima en vier anderen verplicht.

De vier leerlingen die op vmbo-kader werken hebben juist baat gehad bij het thuiswerken. Allen hebben ze een redelijke thuissituatie, op hun kamertjes vlogen ze omhoog. Zij lijken beter af te zijn in een reguliere vmbo-kaderklas. Daar zijn ze niet de uitzondering, maar is er volledige aandacht voor hun vragen, op hun niveau. Ik zal ze missen, maar dit is een geweldige prestatie van hen.

Ik maak de balans op: twee naar praktijkonderwijs, vier naar vmbo-kader, twaalf leerlingen bij wie we het nog aankijken. Het gaat best goed. Dat er vier leerlingen nu al nóg een niveau omhoog gaan, dat is zelfs waanzinnig goed. Ik bereid me voor op de gesprekken met de leerlingen en hun ouders. Voor alle leerlingen maak ik een cadeautje en schrijf ik een kaartje. Ik merk dat ik het zelf heel fijn vind om te schrijven. Met een muziekje op neem ik al mijn leerlingen door en probeer ik de juiste woorden te vinden. Voor de zes die weggaan voelt het alsof ik nog één kans heb om ze te laten weten dat ik ze heel mooie mensen vind.

De volgende dag zit ik tegenover Manar en haar moeder. Door de coronamaatregelen mogen de leerlingen maar één ouder meenemen.

'Mijn man was graag meegekomen, want dit is toch wel een bijzonder moment,' zegt Manars moeder.

'Ja, jammer hè. Maar jullie kunnen thuis alles laten zien. Je hebt het geweldig gedaan, Manar. Het is echt heel bijzonder om van praktijkonderwijs naar vmbo-kader te gaan. Daar mag je zo ongelofelijk trots op zijn. Dat ben ik in elk geval wel.'

'Dank u, juf, ik ben er ook echt heel blij mee. Misschien kan ik zelfs nog wel hoger.'

'Wie weet,' zeg ik, 'je hebt heel veel in je mars. Ik ga je enorm missen, wat hebben wij leuke gesprekken gevoerd. Gelukkig blijven we elkaar zien tijdens de voorbereidingen voor het ontmoetingsproject.'

'Ja, daar blijven we gewoon hard aan werken. Jammer dat het niet door kon gaan door corona hè?'

'Ja, ook al zoiets dat de leerlingen moeten missen,' zucht haar moeder.

Na het gesprek met Manar is het tijd voor Youssef. Ik geef hem het kaartje dat ik voor hem heb geschreven.

'Dank u, juf,' zegt Youssef. 'Bedankt voor al uw steun. Dit is geen afscheid toch? U blijft voor altijd mijn mentor. Ik kom gewoon langs. Ik heb gewoon nog les op deze school en al heb ik een baan bij de marechaussee, dan nog kom ik met u praten. Ik mag u ook nog appen toch?'

'Natuurlijk mag dat Youssef, we houden zeker contact. Denk maar niet dat je van me af bent.'

'Tuurlijk niet!' Overtuigd kijkt hij me aan.

Vervolgens komt Kaan met zijn moeder binnenlopen. Hij doet het geweldig, als een van de weinigen hoeft hij niet naar de zomerschool. Ik vertel hem dat ik denk dat er later wellicht meer in zit dan vmbo-basis.

'Echt?' Hij kijkt me verbaasd aan.

'Ja, Kaan. Je begrijpt heel veel. Je doorziet de leerstof echt, maar volgens mij besteed je niet zo heel veel tijd aan school. Klopt dat?'

'Ja, ik werk eigenlijk liever, misschien word ik binnenkort al teamleider bij de Albert Heijn. Al klinkt vmbo-kader ook wel goed.'

'Je moet komend jaar maar zelf gaan kijken wat je prettig vindt. Ik zie je ook echt wel doorgroeien bij de Albert

Heijn en dat kan ook vanaf vmbo-basis. Maar weet je wat ik nog belangrijker vind? Jij bent zo goed voor de klas, je kunt zo goed met iedereen opschieten. Meisjes, jongens, het maakt jou niet uit. Iedereen help je, met iedereen kan je lachen.'

'Dank u, juf.' Verlegen kijkt hij me aan.

Zijn moeder kijkt trots mee. 'Je bent een goede zoon voor mij.'

Ze geeft hem een knuffel, hij past bijna niet meer in haar armen. Ik besef opeens hoe hard hij gegroeid is.

Als het tweetal vertrokken is krijg ik nog een appje van hem.

'Hoelang bent u nog op school?'

'Je was de laatste, over een halfuur ga ik naar huis. Ben je iets vergeten?'

'Nee, maar wacht even op mij, juf.'

Als ik even later met een collega aan het praten ben staat Kaan opeens voor me. In zijn handen een bos rozen en een doosje chocola. Met wangen zo rood als zijn haren overhandigt hij me de cadeaus.

'Voor u, juf. Van mijn eigen geld gekocht.'

Ik bedenk me dat dit cadeau zo een dag werken voor hem moet zijn en ben even sprakeloos.

Mijn collega zegt: 'Zo, waar heeft de juf dat aan verdiend?'

'Omdat ze gewoon de beste is.'

'Waarom dan?'

'Ze motiveert mij.'

Ik word er verlegen van, maar neem de cadeautjes enthousiast in ontvangst en bedank hem uitvoerig.

Eenmaal thuis zet ik de bloemen meteen op tafel. Ik maak er een foto van en stuur die naar Kaan. 'Ze hebben een mooi plekje gekregen. Heel erg bedankt Kaan! Superlief van je.'

Vrijwel direct krijg ik terug: 'Voor de beste juf van de wereld, u verdient meer dan een bloem.'

Grappend zegt mijn vriendin: 'Ja, je krijgt gelukkig ook nog geld voor je baan.'

Ik kan alleen maar ontroerd naar de bloemen staren en stop een stuk van zijn chocolade in mijn mond.

Na de gesprekken heeft de klas nog één gezamenlijk moment, en dat is meteen het moment waarop we afscheid gaan nemen van de zes leerlingen die naar een andere klas gaan. Voor alle zes heb ik een foto van de klas op A4-formaat uitgeprint. De leerlingen die weggaan heb ik gevraagd wat later te komen, zo heeft de rest de tijd om wat achter op de foto's te schrijven. In vrolijke letters halen ze mooie herinneringen op. Vijf leerlingen komen daarna gespannen binnenlopen. Youssef is verkouden, dus hij kan zijn cadeau helaas niet in ontvangst nemen. Noor staat naast me te dralen.

'Ik ga Youssef het meeste missen,' fluistert ze.

Romarfio heeft het gehoord en zegt: 'Pff, ik ook. Door hem was het altijd gezellig in de klas.'

Ik stel voor dat we met Youssef videobellen. Dat willen de leerlingen wel, snel appen ze hem. Youssef reageert meteen enthousiast. De hele klas verzamelt zich voor mijn laptop. Youssefs vrolijke gezicht verschijnt op het scherm.

'Wow, jullie zijn er allemaal!'

'Ja tuurlijk!' roept Salima. 'Ik ga je missen, man.'

'Geen stress, we gaan het maken!' zegt hij opgewekt. 'Tot na de vakantie allemaal!'

Ik kijk naar de groep en bedenk dat dit helemaal niet coronaproof is, maar het kan me even helemaal niets schelen. Snel maak ik wat foto's van ze. De eenheid straalt ervan af. Of ze het vmbo nou gaan halen of niet: ze gaan het zeker maken. Geen stress.

HET DERDE JAAR

NIEUW

Na zes weken vakantie, twee dagen vergaderen met collega's en het voorbereiden van lessen kan ik de leerlingen eindelijk weer zien. Het is zeven uur en ik stap op de fiets naar het Mundus. Het wordt een belangrijk jaar voor mijn klas: dit is het laatste jaar waarin ze kunnen bewijzen dat ze thuishoren op het vmbo. Ik ben benieuwd naar de nieuwe dynamiek in de klas. Zes leerlingen zijn vertrokken, onder wie sfeermakers Manar en Youssef. Daarnaast krijgen we een nieuwe leerling erbij: Aisha. Ze komt uit Syrië en heeft de afgelopen twee jaar Nederlands geleerd op de nieuwkomersafdeling bij ons op school. Nu wacht haar, net als de rest van de klas, nog één jaar aan onderbouwvakken. Vervolgens kan ook zij waarschijnlijk naar de bovenbouw van vmbo-basis.

Ik loop het lokaal in waar ik mijn klas ga ontvangen. De tafels staan al op de juiste plek. Vier groepjes zijn genoeg, een gek idee. Ik sluit mijn laptop aan op het smartboard en open de presentatie met het lesprogramma voor vandaag Nu is het wachten op de leerlingen.

Ik loop een rondje door de gangen. Dan hoor ik een meisje zeggen: 'Ik moet naar lokaal 321, weet u waar dat is?' Ik herken het smalle gezicht en de zwarte, steile haren van de foto. Dit is Aisha, mijn nieuwe leerling. 'Hé, jij bent toch Aisha? Loop maar met mij mee, ik ben je nieuwe mentor. Ben je weleens hier op de afdeling geweest?' vraag ik haar.

'Nee, nog nooit,' antwoordt ze.

'Welkom dan! Ik ben Maxe de Rijk en ik vind het heel leuk dat je bij mij in de klas komt.'

Ze knikt en loopt achter me aan.

Eenmaal aangekomen bij het lokaal kiest Aisha een plekje helemaal vooraan in de klas. Samen wachten we op de andere leerlingen. Twee minuten voor aanvang is er verder nog niemand. Zouden ze al op de eerste dag te laat komen? Ik hoop het niet en glimlach nog maar een keer naar Aisha.

Stipt op tijd komen zeven leerlingen het lokaal in gelopen: ze hadden beneden met elkaar staan wachten.

'Dag juf! Fijne vakantie gehad?' roept Romarfio lachend.

'Jazeker, jullie ook? Welkom terug! Kies maar een plekje uit.'

Mijn stilste leerling loopt meteen naar voren en gaat naast Aisha zitten. Ze glimlachen naar elkaar.

Kaan zal pas later deze week aansluiten, maar daarnaast mis ik nog vier leerlingen. Salima, Noor en hun twee vriendinnen. Ik merk dat ik geïrriteerd raak: wanneer leren ze het nou?

Ik besluit maar gewoon te beginnen. Slechts acht leerlingen voor me hebben, waar het er vorig jaar achttien waren, voelt wel heel gek. De leerlingen vinden dit ook.

'Dit is echt een te kleine klas!' roept Ibrahim.

'Ja, dit is echt raar,' reageert Romarfio.

Ze kijken elkaar bezorgd aan. Moeten ze het hiermee doen komend jaar?

'We verwachten natuurlijk nog vier meiden,' reageer ik,

'en Kaan komt vrijdag pas naar school omdat hij in Turkije is geweest en dan moet je tien dagen in quarantaine, maar het blijft een kleine klas. Dat zal even wennen zijn. Gelukkig hebben we er wel een nieuwe leerling bij. Daar ben ik heel blij mee.' Ik vraag of Aisha zich wil voorstellen.

'Hoi, ik ben Aisha. Ik kom uit Syrië en nu ben ik hier.'

De klas reageert enthousiast. 'Welkom!' 'Ja, welkom!' zeggen ze achter elkaar.

Aisha lacht naar haar nieuwe klasgenoten.

Ik zet de leerlingen aan het werk met het eerste introductiespel.

'Hallooooo!' klinkt het opeens vanuit de gang.

Ik kijk op. Salima, Noor en hun vriendinnen komen binnen.

Noor kijkt beschaamd.

Salima doet daarentegen alsof het heel normaal is om op de eerste dag een kwartier te laat binnen te lopen. 'Gezellig, jongens!' roept ze enthousiast. Ze kijkt me opgewekt aan. 'Dag juf, heeft u een fijne vakantie gehad?'

Ondanks de situatie moet ik lachen om haar vrolijkheid. 'Zeker, goed jullie weer te zien, maar ik vind dit niet zo'n goed begin van het nieuwe schooljaar. Waarom zijn jullie te laat?'

'De bus kwam niet,' aldus Salima.

Noor kijkt naar de grond. 'Ik was gewoon te laat vertrokken uit huis.'

'Dank voor je eerlijkheid, Noor. Voor jullie alle vier geldt: ik vind dit echt niet goed. We praten hier vanmiddag even over door. Ga nu maar aan de slag.'

Aan de hand van een opdracht bespreken de leerlingen in groepjes wat ze in de vakantie hebben gedaan. Ze betrekken mij continu bij de gesprekken. Hun zomer was eigenlijk best saai. Op Kaan na is niemand op vakantie geweest. Wel zagen ze dat het op straat onrustig was. Jongeren die gingen rellen, gevechten, messen. Na bij een paar gesprekken aan te hebben gehaakt, besluit ik het gesprek klassikaal te maken.

'Het was een andere zomer hè,' open ik het gesprek.

'Ja, de wereld gaat echt ten onder,' reageert Enes.

'Hoe bedoel je dat?' vraag ik.

'Gewoon, corona, vechtpartijen, iedereen maakt elkaar af,' reageert hij gelaten.

'Klopt, heeft u gehoord van die steekpartij?' vraagt Salima.

'En van de schietpartij!' roept Romarfio.

Ik zeg dat ik ervan gehoord heb en samen bespreken we de gebeurtenissen.

'Waarom denken jullie dat er deze zomer dit soort dingen gebeurden?' vraag ik de klas. Vingers schieten de lucht in. Ik geef Noor de beurt.

'Ik denk door corona, het was gewoon saai,' zegt ze.

Andere leerlingen beamen dat.

'En het komt door de drillrappers,' reageert Romarfio, 'die geven gewoon het slechte voorbeeld.'

Enes schudt van nee.

'Enes, wat denk jij?' vraag ik hem.

'Het is niet iets nieuws, het gebeurde altijd al. Eerlijk. Nu komt het gewoon pas op het nieuws. Mensen willen gewoon even over iets anders praten dan over corona.'

Ik vind het knap hoe hij het perspectief weet om te draaien. We praten nog even door en besluiten het er later nog een keer uitgebreid over te hebben. Dan begin ik over de zomerschool. Een groot deel van de leerlingen is daar in de zomervakantie twee weken naartoe geweest. Ze stuurden me veel appjes over dat ze zich zo dom voelden en niks van de stof snapten.

'Wie wil nog wat vertellen over de zomerschool?' vraag ik.

'Het was leuk en stom,' zegt Salima.

'Vertel.'

'Nou, kijk, ik heb wel echt veel geleerd. Maar ik heb niet zoveel vragen gesteld. Ik zat met allemaal kinderen die havo en vwo hadden. Die hadden echt moeilijke boekjes! Dan ga ik met mijn makkelijke boekje toch geen vraag stellen? Niemand had vmbo.'

'Ja, bij mij in de klas ook niet!' zegt Romarfio verbolgen. 'Maar we hebben wel chocola gemaakt, dat was wel leuk.'

De organisatie van de zomerschool heeft de leerlingen waarschijnlijk met goede bedoelingen gemixt. Het is de tendens van het maatschappelijke debat: zet leerlingen met verschillende niveaus bij elkaar. Voor mijn leerlingen zit daar echter nog een klein trauma. Ze willen niet de domste zijn, en dat maakt mengen dus moeilijk.

'Wat vervelend voor jullie dat de groepen zo ingedeeld waren,' reageer ik. 'Maar goed om te horen dat je wel veel geleerd hebt en de activiteiten leuk waren.'

'Ja, ze hadden het wel goed georganiseerd hoor. 's Ochtends hard werken en 's middags leuke dingen doen,' zegt Noor opgewekt. 'Ik weet alleen niet of ik beter ben geworden in Engels, dat moet ik nog zien.'

'Dat snap ik,' reageer ik. 'Dat gaan we komend schooljaar rustig bekijken. Ik ben in elk geval heel blij dat jullie naar de zomerschool zijn gegaan. Dat laat echt zien dat je ervoor gaat. Jullie moeten je niks aantrekken van leerlingen die moeilijkere boekjes hebben, er zijn ook dingen die jullie wel kunnen en zij niet.'

De klas kijkt me gelaten aan. Laten we het maar over iets anders gaan hebben. We moeten ook nog de coronamaatregelen doornemen. Het aantal besmettingen in Nieuw-West is het hoogst van heel Nederland. Onze school bevindt zich op dit moment in het epicentrum van de crisis. Dat betekent dat we scherp moeten blijven: handen regelmatig ontsmetten en wassen, volwassenen op school houden anderhalve meter afstand, de kantine verkoopt voorlopig geen eten en in de gangen wordt gewerkt met looprichtingen.

De leerlingen zijn onder de indruk, maar toch ook vooral teleurgesteld.

'Mogen we echt geen eten kopen op school?' vraagt Noor.

'Dit wordt echt een ander jaar dan normaal,' zegt Ibrahim.

'Kunnen we wel op kamp?' roept Salima.

'Dat is afwachten,' reageer ik, 'dat ligt er echt aan wanneer corona is afgelopen.'

Ik laat de leerlingen nog even iets voor zichzelf doen en zie Aisha vrolijk kletsen met haar nieuwe klasgenoten.

'Waar woon jij?' vraagt Noor.

'In Osdorp,' reageert Aisha.

'Ik ook!' zegt Noor blij. 'Dan kunnen we vanmiddag samen naar huis gaan!'

Aisha straalt.

Ik ook.

MEER DAN EEN KLAS

Aangezien ik het belangrijk vind dat de leerlingen weer een hechte groep worden én blijven, ben ik deze eerste dag veel groepsopdrachten aan het doen met mijn leerlingen. We zijn lekker bezig als Youssef binnenkomt met de andere jongen die naar praktijk is gegaan.

Youssef kijkt een beetje onhandig de groep in. 'Hoi allemaal, hoe gaat het met jullie?'

'Wat goed jullie te zien!' reageer ik blij. 'Hier gaat het goed, met jullie ook? Al bij jullie nieuwe klas geweest?'

'Ja, dat is al klaar. Mogen we even hierbij zitten?'

Ik twijfel of het verstandig is, maar zeg dat het goed is

en laat ze een stoel pakken. De jongens nemen plaats in de kring.

Dan komt ook Manar met de andere drie vmbo-kadermeiden binnen.

'Mogen we even langskomen? We missen jullie.'

Ik laat ze erbij komen.

Opeens zitten er achttien leerlingen in de kring, alleen Kaan ontbreekt. Ik ben ontroerd dat de leerlingen even terug willen komen, maar ik vind het ook moeilijk. Ik wil dat mijn dertien leerlingen nu samen een hecht team worden. De zes leerlingen die weg zijn gegaan zullen zich thuis moeten gaan voelen in hun nieuwe klas. Daarnaast zie ik aan Aisha dat de nieuwe leerlingen haar overvallen. Zij was nog aan het wennen aan haar nieuwe klasgenoten, nu komen er opeens zes bij.

Ik glimlach naar Aisha en maan wat meiden om Aisha erbij te betrekken. Die doen dat gelukkig meteen.

'Jij bent nieuw hè? Dit is echt een leuke klas!' zegt Manar. 'Je kunt met iedereen *besties* worden.'

Dan staat Youssef op. 'Sorry juf, was gezellig, maar ik moet naar huis!'

'Tot snel weer, Youssef!' reageer ik.

En weg is hij.

Ik vraag aan de vier meiden die zijn doorgestroomd naar een hoger niveau wat ze van hun nieuwe klas vinden.

'Saai!' zegt Manar meteen. 'Ze zijn echt niet gezellig met elkaar. Deze klas is veel leuker.'

'Tja, dan hadden jullie maar niet zo slim moeten zijn,' reageer ik lachend.

Als de leerlingen naar huis zijn, werk ik mijn mail bij. Ik krijg een appje van Youssef.

'Hoe was het vandaag zonder ons, juf?'

Ik typ terug: 'We missen jullie, maar verder was het een gezellige dag. Hoe was jouw nieuwe klas?'

'Ja, leuke klas, niets mis mee, ze moeten alleen volwassen worden. Bij uw klas ging het anders, wij hadden respect voor elkaar. Hoe vond het nieuwe meisje het in de klas?'

Ik vind het lief dat hij over Aisha begint en antwoord dat ze het leuk had.

De volgende dag komt Youssef het kantoortje binnen waar ik zit te werken. 'Hé juf, hoe is het?'

'Hé Youssef, wat leuk je te zien! Het gaat goed, hoe is het met jou?'

'Ja, gaat goed. U kunt echt niet meer mijn mentor zijn hè?' Zijn gezicht laat een mengeling van verdriet en glimlachen zien.

'Nee, sorry, dat kan echt niet meer, maar je nieuwe mentor is een goede.'

'Weet ik. Ik heb wel gevraagd of als er kerst is, of een ander feestje, of ik dan langs mag gaan bij u en de klas. Mijn meester vindt dat goed. U ook?'

'Wat fijn! Natuurlijk is dat goed, dan kom je gezellig langs!'

'Ja en ik zie u ook in de gangen toch? En als de meester een keertje ziek is kunt u vast komen invallen. Het komt allemaal wel goed.'

De woorden komen er als een vloedgolf uit. Ik kijk hem aan en zeg: 'Ja, het komt allemaal goed. Je kunt altijd naar me toe komen. Ik ben er gewoon nog. Alleen zit je in een andere klas.'

'Oké juf, dan moet ik nu gaan, ik spreek u later nog.'

'Dag Youssef.'

Ik blijf verward achter. Aan de ene kant ben ik enorm vereerd dat Youssef zo graag bij de klas en mij wil blijven. Aan de andere kant vind ik het lastig. Hij moet een thuis gaan vinden in zijn nieuwe klas, bij zijn nieuwe mentor. Heb ik het afgelopen jaar de klas té close gemaakt? Ben ik té behulpzaam en meelevend geweest? Ik weet het even niet en besluit maar gewoon verder te gaan met het beantwoorden van mijn mail.

Dan krijg ik een appje van Youssef: 'Weet u juf, onze klas, dat was geen klas, dat was meer dan een klas. Dat u dat even weet.'

Wat ga ik deze jongen missen.

TRANEN

We zijn twee weken verder. Ik heb net een les gegeven aan de eerstejaars en loop het lokaal uit.

Aisha komt me tegemoet, met een trillende stem vraagt ze: 'Juf, kan ik naar huis?'

Ik zie tranen in haar ogen. 'Meis, moeten we even praten?'

'Ja,' knikt ze.

Ik draai me om en we lopen terug naar het lokaal voor wat privacy.

'Wat is er?' vraag ik als we tegenover elkaar zitten.

'Ik wil niet meer in deze klas. Ik wil naar de 3B-klas.' Tranen rollen over haar wangen.

Ik schrik. Wat heeft de klas haar aangedaan dat ze naar een andere klas wil? 'Ik zie dat je echt verdrietig bent. Wat rot voor je.'

'Ja, ik ben echt verdrietig. Thuis moest ik ook huilen.'

'Wat vervelend voor je. Waarom wil je naar een andere klas?'

'Ik wil naar 3B, ik kan dat wel.'

3B is een reguliere vmbo-basisklas, daar zou ze nu in twee jaar haar vmbo-diploma moeten halen in plaats van in de drie jaar die ze in de 3AB-kansklas krijgt. Aisha heeft dat derde jaar echt nodig. Haar beste vriendin zit echter wel in 3B, dus ik vraag me af of dat er iets mee te maken heeft. Ik kijk haar meelevend aan en zeg: 'Helaas kun je niet naar 3B, dat weet je. Waarom wil je niet in 3AB blijven?'

Aisha slikt, twijfelt even, maar begint dan te vertellen: 'Iedereen kent elkaar. Ze zijn heel lief, het is een goede klas, maar ik ken ze niet. Vroeger ging ik met iedereen praten. Nu ben ik stil. Ik ga met niemand praten. Dat wil ik niet.'

Ik ben blij om te horen dat ze de leerlingen wel lief vindt, maar verder is dit toch wel erg lastig. 'Dat lijkt me inderdaad moeilijk, als je opeens alleen bent en niet gezellig kunt praten.'

Aisha knikt. Dit is het startschot voor nog meer tranen. Ze veegt ze uit haar ogen. 'Ik wil niet huilen, juf. De kinderen zijn echt lief. Heel lief. Maar ik kan niet met ze praten.' Ze kijkt me schuldbewust aan.

'Het is niet erg als je huilt. Het is heel logisch dat je verdrietig bent. Naar een nieuwe klas gaan is altijd moeilijk, zeker als je de enige nieuwe bent, de rest elkaar al heel lang kent en je de taal minder spreekt.'

Aisha knikt. 'Ja, dat maakt me soms bang om te praten. En ze kennen elkaar echt goed.'

'Heb je het hier thuis over gehad?' vraag ik.

'Ja, mijn moeder wil ook dat ik naar een andere klas ga. Ze kent me zo niet meer, zegt ze. Vroeger was ik altijd vrolijk.'

Oei, dit is wel heftig. Ik probeer rustig te blijven en zeg: 'Wat goed dat je er met je moeder over hebt gepraat.'

Aisha wiebelt wat op haar stoel. 'Ik was net bij die juffrouw van de zorg, maar die zei dat ik alleen naar een andere klas kan als ik naar 3A ga, dus naar praktijk. Maar dat wil ik niet. Ik wil later bij de gemeente werken.'

'Dat klopt. Als je nu naar een andere klas gaat, dan kom je in 3A. Dat zou ik inderdaad niet doen. Weet je, elk begin is moeilijk. Het is even wennen, maar je zit nu twee weken in deze klas. Je moet het nog wat tijd geven.' Ik kijk haar onderzoekend aan. 'Of voel je je niet veilig in de klas?'

Aisha glimlacht. 'Nee, ik ben heel veilig in deze klas. Deze klas is goed. Maar ík ben niet goed in deze klas.'

'Heel fijn om te horen dat je je wel veilig voelt, maar het ligt niet aan jou dat je je onzeker voelt. De klas is hecht, maar jij komt daar wel in. Daar gaan we samen voor zorgen, dat beloof ik je.' Ik weet nog even niet hoe, maar ik hoop dat ik Aisha vertrouwen kan geven. Ik vervolg: 'Geef het nog een maand. Je ergens thuisvoelen kost tijd. We gaan elke week even praten en over een maand besluiten we of je naar een andere klas gaat, oké?'

Aisha knikt. 'Dat is goed.' Ze zit er verloren bij.

Ik weet niet of ik haar de dag op school moet laten afmaken of dat ze beter naar huis kan gaan. Ik besluit het haar zelf te vragen. 'Ik moet zo lesgeven. Wil je nu liever naar huis gaan of hier blijven? Jullie hebben zo les van mij, en dan gaan we opdrachten in groepjes doen waarbij je de klas beter kunt leren kennen.'

'Ik wil naar huis,' zegt Aisha resoluut.

Ik begrijp het, en kan het uurtje met de klas zonder Aisha ook wel gebruiken om het over de situatie te hebben. 'Dat is goed, maar dan zie ik je morgen wel weer op school, oké? Je moeder zal waarschijnlijk schrikken omdat je opeens thuiskomt, dus zeg maar tegen haar dat we een plan hebben en dat je het nog een maand gaat proberen. Ik zal haar vanmiddag ook nog even bellen.'

Aisha moet lachen. 'Ja, mijn moeder is altijd bezorgd, maar ik ga zeggen dat het goed komt.'

Aisha vertrekt en ik blijf achter in het lege lokaal. Ik voel dat het me raakt: ik wil niet dat iemand zich niet goed voelt in de klas. Rustig denk ik na hoe ik dit zo met de klas kan bespreken. Tien minuten later komen de leerlingen al binnen.

'Juf, juf!' roept Ibrahim opgewonden. 'Weet u waar Aisha is? Ze was opeens weg. Gaat het niet goed met haar?'

'Wat lief dat je aan haar denkt. Aisha voelde zich niet zo goed, ik zal het zo even uitleggen.'

'Oké, fijn dat u het weet.' Snel gaat Ibrahim zitten.

Als de rest van de klas ook zit, zeg ik: 'Het is jullie vast opgevallen dat Aisha naar huis is gegaan. Ze is bij me langsgekomen en ik heb met haar gepraat. Jullie zijn een hechte klas, daar ben ik heel blij mee. Het probleem is echter dat als je als nieuwe leerling erbij komt, het moeilijk is ertussen te komen.'

'Maar we doen toch aardig tegen haar?' zegt Noor.

'Jullie doen zeker aardig tegen haar, dat zei Aisha ook, ze vindt jullie heel lief. Maar jullie zijn ook veel met elkaar bezig. Jullie kennen elkaar al twee jaar en hebben veel meegemaakt samen, dingen waar Aisha niet bij was. Dat is moeilijk voor haar. Het is niet erg, jullie kunnen hiervan leren. Dit gaan jullie, en Aisha, namelijk nog veel vaker meemaken in jullie leven.' Ik kijk de leerlingen bemoedigend aan. 'Hoe kun je goed met zo'n situatie omgaan?'

Ibrahim schudt zijn hoofd. 'Ik vind dit echt heel zielig. Eerst vlucht je uit Syrië en dan krijg je bij ons dit...'

Salima knikt. 'We moeten haar gewoon bij alles betrekken! Vragen of ze naast ons komt zitten en vragen stellen aan haar.'

'Precies,' zeg ik, 'dat is een goed idee.'

'Dat kunnen wij wel, hoor!' roept Romarfio.

'Tuurlijk kunnen wij dat,' reageert Kaan, 'één team, één taak. Aisha hoort daar nu ook bij.'

'Yes!' roept Noor.

'Heel goed van jullie. Gaan jullie daar morgen meteen mee beginnen? Dan komt Aisha weer.'

'Natuurlijk, juf!' zegt Noor. 'Ik ga naast haar zitten, ik vind haar echt heel lief.'

'Wat fijn. Jullie zijn een topklas.'

'Een topteam, zult u bedoelen!' Lachend kijkt Kaan me aan.

Samen nemen we nog even de oplossingen door. Ik ben blij dat ik er open met de klas over kan praten en heb het idee dat ze het ook wel aankunnen, zo'n gesprek. Aan de andere kant vind ik het ook wel spannend hoe het morgen voor Aisha zal zijn.

De volgende dag loop ik in een vrij uur een rondje door de gangen, op zoek naar het lokaal waar mijn klas les heeft. Ik gluur naar binnen. Opgelucht haal ik adem als ik zie dat Noor echt naast Aisha is gaan zitten. Aisha ziet me staan, ze lacht van oor tot oor.

In de pauze komt er een collega naar me toe. 'Ik weet niet wat je met de klas hebt gedaan, maar iedereen wil opeens naast Aisha zitten. Net, toen de pauze begon, vroegen drie meiden of Aisha met ze meeging naar de bakker. En Aisha zelf was opeens enorm druk met iedereen aan het kletsen. Wat heerlijk om te zien!'

Ik vertel hem over de tranen van Aisha en dat ik met de klas heb gepraat.

Verbaasd kijkt hij me aan. 'Heb je dat open met de klas besproken? Zo, hé, dat is best gedurfd. De klas had zich ook tegen Aisha kunnen keren. Maar goed, fijn dat het goed heeft uitgepakt!'

Ik knik, heel fijn, en eigenlijk had ik ook niet anders verwacht.

Aan het einde van de dag loopt Aisha het kantoortje binnen waar ik zit te werken.

'Juf, ik wil niet naar een andere klas. Ik wil in deze klas blijven. Kunt u dat ook tegen de zorgjuf zeggen?'

Ik glimlach naar Aisha. 'Dat is snel.'

'Ja, de klas is lief.'

'Ik zal het zeggen, heel erg fijn dat het zo goed is gegaan vandaag. Dat heb je heel knap gedaan!'

'Ja, dank u.'

En weg is ze.

Ik vind dit wel een heel snelle wending, maar goed, even niet druk om maken en de komende weken rustig aankijken.

ER IS EEN DOCENT VERMOORD

De media staan vol met de gruwelijke dood van docent Samuel Paty. Ook ik ben geschrokken. Vermoord worden omdat je aan je leerlingen een spotprent laat zien, dat is toch te bizar voor woorden. Ik moet er al niet aan denken dat ik ooit een boze ouder op mijn dak zou krijgen om iets wat ik in de les met leerlingen bespreek. De vraag die in de media leeft, of wij als docenten nog wel alles kunnen zeggen, voel ik echter persoonlijk niet. Ik kan nog steeds alles bespreken met mijn leerlingen en voel me veilig. Ik vind het lastig dat dat wordt betwist, omdat ik vrees dat dit soort berichten ertoe leiden dat docenten nu nog minder gesprekken gaan voeren, terwijl ik de gesprekken enorm waardevol vind.

Ik bespreek de gebeurtenis met de leerlingen op school.

Ibrahim zegt: 'Juf, ik vind het echt erg wat er allemaal gebeurd is. Die mensen die moorden en bedreigen, dat zijn juist geen echte moslims. Wij zijn ook moslim, hoezo zeggen mensen dat wij tegen vrijheid van meningsuiting zijn? U kunt toch gewoon met ons praten?'

Ik vertel hem dat ik die mening deel, en vraag wat de rest van de klas ervan vindt.

'Ik vind het wel erg dat mensen nu weer slecht praten over moslims, maar wat die man gedaan heeft, dat is pas echt erg,' reageert Salima.

'Precies, je mag niet doden,' zegt Enes resoluut.

'Laten we naar een video gaan kijken waarin precies verteld wordt wat er is gebeurd, en daarna gaan we er verder over praten,' zeg ik tegen de klas. Het is de tactiek van het vak dat ik geef: gevoelens, feiten, meningen en argumenten rustig scheiden en bespreken.

In de video wordt uitgelegd dat Samuel Paty de afbeelding liet zien in een les over vrijheid van meningsuiting. Hij bereidde zijn klas voor op de afbeelding van de profeet: als ze hem niet wilden zien, mochten ze het lokaal verlaten. Het meisje dat later voor de ophef zorgde bleef echter zitten. Toen de docent de spotprent toonde, werd ze boos op hem. Eenmaal thuis vertelde ze dit aan haar vader, die het op Twitter zette. Toen kon de haat beginnen, haat die uiteindelijk tot de onthoofding van de docent leidde.

De klas is er stil van.

'Dit zijn echt heel veel problemen achter elkaar,' zegt Kaan.

'Dat klopt Kaan,' zeg ik. 'Laten we rustig de verschillende onderdelen bespreken. Wat vinden jullie, mag een docent een spotprent van de profeet Mohammed laten zien?'

'Tuurlijk,' zegt Salima, 'dat hoort gewoon op school.'

'Sowieso, omdat hij netjes heeft gevraagd aan leerlingen om weg te gaan,' zegt Ibrahim.

Enes en Kaan zijn het daar als enigen niet mee eens.

Kaan zegt: 'Ik vind niet dat een docent iets moet laten zien waarmee je kinderen kunt beledigen, maar de leerling had dat gewoon in de klas met de docent moeten bespreken, zoals wij dat nu ook doen. Het is echt erg dat het hem zijn leven heeft gekost.'

'Dat zeg je mooi,' reageer ik. 'Ik hoop dat als ik jullie ooit iets laat zien wat je liever niet had gezien, je dat gewoon aan mij vertelt.'

'Het ligt ook aan wat voor band je hebt met de docent,' zegt Noor. 'Als je een goede band hebt en de docent laat iets zien, dan weet je dat hij het niet racistisch bedoelt. Maar als je een docent niet kent, weet je niet wat hij bedoelt.'

'Maar dan nog moet je hem niet vermoorden!' Salima kijkt wanhopig de klas in.

'Daar zijn we het geloof ik wel over eens,' zeg ik tegen Salima, 'maar Noor maakt wel een sterk punt: hoe beter je iemand kent, hoe minder snel je beledigd zult zijn.'

'Ja, daarom moeten we ook gewoon blijven praten,' zegt Romarfio.

Later op de dag komt Dyane, onze directeur naar me toe. Ook zij is benieuwd of ik deze gesprekken met de leerlingen kan voeren.

Ik vertel haar dat ik dat zeker kan en dat alle docenten van het vak persoonsvorming & socialisatie het besproken hebben in hun lessen. 'De gesprekken waren mooi, soms emotioneel, maar goed om te voeren.'

Dyane knikt opgelucht. 'Dit is precies de reden waarom we vijf jaar geleden zijn begonnen met het vak: een sfeer creëren waarin alles bespreekbaar is, een vak waar leerlingen leren hun emoties te uiten.'

'En dat werkt echt goed,' reageer ik. 'Ik kan me niet voorstellen dat dingen níét bespreekbaar zouden zijn. De leerlingen ontdekken bij P&S wie ze zijn, waar ze voor staan en leren de samenleving waarin ze leven kennen. Tijdens deze gesprekken hoor ik extreme meningen, maar dat is logisch, want die zijn overal en niet nieuw. Ik vind het verrijkend, prettig en uitdagend om moeilijke onderwerpen in de klas te bespreken.'

'Wat vind je er dan van dat minister Slob zegt dat het moeilijk is op scholen?' vraagt Dyane.

'Dat doet me pijn. Ik vind het erg dat er docenten zijn die menen niet alles meer te kunnen bespreken, dat lijkt me een vreselijk gevoel. Ik hoop echter dat dit niet de meerderheid betreft.'

Er komt een collega van het vak P&S bij staan: 'Ingewikkelde gesprekken zijn goed. Juist als de emoties oplopen kun je leerlingen aan het denken zetten, verborgen aannames blootleggen en verder komen in een gesprek.'

'Precies,' zeg ik. 'Wat een leerling niet durft te zeggen kun je ook niet betwisten.'

'Ja,' reageert mijn collega. 'Daarvoor moet je natuurlijk wel oefenen: niet alle kinderen voeren thuis aan de keukentafel dagelijks gesprekken over maatschappelijke thema's. Een goed gesprek voeren is moeilijk. Dat moet je een kind leren.'

Ik knik, daar ben ik het mee eens. 'Burgerschap is daarin enorm belangrijk. Ik hoop dat men ziet dat leerlingen niet alleen verteld moet worden wat wij in Nederland belangrijk vinden, maar dat je als school ook een sfeer moet creëren waarin veel ruimte is voor gesprek. Over maatschappelijke én over persoonlijke thema's.'

'Juist dan worden leerlingen vaardig en gaan ze zich vanzelf "democratisch" uiten,' zegt mijn collega.

'Precies, dat hoop ik ook,' zegt Dyane. 'Wij zijn in ieder geval goed op weg.'

GEVECHT

'Maxe, kan ik je even storen?'

Ik kijk op van mijn broodje. Tegenover me staat een van de schoolcoaches, een jongerenwerker die de leerlingen hier op school begeleidt. 'Ja, tuurlijk. Wat is er?'

'Salima heeft gevochten. Ze zit nu beneden even af te koelen, maar het lijkt me goed dat jij even met haar gaat praten.'

Ik schrik. 'Salima heeft gevochten?' Verward kijk ik mijn collega aan.

'Ja, ruzie met een meisje. Er werd heen en weer vies gekeken en vervolgens sloeg de vlam in de pan. Salima was razend, ze heeft ook collega Lotte nog een paar trappen gegeven. Alles staat op camera. Je mag het zien als je wilt?'

Even weet ik niet wat ik moet zeggen. Ik wil helemaal niet zien hoe Salima in wilde razernij zelfs een collega een paar trappen geeft. Echter: als ik met Salima ga praten, is het misschien maar beter dat ik de beelden heb gezien, dan kan ze ook niks ontkennen. 'Is goed,' zeg ik, 'waar kan ik de beelden bekijken? Ga ik daarna naar Salima.'

Samen met mijn collega loop ik naar beneden, we bekijken de beelden. Wat ik zie is niet fraai. Ik snap het niet. Hoe kan Salima zoiets doen? Ik wil haar spreken. 'Ik ga naar Salima, wat is het plan?' vraag ik.

'Het andere meisje zit hiernaast te wachten. Ze zit hier niet eens op school, ze was met een vriendin meegekomen. Als jij met Salima gesproken hebt en de dames zijn rustig genoeg, dan kunnen we ze een goedmaakgesprek laten voeren. Daarna moet Salima naar huis, dit is natuurlijk wel een schorsing. Morgenochtend doen we dan het schorsingsgesprek.'

'Is goed, ik ga met haar praten.'

Als ik het lokaal binnenkom waar Salima zit, schrikt ze. Angstig kijkt ze me aan. 'Weet u het?'

'Ja, ik weet het. Dit is niet best.'

'Sorry...' Ze slaat haar ogen neer.

Ik ga naast haar zitten. 'Kun je me vertellen hoe het is gebeurd?'

Ze knikt. Langzaam begint ze te vertellen. 'Ik was met Noor aan het lopen, we gingen naar de danszaal. Opeens kijkt dat meisje me heel vies aan. Ik ken haar niet eens... Dus ik kijk vies terug, nou, toen ging ze me uitschelden. Ze ging op mijn moeder haten en nog meer schelden. Ik ging terugschelden, en toen werd het echt erg. Gingen we vechten. Verder weet ik het niet zo goed.'

'Zo, wat heftig, Salima. Ik ben er wel heel erg van geschrokken.'

'Ik ook.'

'Waarom ging je vechten en koos je er niet voor om weg te lopen?'

'Weet ik niet, normaal doe ik dat ook, maar ik was echt boos weet u. Iemand moet mijn moeder niet uitschelden.'

'Ik snap dat dat moeilijk is.'

Tranen rollen over Salima's wangen. 'Wat gaat er nu gebeuren?'

'Je moet het met het meisje goedmaken en je wordt geschorst. Het is een beetje hoe je er zelf in staat: als je het goed kunt uitpraten, in kunt zien wat je fout hebt gedaan en daarvan kunt leren, zal je straf minder erg zijn.' Ik kijk Salima aan. 'Maar we hebben nog niet alles besproken, je hebt ook juf Lotte geschopt?'

Salima kijkt naar de grond, tikt haar voeten zachtjes tegen elkaar. 'Ik kan het me niet meer herinneren, maar de meester zei het ook. Het was echt zwart voor mijn ogen. Ik weet ook niet waarom ik dit allemaal gedaan heb. Juf Lotte wilde ons zeker uit elkaar halen hè?'

'Ja precies, dan moet je die natuurlijk niet gaan schoppen.'

'Nee...'

'Je zult dus ook echt een goed gesprek met juf Lotte moeten voeren, je excuus moeten aanbieden.'

'Ja, tuurlijk.'

Salima en ik bereiden samen het goedmaakgesprek met het meisje voor. Het gesprek gaat verrassend goed. Salima's boosheid is weggezakt, en ze kan goed op zichzelf reflecteren. Na afloop zetten we Salima nog even apart in een lokaal, zodat de schoolcoach en ik de verdere gang van zaken kunnen doornemen.

'Zo, dat heeft Salima goed gedaan,' zegt mijn collega. 'Tegenover zo'n boos meisje zitten en dan rustig je verhaal doen, je eigen fouten uitleggen, excuses aanbieden. Het hele plaatje. Chapeau. Volgens mij ziet ze ook echt wel in hoe fout dit was, maar ze moet wel iets met haar boosheid.

Het kan natuurlijk niet dat de vlam zo snel in de pan slaat. Tuurlijk, met haar verleden snap ik het wel, maar ze moet er wel aan werken. Dat lijkt me een belangrijke afspraak om ook met haar moeder en zus te maken.'

'Ja, mee eens, ik zal zo haar zus bellen. Morgenochtend is het schorsingsgesprek?'

'Yes, stuur jij Salima naar huis als je met haar zus hebt gebeld? Zie ik Salima morgen om acht uur, kan ze daarna met Lotte praten.'

Ik loop naar Salima toe, nu komt misschien nog wel het moeilijkste onderdeel: haar zus vertellen wat er is gebeurd. Die gaat dit niet fijn vinden natuurlijk.

'Hé, wat heb je dat gesprek net goed gedaan. Meende je wat je zei?'

'Tuurlijk meende ik het, waarom zou ik het niet menen?'

'Omdat je gewoon heel goed kan praten.'

Salima moet lachen. 'Nee hoor, ik meen het echt. Ik heb echt spijt.'

'Dat snap ik, ik denk dat het goed is als je met iemand aan je boosheid gaat werken. Het is natuurlijk lastig dat je jezelf niet meer in de hand hebt als je zo boos wordt.'

'Ja, daar wil ik wel hulp bij.'

'Fijn, Salima, je hebt het gesprek echt goed gedaan. Ik ga nu je zus bellen en vertellen wat er is gebeurd.'

Salima kijkt me wanhopig aan. 'Nee... moet dat echt?'

'Ja, dat moet echt.'

Ik bel haar zus op. Die schrikt enorm en is het ermee eens dat er wat met Salima's boosheid gedaan moet worden. Ze komt Salima van school ophalen en brengt haar dan naar hun moeder, met wie ze het ook zal bespreken.

Het is lastig, deze familie heeft zoveel te verwerken gekregen. Logisch dat emoties af en toe oplopen. Maar gevechten? Die kunnen we er niet bij hebben.

Tegen Salima zeg ik: 'Het is pittig. Het zal zo niet leuk

zijn met je zus en je moeder, maar je bent sterk. Ga werken aan je boosheid, ga morgen een goed gesprek voeren en dan gewoon weer hup, de focus op school.' Ik kijk haar indringend aan. 'Je kunt het prima zonder te vechten, Salima, gebruik voortaan gewoon weer die mooie woorden van je.'

Salima glimlacht. 'Dank u wel, bedankt dat u nog met me wilt praten.' Ze slikt haar emoties weg. 'Ik ga mijn best doen om nooit meer te vechten.'

'Heel goed van je.' Ook ik probeer mijn emoties de baas te blijven. 'Ik moet nu lesgeven. Wacht hier maar op je zus. De schoolcoach komt zo nog even. Ik zie je morgen, oké?'

'Ja, tot morgen.'

Aan het eind van de dag besluit ik samen met de teamleider en schoolcoach dat deze middag als schorsing voor Salima heeft gegolden. Ze heeft alles zo goed opgelost dat ze de volgende dag weer in de les mag verschijnen. Met de zorgcoördinator maak ik een plan voor het aanpakken van Salima's boosheid. We hebben er vertrouwen in dat het goed komt.

COMPLIMENTEN

We zijn een paar werken verder. Ik klap mijn laptop dicht, de klassenvergadering over het eerste rapport van mijn klas is net afgelopen. Ik gloei van trots. De leerlingen doen het ongelooflijk goed allemaal. Het regende complimenten. Onderweg naar huis bedenk ik dat ik er iets mee wil doen. Ik ben ervan onder de indruk dat de leerlingen het juist nu zo goed doen. De sfeer op school is nu niet altijd even fijn. Iedereen is gestrest over corona, leerlingen moeten constant aangesproken worden op afstand houden en mondkapjes dragen. Boven ons sluimert er de spanning van een mogelijke schoolsluiting: iets wat niemand wil. Te midden van die stress weten mijn leerlingen fantastisch te presteren. Op dit moment staan ze bijna allemaal op overgaan, op vmbo-basis, misschien zelfs nog een paar naar kader. Daarnaast is Aisha volledig geïntegreerd in de klas en is de sfeer goed. Mijn klas is een team, en dat mag gevierd worden. Ik besluit morgenochtend vroeg langs de bakker te fietsen en voor iedereen een taartje te halen.

De volgende dag kom ik met twee dozen taart het lokaal binnen.

'Oeh juf, bent u jarig?' vraagt Aisha.

'Nee,' lach ik, 'dit is voor jullie, omdat ik trots op jullie ben.'

'Oh, u had gister vergadering toch?' vraagt Noor. 'Dus het was goed?' Afwachtend kijkt ze me aan. Noor is altijd gespannen voor een klassenvergadering, doodsbang dat docenten iets verkeerds over haar zeggen.

'Het was heel erg goed, als iedereen zit zal ik er wat over vertellen.'

De leerlingen gaan snel zitten. Ik kijk de klas in en bedenk me dat ik het liefst voor iedereen iets persoonlijks wil zeggen. Ik wil niet vervallen in algemeenheden, maar juist de individuele successen vieren. Zonder er verder goed over na te denken, begin ik mijn verhaal.

'Ik heb voor jullie allemaal een taartje gehaald omdat jullie het zo goed doen. Ik ga ze jullie een voor een geven en wil daar dan graag wat bij zeggen.'

'Wauw leuk!' roept Salima. 'Mogen we dat van iedereen horen?'

'Wat jullie willen,' zeg ik. 'Ik kan het een-op-een doen, maar het kan ook klassikaal.'

'Ik wil eigenlijk wel bij iedereen horen wat u te zeggen heeft,' reageert Ibrahim.

Ik kijk iedereen aan, iedereen knikt uitbundig. Snel besluit ik dat ik – als er echt persoonlijke dingen zijn – die altijd nog tijdens de reflectiegesprekken kan vertellen.

'Oké,' zeg ik, 'eens kijken, bij wie zal ik beginnen?'

'Bij mij!' 'Nee, bij mij!' roepen de leerlingen door elkaar.

Ik loop op Enes af en geef hem een taartje. Afwachtend kijkt hij omhoog.

'Lieve Enes,' zeg ik, 'wat heb jij een fantastische groei meegemaakt de afgelopen twee jaar. In het begin kon je nog weleens boos worden op docenten, of je juist heel erg afsluiten, maar je doet nu vrolijk mee en bent aanspreekbaar. De juf van beeldende vorming merkte dat verschil echt. Zij heeft jullie natuurlijk in de eerste klas lesgegeven, toen een jaar niet, en nu in de derde weer wel. Ze ziet je groei. Het is fantastisch hoe open en respectvol je gesprekken aangaat. En daarnaast: je gaat het vmbo gewoon halen. Nog even volhouden, jongen, het komt helemaal goed.'

Enes glimlacht. 'Dank u.'

'Zo lief, juf!' haakt Salima in. 'Ik merk het ook echt hoor, Enes is echt gegroeid. Hij heeft nooit meer problemen.'

Enes draait zich om naar Salima. 'Dank je wel, ik heb ook mijn best gedaan.'

Ik ga de leerlingen een voor een af. Het is totaal buiten mijn comfortzone om dit zonder voorbereiding te doen, maar de verhalen en oprechte complimenten vloeien eruit. Ik ben gewoon op elke leerling zo trots.

Dan is Noor aan de beurt. Gespannen zit ze voor me. 'Lieve Noor, wat vind jij het altijd spannend of je dingen goed genoeg hebt gedaan. Maar je gaat zo fantastisch goed. Je groeit, je leert en durft steeds meer op jezelf te vertrouwen. Dat vind ik echt heel knap. Je kunt zoveel zelf en hebt eigenlijk de bevestiging van ons helemaal niet nodig. Ik vind het mooi om te zien hoe je steeds meer een vrouw wordt die ervoor durft te gaan. Je werkt hard voor school, en bent sportief en aardig voor de mensen om je heen.' Ik overhandig haar het taartje. 'Je kunt het!'

Haar ranke vingers met prachtige ringen pakken het voorzichtig aan. Ze glimlacht. 'U kent me echt goed.'

'Ja, klopt het een beetje wat ik zeg?'

'Ja, zeker.'

'Gewoon zo doorgaan, meid, je doet het super.' Ik kijk de klas weer in.

De leerlingen die nog niet aan de beurt zijn geweest kijken me afwachtend aan.

Ik loop naar Kaan. 'Zo, Kaan, wat ben jij een wereldgozer! Iedereen hier op school kent jou en iedereen vindt je geweldig. Elke docent, elke leerling: je kunt met iedereen goed opschieten. Je bent supergoed voor alle mensen. Behulpzaam, betrokken. Prachtige eigenschappen. Daarnaast combineer je ook nog heel veel uren werken bij de Albert Heijn met prachtige cijfers op school. Jij gaat de toekomst lachend tegemoet. Ik ben erg blij dat je in mijn klas zit.'

Kaan straalt van oor tot oor. 'U had me op de basisschool moeten zien. Toen was ik echt niet zo, maar ik ben blij dat iedereen me nu zo ziet.'

'Ik ook, dat heb je heel knap gedaan.' Ik geef hem zijn taartje en loop naar Ibrahim. 'We hebben nog zo'n wereldgozer in de klas waar de hele school van houdt.' Ik kijk hem aan. 'Onze Ibrahim, klein van stuk, maar met een groot hart. Een lachebek, een grappenmaker én een heel harde werker. Je kunt gewoon niet níét van jou houden. Dat is heel knap en het gaat je heel ver brengen.'

Ibrahim krabbelt met zijn handen achter zijn oren, iets wat hij altijd doet als hij blij en gespannen tegelijk is. Lachend kijkt hij me aan. 'Dit is echt leuk.'

'Ik ben onder de indruk van hoe enorm je bent gegroeid met rekenen. Toen je hier binnenkwam zei je dat je dat niet kon. Nu reken je de sterren van de hemel. Helemaal op eigen kracht. Vertrouw op je kunnen, dit laat zien dat er nog veel meer mogelijk is.' Ook hem overhandig ik een taartje. Dan loop ik naar Aisha.

Ze kijkt me gespannen aan.

'Lieverd,' zeg ik, 'wat was deze klas een bijzondere stap voor jou. Opeens zat je in een groep met allemaal mensen die in Nederland geboren zijn, die de taal vloeiend spreken en elkaar heel goed kennen. Dat is spannend en moeilijk. Ik vind het heel knap hoe je dat hebt gedaan. Je hebt je plek helemaal gevonden. Later, in nieuwe groepen op je werk of op een nieuwe studie, weet jij al dat je dat kunt: je plek vinden in een nieuwe groep. Fantastisch.'

Ik wil doorgaan, maar opeens begint de klas spontaan te klappen. Ze applaudisseren en roepen: 'Echt goed, Aisha!' 'Zo leuk dat je bij ons in de klas zit.'

Ik ben diep geroerd, wat is dit mooi om te zien.

Aisha lacht verlegen. 'Dank jullie wel. Ik ben ook heel blij met jullie, de beste klas ooit.'

Ik glimlach en vervolg: 'Daarnaast haal je je achterstand met Nederlands stapje voor stapje in, dat doe je heel goed. En weet je dat je het hoogste cijfer van de klas voor wiskunde op je rapport hebt?'

Aisha knikt. 'Ja, dat weet ik.'

Ik besluit het voor Aisha maar even hierbij te laten, overhandig haar haar taartje en loop naar Romarfio.

Lachend kijkt hij me aan. 'Kom maar op, juf!'

Ik moet ook lachen. Wat een heerlijk kind is dit toch. 'Lieve Romarfio, wat ben jij mentaal sterk. Al vanaf het moment dat je hier als elfjarige als jongste binnenkwam heb je heel scherp voor ogen wat je wilt bereiken en stel je daar doelen voor op. Je reflectie op jezelf, je doorzettingsvermogen, je uithoudingsvermogen om met problemen om te gaan: ik ben er allemaal van onder de indruk. Je hebt het lang niet altijd even makkelijk, maar je kunt zoveel. En dan heb ik het nog niet eens over hoe goed je met woorden bent. Het zou zomaar kunnen dat ik jou over twintig jaar op het nieuws zie omdat je de wereld hebt verbeterd. Dat heb je in je. Je hebt misschien gemerkt dat ik de laatste tijd wat strenger voor je word, want je bent ook lekker aan het puberen. Nu gaat het erom dat je goede keuzes blijft maken, je je energie in de goede dingen blijft stoppen. Ik heb hoge verwachtingen van jou, dat weet je. Volhouden en doorgaan, dan komt het helemaal goed.'

Verlegen kijkt de grote, gespierde jongen naar zijn taartje. 'Dank u, juf, ik ben echt heel blij dat u mij zo steunt.'

Ik zoek zijn blik. 'Dat doe ik graag.'

Als laatste is Salima aan de beurt. Terwijl ik naar haar toe loop merk ik dat ik emotioneel word. Dit meisje heeft de afgelopen tijd bergen verzet. Niemand verwachtte eigenlijk dat ze het vmbo nog kon halen, maar ze staat nu gewoon op overgaan. Dat is waanzinnig knap, zeker met alle achterstanden die ze had. Ik slik een paar keer en begin.

'Lieve Salima, wat was ik enorm trots toen ik jouw rapport zag. Na alle heftige gebeurtenissen die je hebt meegemaakt heb je dit gewoon maar gefixt. Je bent zo sterk, zo'n doorzetter, zo'n leuk mens...' Ik hou het niet meer, tranen rollen over mijn wangen. 'Sorry, dit is misschien een beetje raar, dat ik nu moet huilen. Maar ik heb je echt in mijn hart gesloten en ben zo blij dat het naar omstandigheden goed met je gaat. Ik ben zo trots op je, de kans is groot dat je ondanks alles het vmbo gewoon gaat halen.'

Ook Salima's vriendinnen houden het niet droog, waterige ogen kijken me vertederend aan.

Salima zelf slikt duidelijk haar tranen weg. 'U houdt echt van me hè,' zegt ze met een grote lach op haar gezicht.

'Ja, ik hou echt van je. Van jullie allemaal trouwens.'

Een vriendin van Salima zegt door haar tranen heen: 'U heeft het mooi gezegd over Salima, ik wilde dit eigenlijk ook al heel lang tegen je zeggen.' Ze staat op en geeft Salima een knuffel.

Kaan observeert het geheel en zegt: 'We gaan het maken, állemaal.'

Ik knik en zeg dat ze allemaal rustig hun taartje kunnen

opeten. Gemoedelijk kletsen ze met elkaar. Ik heb gemengde gevoelens over mijn eigen tranen. Ik vind het wel een beetje gek dat Salima en de klas hebben gezien dat het me zoveel doet. Daarnaast heb ik daardoor niet alles aan Salima kunnen vertellen wat ik wilde. Aan de andere kant, een juf mag ook weleens door iets geraakt worden. Het doet me goed dat we deze taartjesronde gedaan hebben.

GELIJK IS GELIJK

Vandaag komen de trainers van Gelijk=Gelijk? langs. Via een oud-studiegenoot ben ik in contact gekomen met Diversion, een organisatie die gastlessen geeft op middelbare scholen om onderling respect te bevorderen. Tijdens de Gelijk=Gelijk?-lessen willen ze taboes doorbreken over culturele, religieuze en seksuele diversiteit. Bij ons op school krijgen alle tweedejaarsklassen dit jaar een driedelige workshop. Aangezien mijn klas het lesprogramma van 2 vmbo volgt, mogen ook zij aansluiten.

Ik bereid de klas erop voor. 'Vanmiddag komen drie gastdocenten met jullie praten over vooroordelen en discriminatie. Wie weet nog wat die woorden betekenen?'

'Dat je niet wordt gerespecteerd om wie je bent,' zegt Kaan.

Ik knik. 'Kan iemand een voorbeeld noemen?'

'Bijvoorbeeld dat ze denken dat je wat gaat stelen omdat je Marokkaan bent, terwijl je dat niet gaat doen,' zegt Noor.

'Ja, vervelend dat sommige mensen dat vooroordeel hebben hè,' reageer ik. 'Over welke groepen zijn er nog meer vooroordelen?'

'Over Joden, over homo's, over zwarte mensen, eigenlijk misschien wel over iedereen,' zegt Salima.

'Ja, zelfs over Nederlanders!' roept Kaan.

‘Wat voor vooroordelen zijn er over Nederlanders?’ vraag ik.

‘Dat ze kaas eten en klompen dragen,’ lacht Salima.

‘Ja en dat ze slim zijn, nerd en altijd braaf,’ sluit Enes aan.

‘Nee, ik had een jongen in mijn klas, die was Nederlander, maar echt niet braaf!’ roept Kaan.

‘Zo zie je al, de kern van een vooroordeel is: vaak klopt het niet,’ zeg ik. ‘Bij een vooroordeel ken je een persoon nog niet, maar heb je wel een mening over hem of haar, vaak een negatieve, op basis van de groep waar hij of zij bij hoort.’

Ik open een filmpje over vooroordelen, daarna maken we wat opdrachten. Ik ben benieuwd hoe de klas vanmiddag gaat reageren op de gastdocenten. Ik ben zelfs wat gespannen, want ik weet dat er drie meiden langskomen die op vrouwen vallen. Ze hebben alle drie een andere culturele achtergrond en gaan over de verschillende vormen van discriminatie met de klas in gesprek. Ik weet dat de klas mij respecteert en dat zullen ze zeker ook met de gastdocenten doen, maar toch voelt dit wel bijzonder. Gaan ze het geleerde in praktijk brengen en zullen ze het ook durven zeggen als ze dingen moeilijk vinden? Wordt het een open gesprek? Is het verstandig als ik erbij blijf, of kan ik de klas beter alleen met de gastdocenten laten?

Later die middag verzamel ik de klas in een lokaal. De gastles van de vorige klas loopt wat uit, dus de gastdocenten zijn later. Gespannen kijken de leerlingen me aan.

‘Wat voor juffen komen er eigenlijk?’ vraagt Ibrahim.

Voordat ik antwoord kan geven komen ze binnenlopen. Ze vragen de leerlingen in een kring te gaan zitten. Terwijl de leerlingen de tafels aan de kant schuiven kijken ze de gastdocenten onderzoekend aan. Ik ga achter in de klas zitten, buiten de kring.

Na een korte introductie vragen de gastdocenten aan de leerlingen wie zich Nederlander voelt.

Alleen Enes en Romarfio steken hun vinger op.

'Ik voel me hier gewoon goed,' zegt Enes.

'Ik voel me hier ook goed,' zegt Ibrahim, 'maar niemand ziet me als Nederlander. Daardoor voel ik me dat ook niet echt.'

De klas voert een gesprek over identiteit, waarna de gastdocenten het gesprek brengen op vooroordelen. Ze vragen wie daarmee te maken heeft gehad.

Romarfio begint: 'Ik was laatst buiten aan het fietsen, gewoon beetje muziek aan het luisteren met mijn oortjes in. Er reed een politieauto langs. Opeens stopte hij met piepende banden en blokkeerde hij de weg. Ik schrok en viel bijna van mijn fiets af. Allemaal agenten renden uit de auto naar mij toe. Ze pakten me vast en ik moest mijn ID laten zien. Ze lazen mijn kaart en zeiden: "O, je bent het niet, we zoeken iemand met een enkelband." En toen reden ze weer weg. Geen sorry, niks. Ik keek naar mijn benen en dacht: ze zien toch wel dat ik geen enkelband om heb? Ik had een korte broek aan!'

Een van de gastdocenten zegt: 'Wat heftig om mee te maken.'

Andere leerlingen zeggen dat ze ook wat willen vertellen.

Ibrahim krijgt de beurt. 'Ik was in de stad aan het lopen, en toen kwam er opeens een jongen voor me staan die vroeg: "Ben jij een Marokkaan?" Ik zei dat ik dat was. Hij gaf me een duw en zei: "Haha, kut-Marokkaantje." Allemaal mensen zagen het, maar niemand deed wat. Stond ik daar in de Kalverstraat. Ik had geen zin meer om te shoppen en ben naar huis gegaan.' Gelaten haalt hij zijn schouders op. 'Met dat soort dingen moet je leren leven.'

'Moet dat wel?' vraagt een van de gastdocenten.

Ik ben onder de indruk van het gesprek. Er wordt hier

veel geleerd van elkaar, emoties worden gedeeld en oplossingen worden gezocht. Dan vertellen de docenten hun eigen verhaal.

'Ook ik heb last gehad van vooroordelen...' zegt de eerste. Ze vertelt dat ze half Turks is, zich nooit echt thuis voelde bij meisjesdingen en enorm worstelde met haar identiteit. 'En ja, toen bleek dus dat ik lesbisch ben, dat was best moeilijk.' Ze kijkt de klas in.

Ibrahim steekt zijn vinger op. 'Bij ons kunt u zich veilig voelen. Onze mentor is ook lesbisch en wij zijn heel goed met elkaar. We hebben respect en gesprekken, dat is de basis.'

Ik voel mijn hart in mijn keel kloppen. Ik schrik dat het opeens over mij gaat, maar wat zegt Ibrahim dit mooi.

'Is jullie mentor de juf die hier nu bij zit?' vraagt het meisje dat net haar verhaal heeft gedaan.

'Ja, daar zit ze!' De hele klas draait zich om en de leerlingen wijzen mijn kant op.

Ik voel dat ik rood word.

'Juf! Kunt u uw verhaal vertellen?' vraagt Salima.

Ik glimlach en zeg: 'Dat heb ik toch al eens gedaan? Ik wil er best nog een keer over praten, maar laten we dat morgen doen. Nu kunnen jullie lekker met deze juffen kletsen.'

'Ja, want die zijn morgen weer weg,' zegt Kaan.

De klas draait zich weer om. Ook de andere gastdocenten vertellen hun verhaal. De een is half Surinaams, half Nederlands, en lesbisch. De derde die haar verhaal doet is van Nederlandse afkomst en biseksueel. Alle drie hebben ze veel te maken gehad met vooroordelen en discriminatie, vaak door mensen uit hun nabije omgeving. De gesprekken zijn mooi en ontroerend. De leerlingen luisteren aandachtig en stellen veel vragen.

Ik ben blij dat ik bij het gesprek ben gebleven. Het is fijn om af en toe mijn klas van een afstandje te bekijken en te horen wat er in hun hoofden omgaat zonder dat ik zelf meteen wat moet doen. Het maakt me trots als ik zie hoe ze zo'n gesprek voeren en ik ben enorm geraakt door de zin van Ibrahim over lesbisch zijn.

De volgende dag zijn de leerlingen het gesprek niet vergeten.

'Turken kunnen dus ook lesbisch zijn hè, juf?' zegt Kaan.

'Van haar had ik het wel een beetje verwacht,' zegt Salima, 'ze was gewoon echt stoer.'

'Dat is een vooroordeel!' roept Noor.

'Haha oké,' reageert Salima, 'maar dat Surinaamse meisje zag er echt niet lesbisch uit.'

'Ook dat is een vooroordeel, Salima,' zeg ik, 'maar ik snap wat je bedoelt.'

Ik kijk de klas in. 'Wat vonden jullie van de les?'

'Echt heel goed,' zegt Romarfio. 'Gelijk is gelijk, dat is ook gewoon de beste titel.'

'Ja, wel stom dat er zoveel vooroordelen en haat zijn hè,' zegt Enes.

'Ja, we zijn allemaal gelijk, ook al heb je een andere afkomst of ben je gay,' reageert Kaan.

'Nu nog even zorgen dat iedereen zich zo zou gedragen,' zucht Romarfio. 'De tijd zal het leren... Als ze me maar nooit meer aanhouden.'

ILLEGAAL

Enes is al de hele dag zonder opgaaf van reden afwezig. Ik krijg zijn ouders niet te pakken en hijzelf neemt ook niet op en reageert niet op mijn appjes. Klasgenoten zeggen dat hij aan het verhuizen is. Ik vind het raar, dat kun je toch wel aankondigen? Op deze manier is het gewoon spijbelen.

Ik maak me ook zorgen. Waarom neemt hij zijn telefoon niet op?

De volgende dag krijg ik een mail van een collega die als tolk van de familie fungeert, de ouders van Enes spreken namelijk slecht Nederlands. Ze schrijft: 'De moeder van Enes heeft mij net gebeld met de mededeling dat ze plotseling moesten verhuizen. Dat gebeurt heel vaak, volgens de moeder door omstandigheden. Ik heb met de zorg even overleg gehad. Er wordt verder gekeken wat we kunnen doen. Je kunt mij bellen voor mondelinge toelichting.'

Ik vind het een bijzondere mail en vraag me af wat er aan de hand is. Als ik mijn collega bel, schrik ik van het verhaal. Ze vertelt me dat Enes al zijn hele leven illegaal in Nederland is. Ze hebben geen recht op een huis en zijn dus afhankelijk van anderen om ergens te kunnen wonen. Ik had nooit gedacht dat ze illegaal konden zijn – Enes en zijn broertje zijn hier geboren, zijn vader heeft hier een eigen bedrijf –, maar ze mogen hier echt niet blijven. Opeens vallen een heleboel puzzelstukjes op hun plek. Enes droeg al die tijd een geheim met zich mee, daarom was hij waarschijnlijk moeilijk te doorgronden. Ik moet ook denken aan wat hij vorige week bij de Gelijk=Gelijk?-lessen zei: hij voelt zich Nederlander. Als een van de weinigen. Maar juist hij mag het niet zijn.

De volgende dag vraag ik Enes na de les even te blijven. Hij wrijft zijn handen stevig tegen elkaar, kijkt naar de grond.

'Ik ben blij dat je moeder naar school heeft gebeld en heeft verteld hoe het zit, Enes. Wat vervelend dat je geen Nederlands paspoort kunt krijgen.'

Enes kijkt op. 'Ik dacht dat jullie het wel wisten.'

Deze reactie verbaast me. Ik had het gevoel dat Enes het juist al die tijd bewust geheim had gehouden. 'Nee, dit is nieuw voor mij. Hoe is het voor jou dat ik het nu weet?'

'Gewoon, maar jullie moeten nu niet opeens denken dat ik anders ben. Of denken dat mijn gedrag daardoor komt of zo. Ik ben gewoon nog hetzelfde.'

'Dat is goed dat je dat zegt, je bent ook zeker nog hetzelfde, maar ik ben wel blij dat ik het nu weet en we je wellicht kunnen helpen.'

'Ik moet nog steeds alles zelf doen, hoor.'

Enes is inderdaad nog steeds hetzelfde. 'Je mag alles zelf doen, maar het hoeft niet.'

'Weet ik.'

'Weten je klasgenoten het?'

'Ibrahim weet het, verder niet, geloof ik. Ze begrijpen het denk ik ook niet.'

'Hm dat snap ik, fijn dat Ibrahim het wel weet.'

'Ja, dat is wel fijn.'

'Ik kan me voorstellen dat deze situatie je wel wat spanning kan opleveren. Ik weet dat je gesprekken met juf Carlijn gestopt zijn, maar misschien wil je hier wel nog even met haar over praten? Zij wist het ook niet.'

Hij kijkt me aan. 'Ja, dat wil ik wel.'

'Ga ik dat voor je regelen.' Ik glimlach naar hem. Nog steeds kan ik hem niet goed doorgronden. Ik hoop dat Carlijn dat wel kan.

De week erna schiet me opeens iets te binnen: als je illegaal bent moet je voor je achttiende ingeschreven staan bij een opleiding. Alleen die opleiding mag je na je achttiende nog afmaken. Ik begin te rekenen. Als alles volgens plan verloopt is Enes achttien als hij eindexamen vmbo-basis doet. Dat is te oud, want dan mag hij zich niet meer inschrijven voor een mbo niveau 2-opleiding. Officieel heeft hij dan dus geen startkwalificatie. Ik zucht. Doet Enes de kansklas dus voor niks?

Ik besluit een mail te sturen naar de decanen. Aangezien we ook een nieuwkomersafdeling hebben op school, hebben zij dit vaker meegemaakt. Ze hebben dan ook meteen een oplossing: Enes moet versneld een Entreeopleiding (mbo niveau 1) gaan volgen. Als hij die voor zijn achttiende afrondt, kan hij zich inschrijven voor een mbo niveau 2-opleiding en die nog afmaken. Ze vragen aan me of ik denk dat hij dat aankan, een versneld traject. Hij gaat dan dezelfde opleiding doen als Youssef, maar dan in de helft van de tijd. Ik vertel de decanen dat ik denk dat hij het wel moet kunnen, zeker als hij de noodzaak ervan inziet.

Ik spreek Enes erover en leg het programma uit.

'Bedankt dat u dat voor me heeft uitgezocht,' reageert hij. 'Maar ik wil dat niet. Ik doe zo mijn best voor het vmbo, ik wil het halen.'

'Dat weet ik, maar met een mbo 2-diploma kun je uiteindelijk meer dan met enkel vmbo-basis.'

Gelaten haalt hij zijn schouders op. 'Ik weet mijn toekomst sowieso niet.'

Ik slik, dat is waar. 'Daar moeten we het misschien ook nog een keer over hebben, wat je opties zijn. Weet je wat, laat dit idee maar even rustig bezinken, bespreek het thuis en dan plannen we binnenkort een afspraak met je moeder erbij, oké?'

'Dat is goed, dank u wel.'

Een week later praat ik samen met de tolk, Enes en zijn moeder over de opties. Door corona moet het gesprek helaas digitaal. Het vertedert me echter om ze zo naast elkaar op de bank te zien. Zijn moeder is erg dankbaar dat we als school betrokken zijn en dit hebben uitgezocht. Ze hebben het thuis besproken en besloten dat het inderdaad toch het beste is voor Enes als hij nu begint met het versnelde Entreetraject. Ik leg uit dat hij dan dit schooljaar gewoon in deze klas kan blijven, maar dat hij dan wel met andere boeken gaat werken. Dat vindt Enes een hele opluchting.

Ik vraag hem wie het aan zijn klasgenoten gaat vertellen.

'Dat doe ik zelf,' antwoordt Enes resoluut.

'Helemaal goed,' lach ik. 'Dat kun jij. Ik zal je nieuwe boeken gaan bestellen.'

LOCKDOWN II

Als de tweede schoolsluiting maandag 14 december wordt aangekondigd, geef ik net een invaluur aan vijfdejaarsleerlingen. Ze zitten rustig te werken op hun laptop als de pushmelding van de NOS binnenkomt. Ik schrik me rot, dit had ik niet verwacht. De scenario's voor als de school moet sluiten liggen weliswaar klaar, maar stiekem waren we er allemaal van uitgegaan dat de scholen bij een nieuwe lockdown gespaard zouden worden.

Op de gang vliegen leerlingen uit verschillende klassen me aan.

'Juf, juf! Moeten we dicht?' vraagt de een.

'We hebben juist zo ons best gedaan met mondkapjes!' roept de ander.

Op dit soort momenten mis ik het geven van een bemoedigd schouderklopje enorm. Ik kan alleen maar zeggen: 'We moeten inderdaad helaas dicht vanaf woensdag. Dat is heel erg vervelend, maar het gaat ons lukken. Morgen gaan jullie het rustig voorbereiden met je mentor, zodat je daarna goed kunt beginnen.' Ik kijk de leerlingen aan. 'Ga nu maar naar je les, want die gaat nu gelukkig nog door.'

Ik loop snel door naar mijn eigen klas. Opgewonden zitten de leerlingen in het lokaal.

'Jullie hebben vast het nieuws gehoord dat we vanaf woensdag weer dicht moeten,' zeg ik terwijl ik rondloop. 'We gaan het er dit uur rustig met elkaar over hebben. Morgen mogen jullie ook nog naar school, dus dan kunnen we het samen voorbereiden. We slaan ons hierdoorheen.'

'Ik wil helemaal niet thuiswerken...' fluistert Salima.

'Ik heb hier wél zin in!' zegt Ibrahim. 'Gewoon spannend!' Hij beweegt zijn handen opgewonden op en neer en straalt. 'Lekker op mijn kamer! Beetje gamen, beetje leren.'

Romarfio schiet omhoog. 'Zin in? Ben je gek geworden? Dit worden de ergste weken uit mijn leven...' Zuchtend gaat hij weer zitten. Hij staart naar de grond.

'Voor de leerlingen die niet prettig thuis kunnen werken komen er weer plekken op school.' Ik kijk naar Romarfio, naar Salima, naar de rest van de klas. 'Dus dat komt goed, maar het wordt weer even wennen. We gaan zorgen dat jullie allemaal bijblijven met de lesstof en dat het goed met jullie blijft gaan. We gaan dit samen doen, het komt goed, echt.'

De volgende dag is hectisch: laptops worden uitgedeeld, zorgleerlingen worden in kaart gebracht, onlineprogramma's worden klaargezet. Ook zijn er deze keer schoolbrede regels voor de videolessen opgesteld: leerlingen moeten aan een tafel zitten (niet meer in bed) en de camera moet aan. De mentor vinkt in een Excelbestand de leerlingen aan voor wie dit niet mogelijk is, bijvoorbeeld omdat hun thuissituatie het niet toelaat. In dat geval kunnen docenten er rekening mee houden.

Aan mijn klas vertel ik die dinsdag de nieuwe regels: dat ze gewoon les krijgen volgens rooster, dat ze op tijd moeten inloggen met videobellen en waar ze hun huiswerk kunnen vinden en moeten inleveren. De leerlingen ondergaan het gelaten.

Dezelfde avond zaait Rutte echter verwarring. Hij zegt in zijn toespraak vanuit het Torentje: 'De scholen gaan dicht, een uitzondering geldt voor praktijkonderwijs.' Ik vraag me meteen af: zou Rutte weten dat het praktijkonderwijs een onderwijsniveau is? Of bedoelt hij gewoon de praktijkvakken als techniek en horeca? Ik app met collega's en teamleiders, maar niemand weet het. Morgen starten we met onlineonderwijs, zoveel is wel duidelijk.

Donderdag komt het verlossende woord: met praktijkonderwijs werd inderdaad het onderwijsniveau bedoeld en dus kunnen al onze praktijkonderwijsleerlingen na de kerstvakantie, die komende week begint, naar school komen. Zij vallen volgens het ministerie allemaal in de categorie 'kwetsbaar'. Ditzelfde geldt voor de nieuwkomers (leerlingen die de taal nog moeten leren) en de eindexamenleerlingen. Daarnaast mogen ook de kwetsbare vmboleerlingen naar school. Tot slot mogen alle vmbo-leerlingen hun praktijkvakken op school volgen.

Een mengelmoes van angst en blijdschap bekruipt me. Ik vindt het ongelofelijk fijn voor de leerlingen, maar zou het ministerie zich ervan bewust zijn dat er zoveel kwetsbare leerlingen bij elkaar op één school kunnen zitten?

Voor mijn klas is het ingewikkeld in welke categorie ze vallen. Ze hebben allemaal een praktijkschoolindicatie en vallen daarmee in de categorie 'kwetsbaar' van het ministerie. Echter, we zijn ze aan het voorbereiden op het vmbo, dus willen we ze als vmbo'ers behandelen. Wat is dan handig? Na kort overleg besluiten we dat de klas inderdaad als vmbo-klas behandeld wordt. Dat betekent dat de kwetsbaarste leerlingen elke dag naar school mogen komen om in het opvanglokaal hun lessen te volgen en dat de gehele klas daarnaast een halve dag per week naar school komt. Dit besluiten we met alle vmbo-klassen te doen, om het contact te onderhouden.

Romarfio, Salima en Enes worden meteen aangemeld voor de opvangklas. Daar zitten ze met andere leerlingen uit de onderbouw van het vmbo. Het is lastig om de leerlingen het stempel 'kwetsbaar' te geven, maar ook belangrijk.

Voor de leerlingen zelf is het geen issue, ze gaan er makkelijk mee om. De een kan wel thuis werken, de ander niet. *That's it.*

Verschillende leerlingen staan na de kerstvakantie al vroeg bij school. Ze zijn blij dat ze mogen komen.

'Goeiemorgen, juf!' Opgewekt word ik begroet.

'Dag allemaal, wat fijn dat jullie er zijn! De beste wensen nog! Dat 2021 een heel mooi jaar mag worden.' Ik wijs de leerlingen op hun mondkapje en zeg dat ze maar snel naar het lokaal moeten, anders wordt het wel heel druk in de gangen.

Na mijn eigen onlinelessen loop ik naar het opvanglokaal waar Enes, Salima en Romarfio zitten. Ik ben benieuwd hoe het met ze gaat.

'Wat goed dat jullie er zijn!' zeg ik.

'Ja, ik heb echt al heel veel af,' zegt Romarfio. Trots draait hij zijn leenlaptop mijn kant op. 'Kijk, Engels heb ik gemaakt, en Nederlands en wiskunde. De meester zei dat ik heel goed bezig ben.' Ik bekijk zijn werk, zeg hem dat hij inderdaad erg goed bezig is en loop naar de andere leerlingen.

Een paar dagen later komt er tijdens een nieuwe persconferentie lastig nieuws: de lockdown wordt verlengd en de kwetsbare leerlingen die nu nog op school les hebben moeten anderhalve meter afstand van elkaar gaan houden. Dat hoefde eerst nog niet, daardoor pasten ze met een hele klas in het lokaal. Nu kan dat vaak niet meer. Nieuwe roosters worden gemaakt, lokalen worden opgemeten, tafels op afstand gezet en klassen die te groot zijn gesplitst. Het betekent nog minder uur op school voor de leerlingen, want op anderhalve meter afstand kunnen we er minder tegelijk bedienen.

Mijn eigen klas komt op woensdagmiddag nog steeds voltallig naar school. Het zijn maar dertien leerlingen, dus het past. Ik wil de persconferentie met ze terugkijken. De leerlingen zitten na afloop van de persconferenties altijd vol met vragen, het taalgebruik van de premier is te moeilijk. Via WhatsApp probeer ik de persconferenties normaal op de avond zelf te verduidelijken, maar nu samen in het lokaal is toch prettiger.

We kijken naar de premier. Als hij de term 'kwetsbaar' in zijn mond neemt, kijk ik naar de klas. Zijn ze zich ervan bewust dat ze door de premier als kwetsbaar worden gezien?

Salima haakt in: 'Fijn hè, dat Rutte zegt dat wij wel af en toe naar school mogen.'

Ik knik en zeg dat ik dat ook heel fijn vind.

Romarfio zegt: 'Ja, het is wel een beetje raar, maar ik wil echt graag een diploma halen.'

Ik vraag aan de klas hoe we daarvoor kunnen zorgen.

'Samen moeten we er gewoon voor strijden dat we blijven leren en corona de school niet in komt,' zegt Ibrahim overtuigend.

Noor reageert meteen enthousiast met: 'Eén team, één taak, juf!' Lachend en vol vertrouwen kijkt ze me aan. Dan wordt ze stil en zegt: 'Maar juf, ik kan zo slecht opletten bij onlinelessen. Hoe moet ik dat nou doen?'

Ik laat de leerlingen onderling tips uitwisselen, ze gaan meteen aan de slag. Ik vind het moeilijk. Na vandaag moet ik de meeste weer een week loslaten. Eigenlijk is dat gewoon niet te doen.

ONBEREIKBAAR

De weken die volgen zijn lastig, met veel leerlingen gaat het niet goed. Waar Noor de vorige thuiswerkperiode hard werkte, komt ze er nu niet aan toe. Ze slaapt 's nachts slecht en valt tijdens de onlinelessen in slaap, maakt haar huiswerk nauwelijks en vertoont een lusteloze indruk. Ik app haar zus dat het me verstandig lijkt als Noor op school gaat werken. Noor stribbelt eerst wat tegen: op school werken, dát kost pas veel energie. Maar als ze eenmaal op school is, werkt ze fanatiek aan haar opdrachten. Ook heb ik af en toe tijd om met haar te praten over hoe het met haar gaat.

Romarfio en Salima drijven in het opvanglokaal steeds verder weg. Ze komen te laat of zelfs helemaal niet, lijken onverschillig en hebben het zwaar. Ze mogen weliswaar op school komen werken, maar de lessen zijn nog steeds online. Mijn dag begint vaak met appen waar ze zijn. Een paar uur later komen ze vervolgens verstrooid binnen, of ze blijven helemaal weg en appen me pas de volgende dag waarom ze er niet waren. Ik vind het lastig dat ze zo slecht bereikbaar zijn en voel me van ze vervreemd. Echt contact maken is opeens heel moeilijk. Salima en Romarfio missen structuur, de dynamiek van de klas en de echte aandacht van docenten tijdens een fysieke les.

De toetsen die ik bij ze moet afnemen in de uren dat ik wel fysiek lesgeef worden door Romarfio echter verassend goed gemaakt. Ergens blijft er bij hem dus wel wat hangen, of misschien is vmbo-basis eigenlijk gewoon te makkelijk voor hem.

Salima lukt het niet. Haar cijfers kelderen. Ook krijg ik van de docenten van het opvanglokaal steeds meer klachten dat ze, als ze aanwezig is, erg brutaal is. Ik maak me zorgen en haal haar uit het lokaal voor een gesprek.

'Ik ben erg blij dat je er vandaag bent, Salima.'

Salima knikt. 'Ik ook.'

'Maar je bent er zo weinig en als je er bent, doe je te weinig. Hoe komt dat?'

Ze kijkt bedenkelijk. 'Hm, eigenlijk ben ik niet zo bezig met school.'

'Dat is eerlijk dat je dat zegt. Waar ben je wel mee bezig?'

'Gewoon, een beetje met vriendinnen.'

'Wat doen jullie dan?'

'Gewoon, praten, rondlopen, dat soort dingen.'

'Dat klinkt erg gezellig, maar wil je je vmbo-diploma halen?'

'Tuurlijk.'

'Dan moet ik hard zijn, Salima: dat gaat met dit gedrag niet lukken.'

'Nee?'

'Nee, lieverd, je staat vier onvoldoendes. Dat is veel te veel.'

'O.' Ze staart naar de grond.

'Je bent slim genoeg, dat heb je de eerste periode laten zien. Ondanks je achterstanden had je een heel goed rapport. Dat moet je nu volhouden.' Ik kijk haar aan. 'Wat is er nu anders dan toen?'

Salima kijkt bedenkelijk. 'Toen had ik echt school op één gezet, en dat lukte omdat we het samen deden. Nu heeft niemand echt school. In het opvanglokaal is het saai en ik snap de online-uitleg niet. Mijn vriendinnen in de buurt doen vwo en hebben altijd tijd om te chillen. Dat is toch raar?'

'Dat is inderdaad wel een beetje raar. Weet je nog wat we daarover hadden afgesproken?'

'Ja, dat als ik het wil halen, ik school op nummer één moet zetten en pas naar buiten moet gaan als mijn schoolwerk af is.'

'Precies. Dat lijkt me een heel goede eerste stap. Kijk, de klas krijgen we voorlopig niet terug. Evenmin als fysieke uitleg van alle docenten. Maar als jij nou zorgt dat je hier elke dag bent, dan kun je uitleg vragen aan de docenten die hier rondlopen. Je kunt hier op school je huiswerk afmaken, zorgen dat je bijblijft en leren voor toetsen. Ik snap dat het even helemaal niet leuk is, maar het moet wel.'

'Ja, dat snap ik, ik ga mijn best doen.'

'Volgende week praten we even met de zorgcoördinator, je moeder, je zus en de ouder-kindbegeleider. Dan gaan we ook even bespreken hoe je thuis beter geholpen kunt worden.'

'Ja, eigenlijk werk ik alleen als mijn zus er is, want mijn moeder let niet echt op mijn school.'

'Nou, dat is dan een goede om te bespreken.'

'Ik ga mijn best doen, echt.'

'Heel goed, hoe laat ben je hier morgen?'

'Om half negen.'

'Goed zo, en geen seconde later. Daarnaast moeten we het ook nog even over je gedrag hebben. Waarom ben je zo brutaal tegen de opvangdocenten?'

Salima zucht. 'Ik ken ze niet, en dan gaan ze wel zeuren. Kijk, u ken ik, als u zeurt weet ik waarom. Maar zij? Waarom bemoeien ze zich met mij? Nou, dan word ik boos.' Ze slaat haar armen over elkaar.

'Waarom denk je dat ze zich met je bemoeien?'

'Gewoon, ze hebben niks beters te doen.'

'En nu een serieus antwoord.'

'Ja... omdat ze willen dat ik het haal, omdat ze een docent zijn en mij iets willen leren.'

'Precies. Ik snap dat het lastig is dat je ze niet kent, maar mensen die je niet kent kunnen ook wat van je vragen, dan kun je echt niet meteen brutaal gaan doen. Zeker niet als ze het hebben over standaarddingen als je mondkapje opdoen op de gang. Ik schrok heel erg toen ik hoorde van je gedrag.'

'Een mondkapje werkt niet.'

'Die discussie hebben we genoeg gevoerd. Het gaat er nu om dat we als school hebben afgesproken dat hij op moet in de gangen. Dan moet jij dat ook doen. Als een docent je dat vraagt, wil ik niet dat je brutaal gaat doen.'

'Sorry.' Ze slaat haar ogen neer. 'Ik weet wel dat het fout is, maar soms kan mijn hoofd echt ontploffen.'

'Dat begrijp ik. Ik denk dat het ook goed is dat je het hier met je begeleider over gaat hebben.'

'Ja, dat ga ik wel doen, wilt u haar dat doorgeven?'

'Zal ik doen.'

Nadat we de afspraken nog een keer hebben doorgenomen, loop ik met Salima terug naar het lokaal. Ik kijk hoe ze aan de slag gaat. Ik heb het idee dat het wel tot haar is doorgedrongen, maar gaat het haar lukken om ook echt haar werkhouding en gedrag aan te passen?

Op anderhalve meter van Salima zit Enes. Hij zit hard te werken in een van zijn nieuwe boeken. Voor hem werkt deze periode gek genoeg wel. Hij lijkt ervan te genieten dat hij nu een eigen programma heeft en lekker zijn eigen ding kan doen. Met eigen schema's en eigen doelen. Het Entreediploma wil hij dolgraag halen. De vakken die daarbij niet relevant zijn laat hij enigszins versloffen en hij houdt zich nog lang niet aan alle afspraken, maar ik sta het oogluikend toe. Ik ben blij dat hij er is en zo goed zelfstandig kan werken.

JUF SCHRIJFT EEN BOEK

Het is eind januari 2021, ik heb net het contract getekend voor dit boek over mijn klas. Toen ik anderhalf jaar geleden werd benaderd door een uitgever om een boek te schrijven, was het voor mij lang zoeken welke vorm het boek moest aannemen om mijn leerlingen hierin optimaal tot hun recht te laten komen. Nu denk ik die vorm gevonden te hebben. Ik heb er zin in. Dat betekent ook dat ik mijn leerlingen kan vertellen dat er een boek komt. Ik schrijf al langer over ze op mijn website, samen lezen we vaak de verhalen. Ze zijn dan altijd erg trots en vragen vaak of er een boek komt. Nu is het moment daar. Ik zie de klas nog steeds maar één middag in de week, dus ik wil het meteen duidelijk en goed vertellen.

Die middag zit de klas rumoerig voor me. Ze zitten vol met verhalen over dingen die ze de afgelopen week beleefd hebben. Als de belangrijkste dingen gemeld zijn, zeg ik de klas dat ik ze iets ga vertellen.

'O! Gaat u trouwen?' vraagt Salima opgewekt.

Ik moet lachen en schud van nee.

'De scholen gaan weer open!' roept Noor blij.

'Mogen we weer met de burgmeester praten?' vraagt Romarfio.

'Nee, sorry, dat is het ook niet. Ik zal het vertellen: ik ben bezig met een boek over deze klas.'

Vol trots en ongeloof kijken de leerlingen me aan.

'We worden beroemd!' roept Kaan.

'Ja, iedereen gaat ons leren kennen,' straalt Romarfio.

'Komen al uw verhalen die we gelezen hebben erin?' vraagt Ibrahim.

'Een groot deel van wat op de website staat wel. Daarnaast komen er nog heel veel nieuwe verhalen bij. Ik wil goed met jullie bespreken wat er wel en niet in het boek komt. Sowieso komen jullie, net als op de website, niet met je eigen naam erin. En ik zal niks opschrijven waarvan ik weet dat je het in vertrouwen hebt verteld. Mocht je bang zijn dat ik iets opschrijf wat je niet wilt, laat het me weten.' Ik vind het belangrijk dat ze dit meteen weten. Ik wil niet dat de leerlingen zich ergens onzeker over voelen.

De klas kijkt me tevreden aan.

'Eindelijk is er weer iets leuks,' zegt Romarfio. 'Niks gaat nog door, door corona. Het ontmoetingsproject met de burgemeester is weer uitgesteld, geen kamp, geen uitjes. Nu kunnen we ons op iets verheugen. Ik ben echt blij.'

'Maar ik wil eigenlijk gewoon met mijn eigen naam erin,' zegt Kaan.

Ik glimlach. 'Dat zou leuk zijn, maar dat ga ik niet doen. Ik wil jullie ook je privacy gunnen. Wat heeft het schrijven van zo'n boek met privacy te maken, denken jullie?'

'U schrijft over ons leven,' zegt Ibrahim, 'maar ik vind dat niet privé hoor. We weten sowieso veel van elkaar.'

'Het is juist goed als mensen ons leren kennen,' zegt Enes. 'Dan weten ze hoe ons leven écht is.'

'Dat is mooi gezegd, Enes, en dat is ook wel een beetje wat ik hoop te bereiken. Ik zal met jullie apart bespreken wat erin kan komen, en ook met jullie ouders. Dan kunnen jullie samen beslissen wat wel en wat niet kan.'

'U doet wel moeilijk, juf, ik zou gewoon alles doen,' zegt Salima.

'Dat mag iedereen voor zichzelf bepalen,' reageer ik.

'Ik ga het later sowieso aan mijn kinderen laten lezen!' roept Kaan. 'Ze gaan echt trots zijn op hun vader.'

Ik moet lachen. 'Dat is zeker leuk. Ik ben trots op jullie allemaal, daarom schrijf ik het boek ook.'

'Ja, ik ben echt blij,' vervolgt Kaan. 'Eerst denken mijn kinderen vast dat ik dom ben, want ik had praktijkadvies, maar als mijn kinderen dan uw boek lezen, weten ze dat ik slim ben.'

'Heeft u al veel af, juf?' vraagt Aisha.

'Een derde ongeveer.'

'Kunt u dat nu voorlezen?' Verwachtingsvol kijkt Ibrahim me aan.

'Vooruit, maar het is nog lang niet af.'

'Is niet erg, lees maar!' zegt Noor.

Ik begin met voorlezen.

Als de leerlingen weg zijn kijk ik opgelucht het lokaal rond. Ik had niet anders verwacht, maar ben toch blij dat ze zo enthousiast reageerden. Ik ga zitten en bel en app de ouders, broers en zussen. Ook die zijn over het algemeen enthousiast. Opgelucht kan ik verder schrijven. Tussendoor laat ik stukjes lezen aan de leerlingen en vertel ik expliciet tijdens kwetsbare momenten, bijvoorbeeld tijdens een les seksuele voorlichting, dat ik deze les niet zal opschrijven. Ik leg aan de leerlingen uit waarom de ene persoon wel een naam heeft gekregen in het boek, en de ander niet. Ze ondergaan het vol vertrouwen en enthousiasme. We kunnen allemaal niet wachten tot het boek uitkomt en we de verhalen met anderen kunnen delen.

KLASSEN

De documentaireserie *Klassen* is een grote hit in Nederland, voor veel mensen opent het hun ogen voor kansenongelijkheid. Ook ik vind het een mooie serie en ik wil graag stukjes met mijn leerlingen bekijken. Ik ben benieuwd wat zij ervan vinden.

De serie past mooi in het thema 'eigenschappen' dat we met P&S behandelen. Voor dit thema gaan de leerlingen op zoek naar hun eigen eigenschappen en die van anderen. Tijdens het kijken van de serie vraag ik de leerlingen eigenschappen te herkennen bij de hoofdpersonages en kunnen ze nadenken of ze die eigenschappen zelf ook hebben.

Ik bespreek met de leerlingen het thema van de les en zet de documentaire aan. 'Dit jaar worden de kaarten geschud, dit jaar klinkt het oordeel,' wordt er in de intro gezegd.

'Oo juf, nu moet ik echt weer denken aan groep acht! Trauma's *for life* daar,' roept Salima uit.

'Groep acht was echt niet leuk,' haakt Ibrahim in. 'Iedereen was slim en ik was dom.'

Ik zet de documentaire op pauze en zeg: 'Ik hoop niet dat het te veel nare herinneringen oproept. De documentaire gaat ook een beetje over de verschillen in leerniveau, en we gaan het daar ook nog zeker over hebben, maar eerst focussen we ons op de eigenschappen.'

'Dom en slim zijn toch eigenschappen?' zegt Kaan lachend.

'Dat klopt,' reageer ik, 'maar er zijn er natuurlijk nog veel meer.' Ik wijs op het bord, waar we eerder die les de vele verschillende eigenschappen hebben opgeschreven. 'Kijk maar of je ze terugziet in de documentaire.' Ik zet de aflevering weer aan.

'Wow, hoe Anyssa praat, zij is sowieso slim!' roept Salima.

'Ik denk dat ze ook wel echt lief is en goed voor iedereen,' reageert Kaan.

Ik druk weer op pauze. 'Waarom denk je dat?' vraag ik.

'Nou ze zegt: "Ik mag niet klagen", dan ben je wel sterk.'

'Mooi gezegd,' reageer ik. 'Schrijf maar op, dan gaan we nu verder met kijken en mogen jullie even in stilte de andere eigenschappen opschrijven. We gaan ze daarna bespreken.'

De leerlingen zitten geconcentreerd te kijken. Af en toe roept iemand dat hij of zij iets herkent, waarop de rest van de klas bevestigend knikt. Rustig schrijven ze de eigenschappen op.

Als wethouder Marjolein Moorman in beeld komt roept Romarfio: 'Hé, zij was toch ook bij ons in de klas? Ze kwam met ons praten over veiligheid. Ze was toen echt lief, mag ik dat opschrijven bij eigenschappen?'

'Goed gezien, dat was zij inderdaad.'

De wethouder wilde in het kader van de ontwikkeling van burgerschapsonderwijs een les P&S bijwonen. De leerlingen hebben toen uitgebreid verteld hoe ze de veiligheid ervaren in Amsterdam. Het was een mooi moment, waarbij de leerlingen zich enorm gehoord voelden. Dat zij nu ook in deze documentaire zit maakt indruk. Ook haar eigenschappen schrijven ze uitvoerig op hun blaadjes.

Na een halfuur zet ik de documentaire weer stop en bespreken we de eigenschappen.

'Gianny is echt een gangster,' zegt Salima. 'Zijn kleding, hoe hij praat, hij denkt echt dat hij stoer is.'

'Dat is een vooroordeel van jou,' haakt Enes in. 'Hij doet alsof hij een gangster is, maar eigenlijk denk ik dat hij onzeker is. Hij zegt toch dat hij een laag advies had gekregen. Hij moet gewoon zichzelf bewijzen.'

Romarfio moet lachen: 'Hij bewijst zichzelf als gangster.'

'Dit is wel interessant,' reageer ik, 'op basis van hoe hij zich voordoet denk je dus aan een gangster, maar als je wat verder nadenkt over zijn omstandigheden, zoals Enes zegt, dan vraag je je af of dat wel klopt en of er niet wat achter schuilt.'

'Ja, iedereen heeft een masker,' zegt Kaan. 'Sommige eigenschappen van jezelf laat je zien, andere niet.'

'Welke eigenschappen laat jij van jezelf zien?' vraag ik.

'Nu? Nu laat ik zien dat ik een slimme, lieve jongen ben. Op de basisschool liet ik wel andere eigenschappen zien. Toen was ik niet zoveel met school bezig.'

'Haha, dat was precies zo bij mij,' reageert Ibrahim. 'Op de basisschool was ik verlegen en nooit iets aan het doen, nu laat ik zien dat ik een harde werker en heel gezellig ben.'

'Zo zie je dus dat je eigenschappen kunnen veranderen,' reageer ik. 'Ze worden ook bepaald door de omstandigheden.'

'Juf, mogen we nu verder kijken?' vraagt Romarfio. 'Ik wil echt weten hoe het afloopt met Gianny.' Romarfio leeft tijdens deze middagen dat ze fysiek klassikaal les hebben enorm op. Het zijn de hoogtepunten van zijn week. De andere dagen gaat het nog steeds moeizaam.

Ik zeg: 'We kijken volgende week verder, dan gaan we het ook hebben over het thema van de documentaire: kansenongelijkheid. Nu wil ik dat jullie nog even de andere opdrachten over eigenschappen gaan maken.'

De volgende les vraag ik de leerlingen of ze aan de hand van een nieuwe aflevering de oorzaken en gevolgen van kansenongelijkheid kunnen opschrijven.

'Ik weet geeneens wat oorzaken en gevolgen zijn,' zegt Noor.

'Daar hebben we het toch ook over gehad met mens & maatschappij?' vraagt Kaan. 'Ik weet ook niet meer wat het is.'

'Het zijn ingewikkelde begrippen,' bevestig ik. 'Een oorzaak is iets wat ergens aan voorafgaat, de reden dat iets gebeurt. Dus bijvoorbeeld: het regende, daarom zijn de straten nat. De regen is dan de oorzaak, de natte straten zijn het gevolg.' We bespreken nog een paar voorbeelden van oorzaken en gevolgen en vervolgens kijken we de documentaire. De leerlingen kunnen al snel allemaal oorzaken opnoemen.

'Anyssa moet voor haar zieke opa zorgen, daarom is ze minder met school bezig. Dat is dan toch een oorzaak?' vraagt Noor.

'Ja, dat kun je zeker een oorzaak noemen,' reageer ik. Ik schrijf het op het bord. 'Wie heeft er nog meer oorzaken gezien?'

'Sowieso je docent in groep acht, want als die niet in je gelooft, dan lukt het niet,' zegt Ibrahim.

'Dat is inderdaad erg lastig,' zeg ik. 'Hoe zag je dat in de documentaire?'

'Bij Esma, zij loopt achter en daarom helpt haar juf haar niet echt meer.'

'Ja hè! Dat was bij mij ook zo!' roept Salima.

'Dat is toch eigenlijk ook wat die meneer in de video zegt?' vraagt Ibrahim. 'Hij zegt: "Ze dachten dat hij dom was, maar niemand had hem wat geleerd." Nou, dat vind ik echt een goede zin van die meneer.'

Enes: 'Ja, dat was bij ons allemaal zo.'

Ik schrijf op: achterstand en verwachtingen.

'Ja, dat is een goede samenvatting,' zegt Kaan. 'En ik heb nog iets: arm zijn. Je ziet sommige kinderen echt veel met hun ouders praten en doen, ze hebben geen zorgen. Dat is anders als je arm bent.'

Ik vind het bijzonder dat Kaan dit zegt. Hij is een van de weinigen in de klas die het relatief beter heeft, maar hij merkt dus wel dat dit een oorzaak van kansenongelijkheid kan zijn. Ik zeg: 'Dat klopt. Als je in armoede opgroeit moet je meer zelf doen en heb je meer stress, waardoor leren moelijker is.' Ik schrijf het op bij de oorzaken. 'Hebben jullie nog meer gezien?'

'Ja, het niveau van je ouders,' zegt Ibrahim, 'dat zag je ook bij Yunuscan. Zijn moeder had niet zoveel school gehad, dus kon ze niet helpen met huiswerk. Dat is bij mij ook zo. Mijn ouders kunnen niet eens lezen en schrijven, dus helpen is voor hen moeilijk.'

'Ja, en daarom denkt je juf op de basisschool dat je niks kunt,' reageert Enes.

'Verdrietig is dat hè,' zeg ik, 'dat maakt de verschillen groter.' Ook deze schrijf ik erbij. Dan vraag ik: 'Kunnen jullie ook gevolgen opnoemen?'

'Teleurgesteld zijn, geen geld, geen werk,' concludeert Enes lachend.

'Zo, dat is wel heftig,' reageer ik.

'Het is heftig, maar het is wel hoe het is,' zegt Enes.

'Het hoeft echt niet zo overdreven hoor,' zegt Salima. 'Met ons gaat het toch ook goed?'

'Ja, maar wij krijgen kansen. Nu is er geen kansenongelijkheid meer,' zegt Noor.

'Hm,' zucht Romarfio, 'er is nog steeds kansenongelijkheid. Wij hebben toch achterstanden? Die moeten we inhalen. En onze ouders kunnen nog steeds niet helpen met huiswerk. Dus er is nog wel ongelijkheid, maar een paar problemen zijn weg. We moeten gewoon ons best blijven doen.'

'Net als Anyssa,' zegt Ibrahim, 'die zet ook gewoon door en nu mag ze havo/vwo doen.'

'Ja, maar zij is echt slim,' reageert Salima, 'dat worden wij nooit.'

'Jullie zijn ook hartstikke slim,' sluit ik het gesprek af, 'maar misschien op een andere manier dan Anyssa. In elk geval hebben jullie de oorzaken en gevolgen heel goed gevonden.'

Ik vat de les samen en de leerlingen gaan naar huis. Ik vraag me af of de les niet te negatief was, ik wil niet dat de leerlingen door dit soort lessen gaan denken dat ze geen kansen hebben. Aan de andere kant: het is wel zo eerlijk om dit open met ze te bespreken. Ik hoop in elk geval dat ze steun hebben aan gedeelde ervaringen.

PROFIELKEUZE

Over een maand moeten de leerlingen hun definitieve profielkeuze maken. Alle leerlingen die het dit jaar halen stromen komend schooljaar in de bovenbouw van het vmbo in. Dat is een jaar later dan hun leeftijdsgenoten die het reguliere vmbo-traject volgen. Hierdoor heeft deze klas al wat langer over hun keuze kunnen nadenken. De meesten zijn erover uit wat ze willen. Op onze vaste woensdagmiddag laat ik de leerlingen een presentatie maken waarin ze hun eigenschappen, talenten, hobby's, profielkeuze en mogelijk werk beschrijven. Gebogen zitten ze achter hun laptop.

'Juf, kunt u even komen kijken?' vraagt Ibrahim.

Ik loop naar hem toe.

'Ik ben al klaar, ik heb thuis al heel veel opgezocht.' Hij klikt zijn dia's aan. 'Kijk, ik ga techniek doen, dat profiel heet toch Produceren, Installeren en Energie?'

'Ja, dat klopt.'

'Nou, mooi. Daarna ga ik naar het ROC in Amsterdam en

doe ik de opleiding autotechniek. Zal ik u de website laten zien?'

'Zo, dat heb je al goed uitgezocht! Laat de website maar zien ja.' Ibrahim tikt de website in. 'Je kunt niveau 2 doen en niveau 3, dan mag je in garages werken en aan auto's sleutelen. Dat is mijn droom.'

'Wat mooi, Ibrahim, ik denk dat je dat heel goed kunt.'

'Dank u wel, ben ik nu klaar?'

'Je kunt de website ook nog even in je presentatie zetten, dan kunnen andere leerlingen die ook zien.'

'O ja, is goed.'

Salima roept: 'Juf, kunt u even komen?'

Ik loop naar haar toe.

'Ik wil in de zorg, maar ik weet echt niet wat.'

'Waarom wil je in de zorg werken?'

'Ik hou ervan om mensen te helpen en ik wil de hele dag bezig zijn. Kijk maar bij mijn eigenschappen, daar heb ik opschreven: behulpzaam, actief en sociaal. Dat past wel bij de zorg, toch?'

'Dat past zeker heel goed bij de zorg. Ga eens naar de website van het ROC van Amsterdam. Dan kun je de verschillende opleidingen bekijken.'

Salima typt het in, er verschijnt een hele lijst. 'Bij veel moet je wel een hoger niveau hebben hè,' zegt ze.

'Ja, maar er is ook genoeg op niveau 2. Daarnaast kun je ook nog doorgroeien: als je niveau 2 hebt gehaald, kun je misschien naar niveau 3.'

'Hm, ik ga even kijken.'

'Lees maar rustig. Je hoeft je vervolgopleiding nog niet zeker te weten, dat je nu al weet dat je Zorg en Welzijn wilt doen in de bovenbouw is voldoende.' Het is echter nog maar de vraag of het Salima gaat lukken om door te gaan op het vmbo. Echt vlotten wil het door alle omstandigheden nog niet, maar ook binnen praktijkonderwijs kan ze naar de zorg.

Ik loop naar Aisha. Zij wil later graag bij de gemeente werken. Wat ze er precies wil doen is nog onduidelijk, maar al die mensen achter een computer bij het stadskantoor vindt ze een mooi gezicht. 'Kom je er een beetje uit, Aisha?' vraag ik.

'Ja, ik wil met computers werken, dus ik ga Media, Vormgeving en ICT kiezen.'

Aangezien Aisha zo uitblinkt in wiskunde lijkt me dit een goeie keuze, maar of het echt bij haar interesses past? 'Wat vind je allemaal leuk om te doen?'

'Ik hou van shoppen, van hoge gebouwen en bergen, en van de haren van mijn zusjes invlechten.'

'Dat is een mooie mix van dingen. Wat vind je zo leuk aan hoge gebouwen en bergen?'

'Dat je uitzicht hebt en over van alles kunt dromen.'

'Hadden jullie in Syrië hoge bergen?'

'Ja, maar ik ben nooit op de bergen geweest. Eigenlijk ook nog nooit op een hoog gebouw, maar ik wil dat wel.'

'Dit is echt een moeilijke opdracht! Ik vind veel te veel leuk!' roept Kaan vanaf de andere kant van het lokaal.

Ik zeg Aisha dat ze goed bezig is en loop naar Kaan toe.

'Ik ben goed met computers en houd daar ook van, dus iedere docent zegt dat ik iets met ICT moet gaan doen. Maar ik vind loodgieter ook echt een leuk beroep, ik denk dat ik daar heel goed in ben. Of anders klusjesman, ik help mijn vader altijd met klusjes. Welk profiel moet ik dan kiezen?'

Zelf zie ik Kaan ook nog wel bij Albert Heijn blijven, hij heeft daar nu al meer verantwoordelijkheden dan de gemiddelde werknemer van zijn leeftijd. Hij kan echter inderdaad nog alle kanten op. Ik zeg hem: 'Ik denk dat het een groot voordeel is dat je zoveel leuk vindt om te doen. ICT ben je op school inderdaad erg sterk in, maar als je jezelf daar niet in ziet werken, vind ik Techniek ook een mooie keus.'

'Ja, daar zie ik mezelf echt werken.'

'Je kunt anders ook nog een gesprek voeren met de decanen, zij kunnen je ook helpen met je keuze.'

'Ja, dat wil ik wel.'

'Super, ik zal een afspraak voor je maken.'

In tegenstelling tot Kaan zit Romarfio te zuchten achter zijn laptop, ik besluit even bij hem langs te lopen.

'Kom je er niet uit?' vraagt ik.

'Nee, eigenlijk vind ik niks echt leuk. Mijn vader werkt in de techniek, ik wil dat misschien ook doen, maar het vak techniek hier op school vind ik nu niet zo leuk. Ik wil eigenlijk wel met jongeren werken, want ik kan heel goed mensen motiveren, maar die opleiding is niveau 4. Daar ben ik nog lang niet. Dus ja, ik weet het eigenlijk niet.'

'Lastig. Ik denk dat jij een heel goede jongerenwerker kunt zijn, maar dan heb je inderdaad nog wel wat stappen te zetten. Er zijn ook soortgelijke opleidingen op niveau 2. Dan start je bij ons op school bij Zorg en Welzijn.'

'Ja, kom bij mij in de klas!' zegt Salima lachend. 'Gezellig!'

Romarfio glimlacht. 'Ja, daar zitten alleen maar meisjes...'

'Bijna wel ja,' reageer ik, 'maar als het bij je past, moet je je daardoor laten leiden.'

'Hm, misschien toch Techniek.'

Ik zie de twijfel op zijn gezicht en zeg: 'Misschien is het voor jou ook wel fijn om even een route uit te stippelen met de decanen, dan kun je rustig bespreken wat het beste past.'

'Is goed, ga ik doen.'

Dan kijk ik naar Enes. Ik ben benieuwd hoe deze les voor hem is. Doordat hij het versnelde Entreetraject gaat doen heeft hij minder keus gehad in zijn richting. Hier op school bieden we namelijk alleen Handel en Ondernemen, Zorg en Welzijn, en Horeca volledig aan als versneld Entreetraject. Enes wilde eigenlijk Techniek doen, maar dan moest hij al deels weg van het Mundus en zijn opleiding volgen op het ROC. Dat leek ons te vroeg.

Hij draait zich naar me om: 'Ik ben klaar.'

Ik loop naar hem toe, samen bekijken we zijn presentatie.

'Ik doe nu Handel en Ondernemen, dan leer je in een bedrijf werken. Als ik goed word, kan ik misschien mijn eigen bedrijf beginnen. Bijvoorbeeld samen met Ibrahim een autobedrijf. Moeten we wel hard werken.'

Het verschil tussen Handel en Ondernemen op Entreeniveau (vakkenvullen en kassawerk) en een eigen bedrijf is groot, maar Enes weet dat hij meer kan én wil. Hij zal het wel volledig op eigen kracht moeten doen, na niveau 2 mag hij geen opleiding meer doen. En wat als hij voor die tijd het land uit moet? Ik hoop enorm dat Enes zijn dromen kan waarmaken.

Ik antwoord: 'Wat een mooi plan, Enes. Dan kom ik sowieso mijn auto bij jou en Ibrahim laten maken.'

'Ja, leuk! Dan kunnen we u blijven zien!' roept Ibrahim.

'En komt u dan bij mij voor klusjes in uw huis?' vraagt Kaan lachend.

'Ja, en bij mij als u zorg nodig heeft!' zegt Salima erachteraan.

'Ik kom bij jullie allemaal langs! Ik kan nu al niet wachten.' Lachend kijk ik de groep aan.

Als de leerlingen weg zijn, moet ik denken aan een appje dat ik op oudejaarsdag van Manar kreeg. Ze schreef: 'Hoi juf, ik heb een vraag. Klopt het dat als je je examens haalt op kaderniveau, dat je dan naar niveau 4 mag?'

Ik verbaasde me over dit ambitieuze appje en we raakten in gesprek. Manar wil graag de modeopleiding gaan doen. Ze ontwerpt nu al kleding voor een winkel in Amsterdam-West, die Manar vroeg hippe kleding te ontwerpen voor meiden die zich volgens de voorschriften van de islam bedekt willen kleden.

Manar haalt hoge cijfers op vmbo-kader en als ze wil mag ze zelfs een niveau hoger, naar vmbo-t, maar niveau 4 op het mbo is ook mogelijk zonder vmbo-t, als je maar een goede kaderleerling bent. Manar gaat daarvoor. Haar toekomst heeft ze al helemaal uitgestippeld.

Ik scrol nog even door de presentaties van de leerlingen. Volgende week gaan ze ze aan elkaar presenteren. Wat ben ik trots op ze, wat gaan ze het maken.

HET EEN-NA-LAATSTE GESPREK

We zijn op twee derde van ons laatste schooljaar samen. Deze week heb ik de reflectie- en driehoeksgesprekken met de leerlingen en hun ouders. Het een-na-laatste gesprek dat ik in deze vorm met ze heb. Ik merk dat het me gespannen maakt. Ik ben normaal gesproken al niet de beste slaper, maar het idee dat het er bijna op zit maakt het er niet beter op. Ik blijf malen over wat ik de leerlingen nog wil vragen, wil vertellen en wil laten ontdekken.

Ondanks het vele thuiswerken staan de meeste leerlingen er goed voor, behalve Salima en één andere leerling. Voor hen is de boodschap helder: willen ze naar vmbo-basis, dan moeten ze voor de meivakantie het grootste deel van hun onvoldoendes weggewerkt hebben. Anders wordt het toch praktijkonderwijs. Ik hoop voor Salima dat de scholen snel weer helemaal opengaan. Ik kan praten of corrigeren wat ik wil: zolang we onlinelessen hebben schiet het bij haar helaas nog niet echt op.

De reflectiegesprekken verlopen gelukkig soepel. Met alle leerlingen bespreek ik hun doelen, van de eerste klas tot en met nu. Wat wilden ze in de eerste bereiken, waar staan ze nu? De leerlingen gloeien van trots als ze horen hoeveel persoonlijke leerdoelen ze al gehaald hebben. De doelen lopen uiteen van elke dag je tas mee naar school nemen tot meer boeken lezen. Ik gloei met ze mee en vraag welke thema's ze met hun ouders willen bespreken.

De driehoeksgesprekken met de ouders zijn digitaal. Door corona kunnen we de ouders niet op school uitnodigen en loggen ze met hun kind thuis online in. De leerlingen presenteren de PowerPoint over hun profielkeuze die ze ook aan de klas hebben laten zien, en daarna bespreken we het rapport.

Ik zit op school, in alle lokalen zit een docent achter een scherm met leerlingen en hun ouders te praten. Tussendoor bespreken we hoe het gaat, dat geeft ondanks alles een fijn gevoel van saamhorigheid.

Bij mij is als eerste Ibrahim aan de beurt. Glunderend zit hij naast zijn ouders thuis op de bank. Het doet me goed om ze zo samen te zien zitten. Ik vraag hem zijn scherm te delen en de presentatie te starten.

Ibrahim begint: 'Het gaat goed met me. Ik vind de onlinelessen wel gezellig, want ik ben veel tussendoor aan het kletsen met de docenten. Op school les volgen vind ik wel fijner, want online voelt het eenzamer.'

Zijn moeder geeft hem een kus en zegt: 'Ik ben trots op jou.'

'U kunt zeker trots op uw zoon zijn,' reageer ik, 'ook op zijn cijfers. Ga maar naar de volgende dia, Ibrahim, dan kun je die laten zien.'

Na zijn cijfers vertelt Ibrahim vol passie over zijn profiel- en beroepskeuze.

'Hij praat over niks anders meer,' zegt zijn vader lachend. 'Het is auto's, auto's, auto's.' De oude man kijkt tevreden naar zijn zoon. 'Hij gaat een goede toekomst krijgen.'

'Ik doe het voor mijn ouders,' zegt Ibrahim. 'Ik ben blij dat ze trots op me zijn.'

'Ik geef hem alles wat ik kan,' reageert zijn moeder. 'Hij wil graag mooie kleren. Ik spaar altijd voor hem om die te kopen. Nu werkt hij zelf ook en koopt hij spullen voor mij. Hij is een goede jongen.'

Ibrahim lacht verlegen. 'Ik denk dat ik een nieuw trainingspak krijg, omdat ik een goed rapport heb.'

Ik ben blij voor Ibrahim, maar moet alweer uitloggen. De volgende op mijn lijstje is aan de beurt: Enes.

Samen met zijn moeder verschijnt hij achter het videoscherm. Helaas kan de tolk er vandaag niet bij zijn, dus moet Enes het zelf voor zijn moeder vertalen. Dat is lastig. Ik weet dan niet precies wat Enes aan zijn moeder vertelt en zijn moeder kan minder makkelijk aan mij alles vertellen. Zonder tolk is Enes' moeder altijd veel stiller dan met.

Ik zeg tegen Enes dat hij zijn presentatie in het Turks mag houden, ik ken die toch al. Daarna zullen we Nederlands en Turks moeten afwisselen.

Enes vertelt dat hij enorm vooruit is gegaan. Hij maakt beter zijn huiswerk en leert harder voor toetsen. Ik bevestig dit, maar vertel ook dat hij nog regelmatig te laat komt en niet alle afspraken nakomt. Enes is het hiermee eens. Ik vraag hem dit te vertalen voor zijn moeder.

Verlegen vertelt hij het aan zijn moeder. Ik zie een discussie tussen hen en baal ervan dat ik het niet kan verstaan. Opeens is het stil.

'Oké, ik heb het gezegd.' Bedeesd kijkt hij me aan.

'Wat zei je moeder?'

'Hm, dat u me een kans geeft met Entree en dat ik die kans wel moet pakken.'

'Wat denk je daarvan?'

'Dat ik dat al doe, het gaat toch veel beter?'

'Het gaat zeker veel beter, heb je dat ook wel tegen je moeder gezegd?'

'Ja.'

'Je doet het goed, het is niet makkelijk om in je eentje

opeens een ander traject te volgen, maar het is wel belangrijk dat je ook aan de andere punten werkt die ik je meegaf.'

'Ja.' Hij haalt zijn schouders op en vraagt of we klaar zijn.

Dat zijn we.

Als ik acht gesprekken gevoerd heb, ga ik avondeten met collega's. In de docentenkamer zitten we samen aan de nasi.

'Het is misschien minder persoonlijk, maar ik vind het ook wel wat hebben, die videogesprekken,' zegt een collega tussen twee happen door.

'Ja, vind ik ook,' reageer ik. 'Misschien is zo'n videogesprek op een bepaalde manier juist wel persoonlijker, omdat je de leerlingen in hun thuissituatie ziet. Ik heb ook wel het idee dat de families daardoor meer zichzelf zijn met elkaar. Ze komen nu immers niet bij ons op bezoek, maar zitten lekker in hun eigen woonkamer.'

'Ja hè,' reageert een ander, 'soms zie je de liefde ervan afspatten. Een andere keer zit er een kilometer tussen ouder en kind. Nou, dan weet je ook genoeg.'

We kletsen en eten nog even door en dan is het tijd om weer terug te gaan. Er zijn nog genoeg gesprekken te voeren.

Eenmaal terug op mijn plek stuur ik Noor een uitnodiging. Op Engels na staat ze er goed voor. Sinds ze in het opvanglokaal werkt gaan haar cijfers omhoog. Maar op de een of andere manier lukt Engels haar niet. Ik denk dat het goed is als ze naar bijles gaat.

'Hoi juf, mijn zus komt zo.' Noor zit onderuitgezakt op de bank.

'Dat is goed, hoe is het met je?'

'Goed hoor.'

Noors zus schuift in beeld. Op de achtergrond hoor ik ook haar andere zus.

Ik zeg Noor dat ze mag beginnen met haar presentatie, daarna komen we op haar cijfers. De zussen maken zich ook zorgen om Engels.

'Ze kan wel op zaterdag naar bijles. Dan hebben we eigenlijk altijd familiebezoek, maar we regelen wel wat. Kent u toevallig organisaties?'

Ik geef wat namen door en vraag Noor wat ze ervan vindt.

'Hm, het wordt wel druk.'

'Sport je ook nog veel?' vraag ik.

'Valt mee, drie keer in de week.'

'Ja, dat wil ze ook nog wel echt blijven doen, hoor,' zegt de zus die niet in beeld is, 'maar komt goed, we regelen het wel.'

Ik vind het lastig, zijn we Noor nu aan het overvragen? Ze moet echter zeker aan Engels gaan werken. Het is een kernvak en daar moet je minimaal een 5 voor staan. Nu staat ze dat precies, maar iets meer speling zou prettig zijn.

'Ik wil het halen, dus het komt goed,' reageert Noor.

'Ja, dat vmbo ga je sowieso halen!' lacht haar zus.

Na Noor is Salima aan de beurt. Ik open de videovergadering en stuur een uitnodiging. Na tien minuten zit ik nog steeds naar mezelf te kijken. Ik stuur berichtjes naar Salima en haar zus. Bij Salima verschijnt maar één vinkje. Haar zus reageert meteen: 'Hoi, ik probeer Salima te pakken te krijgen, die is naar buiten gegaan en zou op tijd terug zijn, maar is er nog steeds niet.'

Ik probeer Salima te bellen, maar ze neemt niet op. Ik baal enorm, dit is geen goed teken. Een van de belangrijkste voorwaarden die mijn collega's noemen voor de overgang van Salima, is dat ze zich aan afspraken gaat houden.

Ik app nog wat heen en weer met de zus en we maken een nieuwe afspraak voor volgende week.

Een paar uur later, thuis in bed, zie ik de vinkjes van mijn appjes aan Salima blauw worden. Ze heeft ze dus gelezen. Ik ben opgelucht, ik begon me ondertussen wel een beetje zorgen te maken. Ik baal er wel van dat ze niet even een appje terugstuurt. Ik twijfel of ik haar nog moet appen, maar besluit het niet te doen. Het is inmiddels elf uur en ik ben uitgeput. Tijd om te gaan slapen. Maar het duurt nog lang voordat ik in slaap val. Salima begon haar jaar zo goed, maar is sinds corona helemaal afgedwaald. Hoe krijgen we haar weer terug naar hoe ze bezig was? Hoelang duurt de lockdown nog voort?

VERKIEZINGEN

De week erop zijn de verkiezingen. De hele week geef ik de leerlingen online en fysiek les over politiek. Vandaag, op de verkiezingsdag, besluit ik tijdens mijn fysieke lessen te trakteren. Om te vieren dat we in een democratie leven. Opgewonden komt Kaan het lokaal binnen.

'Mijn vader heeft al gestemd. Ik heb met hem gepraat, hij heeft op Mark Rutte gestemd, die hoort toch bij de VVD? De VVD is voor ondernemers en mijn vader is ook een ondernemer.'

'Wat goed dat hij al gestemd heeft,' reageer ik. 'We gaan de verschillende partijen zo in de les verder bespreken en jullie gaan een stemwijzer invullen. Kun je kijken wat er bij jou past.'

'O leuk, ik hoop ook VVD,' reageert hij enthousiast.

De vorige lessen hebben we met elkaar uitgebreid gesproken over de begrippen democratie, Tweede Kamer en vertegenwoordiging. Nu is het tijd om de partijen eens onder de loep te nemen. In tweetallen gaan de leerlingen een politieke partij uitpluizen. Dat blijkt moeilijker dan gedacht.

'Ik kan nergens vinden wat mijn partij nou echt vindt!' roept Noor. 'Ze praten echt moeilijk op hun website.'

'Ja hè, de VVD ook,' zucht Kaan.

'PVV is wel makkelijk!' roept Salima lachend. 'Gewoon tegen moslims, klaar.'

'Je moet wel even hun website bekijken,' zeg ik.

'Ja, het was maar een grapje.' Ondeugend kijkt ze me aan.

'Ja, maar ik snap hier dus echt niks van,' zucht Noor.

Ik loop naar haar toe en samen met haar partner bekijken we de website. 'Liberaal', 'progressief', 'woningmarkt' en 'zorgstelsel', zijn inderdaad niet woorden die ze dagelijks gebruiken.

Aisha en haar partner hebben de SP, zij komen er gemakkelijk uit. 'Dit is leuk, ik denk dat ik het met hen eens ben. Ze zijn voor gelijkheid en tegen armoede.'

Terwijl ik langs de leerlingen loop, valt het me op hoe verschillend de partijen hun standpunten verwoorden. De ene partij beschrijft alles veel te moeilijk, de andere partij verwoordt het zo simpel dat de leerlingen er meteen op willen stemmen.

Ik besluit klassikaal nog wat andere websites en filmpjes te bekijken. Langzaam vallen bij de leerlingen alle partijen op hun plek, maar het gat tussen heel simpel verwoorde en te moeilijk verwoorde standpunten blijft groot.

Na een korte pauze is het het volgende uur tijd voor de stemwijzer. Young Voice heeft een jongerenstemwijzer gemaakt, waarbij elke stelling aan de hand van een video wordt uitgelegd. Gedreven zitten de leerlingen de video's te bekijken en hun mening in te vullen. Aan het eind krijgen ze in een grafiek te zien hoe ze zich tot de verschillende partijen verhouden.

Kaan slaakt een diepe zucht. 'O, nee! De VVD staat het verst van mij af! Daar heeft mijn vader op gestemd en we zijn het altijd met elkaar eens, dus ik denk dat mijn vader verkeerd heeft gestemd...' Verslagen zit hij achter zijn computer. ‘Had hij nou maar even gewacht met stemmen, dan had ik hem kunnen helpen.’

Ik zeg hem dat een stemwijzer niet álles zegt, maar dat dit inderdaad wel erg ver uit elkaar ligt.

‘Hoe moet ik dan weten wat ik moet stemmen?’ vraagt Kaan. ‘Over twee jaar mag ik stemmen, dan moet ik wel een goede keuze maken.’

Tja, het is lastig. Je zou willen dat je de leerlingen een simpele formule kon geven waarop ze hun stemkeuze kunnen baseren. Mijn studievrienden lezen enthousiast alle partijprogramma’s door. Ik denk dat dat een goede manier is, maar dat ga ik mijn leerlingen niet aandoen. Ze zijn dan weliswaar enorm gegroeid in leesvaardigheid, ze zitten nog niet op partijprogrammaniveau.

De volgende dag vertelt mijn neef, die de afgelopen dagen op een stembureau in Amsterdam-Noord heeft gewerkt, dat relatief veel mensen drie hokjes op hun stembiljet hadden aangekruist. Die stemmen zijn ongeldig verklaard. Het ging mis bij de stembrief, daarin stond dat je voor maximaal drie mensen mocht stemmen. Ze bedoelden het aantal mensen dat je mocht machtigen, maar in het stembureau hebben veel mensen dat verkeerd begrepen en dachten ze dat je op drie mensen mocht stemmen.

Ik praat er met mijn leerlingen over. We besluiten: wat zou het goed zijn als bij het ontwikkelen van partijprogramma’s en stembiljetten een leerling van onze school meekijkt.

Kaan ziet het wel zitten. ‘Dan kan ik bij alles vragen: wat bedoelt u nou precies? En dat ze het dan duidelijker opschrijven.’

‘Ja, dan weet ik echt wat ik moet stemmen!’ reageert Salima.

‘We hebben een plan!’ aldus Ibrahim.

Ik moet lachen. Dat zou echt mooi zijn: als er meer aandacht komt voor mensen die nu niet alles begrijpen en zij zelf kunnen meedenken over hoe het beter kan.

ONLINE ONHEIL

Het is een bijzondere week: vanaf deze week heeft mijn klas weer elke dag fysiek les. Niet omdat het van de regering opeens weer mag, maar omdat we als school hebben besloten dat het moet. Mijn klas heeft slechts dertien leerlingen dus ze kunnen netjes op anderhalve meter afstand les krijgen. Als deze klas weer volledig naar school gaat, wordt de druk op het opvanglokaal verlicht: inmiddels zitten daar maar liefst vijf van mijn leerlingen. Te veel vmbo'ers hebben opvang nodig, waardoor er meer vraag is dan we kunnen bieden. Daarnaast is het fijn voor de kansklas als ze weer samen aan de slag kunnen.

'Waar gaan we het vandaag over hebben, juf?' Ibrahim kijkt me opgewekt aan. Het is tien voor half negen maar hij is er duidelijk klaar voor.

Een voor een druppelen de andere leerlingen binnen. Vermoeide ogen, mondkapjes scheef hangend voor hun gezicht. Aan het vroege opstaan moeten ze weer wennen.

'Goeiemorgen, goed dat jullie er zijn. Ga lekker zitten. Telefoon in de bak,' zeg ik. Dan wend ik me tot Ibrahim: 'We gaan het hebben over Bilal Wahib.'

Ibrahim neuriet diens nieuwe hit, 'Ik zag haar in een 501', iets wat hij sinds het uitkomen van het nummer de hele tijd doet. Dan zucht hij. 'Erg hè, juf. Heeft u het ook gezien? Dat kan toch niet? Ik vind het zo zielig voor dat kind...'

'Ja, heel erg,' antwoord ik. 'Daarom gaan we het met elkaar bespreken.'

Salima hoort ons praten: 'Ik heb zoveel te vertellen!

Kunnen we snel beginnen met de les?' Ze roept de andere leerlingen op te gaan zitten. 'We gaan het hebben over Bilal Wahib!'

Bilal Wahib, acteur en zanger, is een groot voorbeeld voor de leerlingen. In een livevideo op Instagram heeft hij echter een minderjarige jongen gevraagd om zijn geslachtsdeel voor zeventienduizend euro te laten zien, en dat heeft de jongen vervolgens gedaan. Daarna lachte Wahib hem uit, het geld zou hij niet krijgen. De video heeft het wereldbeeld van mijn leerlingen volledig op z'n kop gezet. Hoe kon hun held dat doen?

Het lijkt mij ook een goede aanleiding om het over meer dan alleen dit incident te hebben. Het probleem is immers groter.

Ik start de les en vraag wie de video live heeft gezien.

'Noor!' roept Salima meteen. Ze wijst naar haar beste vriendin.

'Klopt dat, Noor?' vraag ik.

'Ja,' antwoordt ze verlegen.

'Wil je vertellen hoe dat was?'

'Ik was die livestream aan het kijken, ze gaan wel vaker live, dat is echt leuk om te zien, maar nu gebeurde opeens dit! Dat vond ik wel gek...' Ze friemelt aan haar trui.

'Wat heftig,' reageer ik, 'dat lijkt me inderdaad niet leuk om te zien.'

'Ja, het was echt raar. Allemaal mensen reageerden in de chat dat ze screens hadden gemaakt en het hadden gefilmd, maar hij is nog maar twaalf! Hij heeft echt geen leven meer.'

'Ik vind het zo erg,' zucht Salima.

'Gelukkig is Bilal opgepakt,' reageert Ibrahim.

'We gaan zo verder praten over wat er is gebeurd,' zeg ik tegen de klas. 'Maar eerst gaan we het *Jeugdjournaal* terugkijken. Zij leggen de gebeurtenis goed uit.'

In totale stilte kijken de leerlingen naar het *Jeugdjour-*

naal. Er wordt helder verteld dat dit nooit de schuld van het kind kan zijn.

Enes is het daar niet mee eens. 'Het is gewoon dom, waarom zou je ooit je ding laten zien?'

Salima reageert fel: 'Wat denk jij nou? Dat als je twaalf bent en Bilal Wahib vraagt je live voor drieduizend kijkers iets te doen, dat je dan nee kunt zeggen? Daarnaast: je kent zijn leven niet, misschien had hij wel problemen thuis of iets anders, misschien had hij het geld echt hard nodig.'

Enes zegt rustig: 'Ja, dat is waar.'

'Juf, we moeten eigenlijk even de video van Défano Holwijn terugkijken, hij zegt echt goede dingen!' reageert Salima.

'Wat zegt hij dan?' vraag ik.

'Gewoon, dat dit een groot probleem is en wat je ertegen kunt doen.'

'Goed idee van je, die gaan we zo kijken. Eerst wil ik even verder praten. Ik heb nog niet iedereen gehoord.'

Rustig vertellen de leerlingen aan elkaar wat ze ervan vinden. We hebben het over hoe moeilijk het soms is om de gevolgen van je acties te overzien, zeker als je jong bent. Stapje voor stapje maak ik het probleem breder. Hoe vaak komt dit voor? Wie heeft zo'n vraag ook weleens gekregen? Of zulke beelden doorgestuurd gezien? Allemaal vertellen ze dat ze zoiets hebben meegemaakt. Nooit op ingegaan, maar wel gezien, gevraagd, gekregen en gehoord. Of dat eerste klopt, weet ik natuurlijk niet, maar dat laat ik voor nu even. Ik wil dat de leerlingen in hun eigen tempo kunnen vertellen hoe ze dit onderwerp beleven.

Dan laat ik een video van AT5 zien. Het is een reportage over een dertienjarig meisje dat zelfmoord heeft gepleegd, nadat ze erachter kwam dat haar moeder wist dat er een naaktvideo van haar rondging. De moeder komt huilend aan het woord en vertelt dat ze hoopt dat het een wake-upcall voor jongeren is.

Dat is het zeker. Als de video is afgelopen kun je een speld horen vallen in het lokaal. Doodstil staren de leerlingen naar het scherm. Ik vraag ze hun gevoelens te delen.

Kaan neemt het woord. 'Hier kun je toch maar één soort gevoel bij hebben, dit is gewoon echt te verdrietig. Ik hoop dat iedereen die die video van het meisje heeft doorgestuurd zich schaamt en wordt opgepakt.'

Voorzichtig steekt een andere leerling haar vinger op. 'Ik heb de video ook doorgestuurd gekregen. Ik vond het zo erg. Ik had hem meteen van mijn telefoon verwijderd. Even later hoorde ik dat ze dood was.'

Romarfio haakt in: 'Ik kende haar via een kennis en ben naar de herdenkingsdienst gegaan. Het is echt moeilijk. Dit soort dingen gebeurt zoveel. Ik wil dat het stopt, maar ik weet niet hoe.'

Enes: 'Het komt door social media, als die er niet waren was de wereld echt beter. Iedereen wil alleen maar likes en populair doen.'

Kaan: 'Ik praat hier best veel over met mijn ouders. Zij hebben me geleerd dat dit niet goed is.'

'Wat goed dat je er zoveel met je ouders over praat,' zeg ik. 'Zou je het hun ook vertellen als je iets vervelends overkomt?'

Kaan denkt na. 'Ik zou het wel moeilijk vinden, want het is wel schandelijk, maar ik weet dat mijn moeder zou willen dat ik het vertel. Zij kan me helpen. Als ik het aan niemand vertel kan niemand me helpen.'

'Dat zeg je mooi,' reageer ik. 'Wat fijn dat je dat soort dingen deelt met je ouders. Ik kan me helaas ook voorstellen dat veel jongeren het moeilijk vinden om zoiets aan hun ouders te vertellen.'

De rest van de klas knikt driftig.

'Ik zou het eerder aan mijn zus vertellen,' zegt Salima.

'Ja, ik ook,' haakt een ander in. 'Wel echt lullig als je geen broer of zus hebt...'

'Mijn moeder kon vroeger niks met haar ouders bespreken,' reageert Kaan. 'Toen heeft ze bedacht dat ze het anders zou doen als zij later kinderen had. En ze zocht een man die ook alles met zijn kinderen zou bespreken. Dat is gelukt.' Lachend kijkt hij me aan.

Ik vertel de klas dat als ze ooit iets naars meemaken, ik hoop dat ze weten dat ze het niet alleen hoeven te verwerken. 'Eigenlijk vermoed ik dat al jullie ouders jullie zouden willen helpen. En als het niet goed voelt om iets aan je ouders te vertellen, kom dan naar mij of ga naar een andere volwassene die je vertrouwt.'

De leerlingen knikken.

Ik kijk ze indringend aan. 'Echt, ik wil dat jullie nooit met zoiets alleen rondlopen. Samen kunnen we problemen oplossen.'

'Mogen we nu de video van Défano zien?' vraagt Salima.

'Dat is goed,' zeg ik. Terwijl ik de video opzet, geef ik de klas vragen mee om op te letten: wat is het grotere probleem? Wat kunnen wij samen tegen dat probleem doen? Wat kun jij zelf tegen dat probleem doen?

Défano Holwijn spreekt samen met twee vrienden, ook bekende artiesten. De leerlingen hangen aan hun lippen. Ik ben blij dat er nieuwe rolmodellen opstaan die oproepen goed met social media om te gaan. 'Met exposen moet het ook helemaal klaar zijn,' zegt een van de mannen.

Exposen, daar hebben alle leerlingen last van. Althans, van de angst om exposed te worden. Elke foto die ze zelf nietsvermoedend online zetten kan door iemand anders verkeerd geïnterpreteerd worden en vervolgens veelvuldig gedeeld worden met het commentaar dat ze een hoer zijn, met de vraag om hem of haar belachelijk te maken of met andere pesterijen erbij.

Kaan neemt wederom het woord: 'Ik vind het echt heel erg dat mensen zo zijn. Mensen moeten stoppen met op elkaar te letten, en gewoon op zichzelf letten.'

Daar is de rest van de klas het mee eens. We praten nog even verder en dan sluit ik af met strenge woorden: 'Vraag je bij elke foto die je doorstuurt af: wat zou je ervan vinden als je zelf op deze foto stond? Zou je dan willen dat deze foto werd doorgestuurd?' Ik loop rond en kijk de leerlingen een voor een aan. 'Doe nooit mee aan het opjutten van mensen om dingen te doen die ze niet willen doen. Dan ben je een dader. En onthoud: als je ooit iets vervelends meemaakt, deel dat dan met iemand. Mensen willen je helpen.'

De strenge woorden zijn eigenlijk niet meer nodig, na twee uur praten en video's kijken weten de leerlingen genoeg. Nog belangrijker: ze willen elkaar helpen als een van hen ooit zelf in de problemen belandt.

'We kunnen niet alle problemen oplossen,' sluit Ibrahim af, 'maar we kunnen wel samen het goeie doen.'

BRIEVEN

Ik verbaas me er vaak over hoeveel het zelfvertrouwen van de leerlingen is gegroeid sinds ze hier bij ons zijn binnengekomen. Ik hoop de leerlingen dit zelf ook te laten inzien, door ze een brief te laten schrijven aan hun jongere zelf. Vanuit de school is de vraag gesteld om tijdens alle vakken extra aandacht te besteden aan Nederlandse vaardigheden. Door de lockdown zijn de leerlingen hier flink op achteruitgegaan. Deze opdracht lijkt me een goede manier om P&S en schrijfvaardigheid te combineren.

Als ik de opdracht aankondig, kijken de leerlingen me boos aan.

'Nee, niet schrijven!' kreunt Salima.

'Dat is zo saai,' zegt Romarfio.

'Kunnen we niet gewoon erover praten?' vraagt Ibrahim.

'Nee, ik wil dat jullie het echt even rustig voor jezelf op papier zetten. Daarnaast is het erg belangrijk om een goede brief te leren schrijven. Je zult dat nog vaak moeten doen, bijvoorbeeld als je ergens gaat solliciteren.'

'Voor de Albert Heijn hoef je alleen maar een formulier in te vullen hoor,' zegt Kaan lachend.

'Dat is waar,' reageer ik, 'maar je weet nooit waar je nog meer komt te werken.'

Even later zitten de leerlingen doodstil te schrijven. Zo erg als ze tegensputterden, zoveel plezier lijken ze er nu in te hebben. Ik loop rond door het lokaal en stop bij Ibrahim. Hij is als eerste klaar. Ik lees over zijn schouder mee.

Beste Ibrahim,
Op de basisschool zeiden ze dat je het niet kunt,
Maar gebleken is, dat je het wel kunt.
Hoe konden ze op twaalfjarige leeftijd zeggen dat je praktijk hebt?
Iedereen met een hoog niveau, kom jij met je praktijk.
Mijn beste passie is autorijden. Sinds ik op Mundus zit, is mijn leven veranderd.
Nieuwe vrienden, mooie toekomst, het komt goed.
Je wordt de beste in rekenen en wiskunde.
Eersteklas wordt spannend. Wie ga je zien? Worden ze vrienden van je?
Allemaal vragen in mijn hoofd. Paar dagen later had je al veel vrienden.
Groep acht is verleden tijd man, nu ben je de echte Ibrahim.
Dit is wie je bent, alle pijn is weg.
Ik ben Ibrahim.
Mijn toekomst is met auto's.

'Wat een prachtige brief Ibrahim,' zeg ik, 'dat heb je knap verwoord.'

'Dank u wel, juf, ik ben zo blij met mijn leven nu.'

'Dat snap ik, je hebt het fantastisch gedaan.'

Noor roept me. 'Juf, kunt u komen? Ik vind het moeilijk, kunt u kijken of het goed is?'

Ik lees haar brief.

Beste Noor,
Van de basisschool herinner ik dat mijn meester en juffen altijd hadden gezegd dat ik het niet zou halen en met het laagste advies naar de middelbare school zou moeten gaan. Nu zit ik op de middelbare school en doe ik mijn best, nog steeds, totdat ik het haal. Altijd als ik thuiskwam zeiden mijn ouders dat ik het wel kan, alleen moest ik het laten zien. Wie ik ben, wat ik kan. Dat is wat ik deed. Daarna kwam ik op de middelbare school en deed ik altijd mijn best. Het bleek dat ik moeite had met Engels, dat had ik ook nooit gehad op de basisschool. Op de middelbare school doe ik altijd mee met Engels, en ik probeer het te snappen en goeie cijfers te scoren. Steeds wanneer ik thuiskom leg ik mijn ouders uit hoe het met mij gaat. Ik probeer ze trots te houden. 'Het komt goed, je haalt het wel.' Dat is wat ik elke dag hoor van mijn ouders.

Wat vat Noor dit krachtig samen: de lage verwachtingen van haar basisschool, de positieve verwachtingen van haar ouders en de moeite die Noor erin stopt om daaraan te voldoen. De bijlessen Engels van Noor gaan goed en ze kan er ook aan andere vakken werken. Gelukkig geven deze extra uren Noor rust, in plaats van stress.

'Je hebt het goed gedaan Noor, hier hoef je niks meer aan toe te voegen. Prachtig.'

Noor kijkt op. 'Echt?'

'Ja.'

Ik zie vanuit mijn ooghoeken dat Salima een heel lange brief aan het schrijven is. Ik ben benieuwd wat ze opschrijft, of ze het ongeluk benoemt.

Aisha zegt: 'Ik ben klaar, juf.'

Ik loop naar haar toe. 'Mag ik je brief lezen?'
'Ja tuurlijk, leest u maar.'

Beste Aisha,
Je gaat nu naar de middelbare school, die sommige dingen gaat veranderen. Je gaat alleen naar school, niet met je ouders. Je gaat zelf eten maken van school. Je moet veel meer leren dan vroeger, veel toetsen maken, hoge cijfers halen. Andere taal leren, andere dingen leren kennen, je gaat aan andere dingen denken. Want je gaat nieuwe dingen zien en begrijpen dan vroeger. Je gaat dingen maken die je nooit hebt verwacht dat je die echt kan maken of moet maken. Je gaat denken over hoe kan je geld verdienen. Je moet zelfstandig zijn. Niet iedereen geloven. En weet dat je ouders goed voor je zijn, want ze willen dat het altijd goed met je is.

Ik glimlach. 'Je hebt een mooie brief geschreven, dat heb je erg goed gedaan.'

Ik vind het knap hoe snel Aisha de Nederlandse taal onder de knie heeft gekregen. Ze zit zeker nog niet op het niveau van de rest van de klas, maar ze gaat gestaag vooruit. Het is haar enige onvoldoende op haar rapport, alle andere vakken gaan voortreffelijk. Aisha kan meer, dat is duidelijk. Als je met een flinke taalachterstand alle andere vakken zo goed kunt doen, dan moet je meer kunnen. Voor wiskunde staat ze nog steeds een 8.

'Juf...' hoor ik even verderop, 'ik ben ook klaar. Wilt u hem lezen?'

Ik kijk om naar Salima. 'Tuurlijk.'

Verlegen overhandigt ze me de brief. 'Rustig lezen hoor.'

Beste Salima,
Je gaat je realiseren dat je iemand snel kwijt kunt raken, zonder dat je het doorhebt.
Geen afscheid, geen gedag.

Leraren op de basisschool gaan zeggen dat je het niet kunt en het beter is dat je naar praktijk gaat. Maar op de middelbare school kom je erachter dat je het wel kunt, je moest alleen niet aan andere dingen denken. Dat is niet belangrijk geweest.
Je komt er ook achter dat veel niet te vertrouwen zijn. Je gaat meer met je zus praten en tijd met haar doorbrengen. Je komt erachter dat familie het enige in je leven is wat je blij kan maken. Het is het enige wat je hebt. Uiteindelijk ben je alleen, heb je alleen nog je familie.
En school, school is erg belangrijk. Ik wou dat ik eerder wist hoe dit zou zijn, en dat ik harder mijn best zou doen. Dan zou ik anders denken over school. Ik dacht altijd aan pauzes en hoe ik eruitzag etc.
Je gaat ook leren geduld te hebben en te accepteren dat als iets gebeurt, dat ik niet stress. Het zal gaan hoe het zal gaan en je zult nog veel meer leren.

Ik slik, wat een ontroerende brief. Die eerste zin, daar zit zoveel emotie in. Ik kijk Salima ontroerd aan. 'Prachtig, Salima, echt prachtig.'

Ze lacht naar me.

'Hoe vond je het om dit te doen?'

'Fijn, ik vond het echt heel fijn. Zo kan ik denken.'

Ze schrijft ook echt zoals ze denkt: van de hak op de tak, maar enorm raak. Ik zeg: 'Laten we je brief later een keer rustig met z'n tweeën bespreken. Je kunt trots op jezelf zijn.'

'Ja, bedankt.' Dankbaar kijkt ze op.

Sinds we weer volledig op school zijn heeft Salima de knop omgezet. Ze werkt heel hard, stelt vragen en probeert zich aan alle afspraken te houden. Haar cijfers gaan omhoog. Als ze dit volhoudt tot de zomer, gaat ze het halen.

Ik kijk naar de klas, ik ben onder de indruk van alle brieven. Zo erg als de leerlingen ertegen opzagen om ze te schrijven, zo mooi zijn ze geworden. Ik hoop dat het schrijven ze doet inzien waar ze vandaan zijn gekomen, en waar ze nu staan. Wat ze hebben meegemaakt, hoe krachtig ze zijn en wat voor mooie stappen ze hebben gezet. Ik besluit dat we de brieven niet gaan herschrijven op taal. Dit is hun brief, over hun gevoel, daar moet even geen spelling- en grammaticacheck overheen.

DE QUIZ

Het is april. Al lijkt het einde van corona langzaam in zicht te komen, de leerlingen vervelen zich. 'Er gebeurt niks leuks meer!' roepen ze regelmatig. Gelijk hebben ze. Geen kamp, geen uitjes, geen pauze in de kantine. Er valt weinig bijzonders te beleven. Al mag mijn klas van geluk spreken: ze gaan de hele week naar school, daar kan menig puber in Nederland alleen maar van dromen. Ook bij ons op school gaan de meeste andere leerlingen nog maar halve dagen naar school: het besmettingsgevaar is te groot. Ik geef zelf ook nog een groot deel van mijn lessen aan andere klassen online en merk dat de rek eruit is. Om de leerlingen iets leuks te bieden in deze gekke tijd hebben collega's een pubquiz gemaakt. De bedoeling is dat de leerlingen thuis met hun ouders meedoen aan de quiz. De mentor is quizmaster, de leerlingen strijden tegen hun klasgenoten. Van tevoren krijgen ze een maaltijdpakket mee, om thuis soep te maken die ze met hun familie kunnen opeten. Een prachtig idee, ik vertel het enthousiast aan de klas. De reacties zijn gemengd.

'Dit bedoelen we niet met weer eens wat leuks doen, we willen ergens naartoe!' zucht Salima.

'Dat snap ik, maar dat kan helaas nog niet,' reageer ik.

'We kunnen hier wel echt iets leuks van maken hoor!' roept Ibrahim enthousiast.

Ook Noor heeft er zin in: 'Ja leuk, gewoon gezellig samen met je familie!'

Langzaam wordt iedereen enthousiast.

'Maar juf, donderdagvond moet ik werken. Kan het niet op een andere dag?' vraagt Kaan.

Dat blijken er meer te moeten doen. Uiteindelijk vinden we één avond waarop niemand uit de klas hoeft te werken en waarop we de quiz kunnen houden. Ik vind het jammer dat we hem dan niet tegelijk met de rest van de school doen, maar belangrijker is dat iedereen erbij kan zijn.

Die avond neem ik thuis nog een keer goed de quiz door. Ik wil dat alles vlekkeloos verloopt en mijn leerlingen een heerlijke avond hebben. Ik rangschik de achtergrond in mijn woonkamer, zodat ik op een goede manier de huiskamers van mijn leerlingen binnenkom. Mijn vriendin gaat tegenover me zitten, uit beeld. Ze vindt het erg leuk om een keer te horen hoe ik zoiets met mijn leerlingen doe.

Dan komen de appjes binnen.

'Juf, ik kan toch niet meedoen, mijn oom en tante zijn op bezoek,' schrijft Aisha.

'Wat jammer, kan je familie niet meedoen?'

'Nee, we hebben ze heel lang niet gezien.'

Ik had het erg leuk gevonden als Aisha met haar ouders en zusjes mee zou doen, maar ik begrijp dat zo'n quiz een beetje raar is als je je familie lang niet gezien hebt. Nog twee andere leerlingen melden zich af.

Dan krijg ik een appje van Kaan: 'We zijn met de boys, we gaan samen meedoen, even een goede plek zoeken.'

De boys: het is een begrip in de klas. Uren chillen de jongens buiten met elkaar. Beetje chips eten, energydrink drinken, lol trappen. Nu zijn ze dus ook samen. Aan de ene kant vind ik het jammer, ik had het leuk gevonden als ze thuis bij hun ouders de quiz deden. Aan de andere kant: ze zijn vijftien, zestien jaar, dan wil je gewoon met je vrienden zijn. Ik app terug: 'Wat leuk dat jullie het samen gaan doen. Zoek maar snel een plek uit, want we beginnen over vijf minuten. Hebben jullie wel genoeg internet?'

'Ja, komt goed,' stuurt Kaan terug.

Om half acht log ik in: een voor een verschijnen de woonkamers in beeld. Een paar leerlingen zijn alleen, de meeste hebben vrienden en familie om zich heen. Noor heeft haar hele familie opgetrommeld. Alleen zij is in beeld, maar zussen, neven en tantes kletsen druk mee. Salima zit naast haar zus op de bank. Romarfio zit alleen op zijn bed, blijkbaar is hij niet mee met de boys. Ik vraag me af hoe dat komt, maar kan dat nu moeilijk vragen.

Ik heet de leerlingen welkom: 'Wat leuk jullie allemaal te zien, ik hoop dat jullie heerlijk hebben gegeten. Zo te zien hebben een paar van jullie de soep nog op tafel staan!'

De leerlingen zijn trots op hun eigen kookkunsten en glunderen dat de soep lekker is.

'We wachten nog even op een paar jongens, die zijn samen een plekje aan het zoeken.'

'Laat ze opschieten hoor!' roept Salima. 'Ik wil beginnen!'

We kletsen wat met elkaar, mijn vriendin kijkt glimlachend toe. Na een kwartier zijn de jongens er nog niet. Ik merk dat ik geïrriteerd raak en bel ze op.

'Ja, we zijn er bijna, nog vijf minuten,' zegt Enes.

Op de achtergrond hoor ik Ibrahim, Kaan en zelfs Youssef. Hij heeft de quiz gister met zijn eigen klas gedaan, dus eigenlijk mocht hij van mij niet aansluiten bij ons omdat hij alle antwoorden al weet, maar ik doe net of ik hem niet hoor en sta het oogluikend toe. Ik vind het leuk om te merken dat hij nog steeds bij 'de boys' hoort.

Na vijf minuten beginnen we de quiz. Hij bestaat uit allerlei bijzondere weetjes en gekke vragen. Even helemaal niks wat met school te maken heeft. De leerlingen vinden het geweldig en doen enthousiast mee. Ook mijn vriendin zit tegenover me de antwoorden neer te pennen. Ik probeer er wat leuks van te maken en loods de klas druk kletsend door de quiz. Na een uur zijn we klaar.

'Nee! Nog niet!' roept Noor. 'Ik wil doorgaan!'

'Ja, dit is echt leuk,' sluit Salima aan. 'Kunnen we niet wat meer vragen bedenken?'

De boys zijn er wel een beetje klaar mee. 'Nou, wij gaan weer chillen hoor, fijn weekend allemaal,' roept Kaan.

'Wacht nog heel even!' roep ik tegen mijn videoscherm. 'Kom nog even allemaal duidelijk in beeld zitten, dan maak ik een screenshot, hebben we meteen een leuke klassenfoto!'

Als ik op print screen wil drukken, fluistert mijn vriendin: 'Zelf ook lachen hè!'

Vrolijk kijk ik mijn webcam in, dit was een leuke avond. Ik maak wat screenshots en moet lachen om de foto's.

Mijn vriendin kijkt me triomfantelijk aan. 'Wat was dit leuk! Echt een heerlijke klas heb je, ik moest de hele tijd mijn lach inhouden, supergezellig.'

'Ja, ik vond het ook een geslaagde avond.'

'Alleen praat je wel echt heel veel, schat,' zegt ze. 'Ik had af en toe echt geen tijd om de vragen te beantwoorden. Doe je dat in de les ook zo?' Plagend kijkt ze me aan.

'O, daar zeg je me wat. Geen idee eigenlijk, ik vind het wel gezellig zo. Maar je hebt wel gelijk, bedenktijd is belangrijk.' Snel ga ik in mijn hoofd mijn lessen af, praat ik dan ook zoveel? Ik kom tot de conclusie van niet. 'Volgens mij ben ik voor de klas veel rustiger dan tijdens zo'n quiz,' zeg ik opgelucht. 'Dit is toch meer voor de lol.'

'Ja, dat begrijp ik,' zegt mijn vriendin. 'Heerlijk dat je zo'n plezier met ze kunt maken.'

Tevreden kijk ik naar mijn mobiel. De appjes over hoe leuk de leerlingen het vonden stromen binnen. Ik zucht, nog maar drie maanden met deze toppers. Wat ga ik ze missen.

EEN VERBONDEN OORLOG

Na de aankondiging van de uithuiszetting van Palestijnen in Oost-Jeruzalem door de Israëliërs, laait het geweld in het gebied weer op. Mijn leerlingen zijn verdrietig, boos en verontwaardigd.

'Juf, gaan we het er snel over hebben?' vraagt Salima. 'Niemand in Nederland besteedt er aandacht aan, maar het is echt heel erg wat daar gebeurt.'

'We gaan het er zeker over hebben,' zeg ik.

Opgelucht kijkt Salima me aan. 'Gelukkig.'

'Ik heb het er gister de hele avond met mijn vader over gehad, ik weet er alles van!' zegt Kaan.

'Wat goed, dat moet je zo allemaal maar vertellen,' reageer ik. Ik open de les en begin. 'Ik heb een aantal video's die de gebeurtenissen uitleggen...'

Salima onderbreekt me: 'Zeker niet van de NOS, want die praten er niet over.'

'Toevallig ook eentje van de NOS. Ze praten er wel over, maar ook daar gaan we het over hebben. Eerst ben ik benieuwd wat jullie al weten.'

'Veel, ik zie niks anders meer op Instagram...' zucht Ibrahim.

Kaan begint druk te vertellen. 'Kinderen worden doodgemaakt, heel veel kinderen. Israël heeft een sterk leger, daarmee kunnen ze Palestina kapotmaken. Ze willen het land helemaal overnemen.'

Een voor een laat ik de leerlingen zeggen wat ze al weten en hoe ze erover denken, zo kan ik de rest van de les daarop inhaken. Het onderwerp leeft enorm. De leerlingen voelen zich verbonden met de Palestijnen en in de steek gelaten door het Westen.

'Niemand geeft gewoon iets om moslims,' zegt Enes.

'Het is complex,' reageer ik. 'Ik denk dat mensen zeker wel om moslims geven, en ik zie om me heen ook echt dat heel veel niet-moslims opstaan tegen het geweld, maar door de Tweede Wereldoorlog is Nederland van oudsher wel wat meer met Israël verbonden. Zoals jullie weten zijn er toen zes miljoen Joden vermoord en dus wilde iedereen in Europa daarna de Joodse bevolking beschermen en een plek geven. Die plek werd Israël. Inmiddels zien steeds meer mensen in dat Joodse mensen beschermen iets anders is dan wat de staat Israël nu doet tegen de Palestijnen.'

'Ja dat snap ik wel,' zegt Kaan. 'Maar Rutte is wel écht voor Israël. Dat had ik niet van hem verwacht, man.'

'Daarom is de NOS ook voor Israël, denk ik,' zegt Salima.

'Hoe bedoel je dat?' vraag ik.

'Nou, Rutte is daar toch de baas van?'

Ik schrik. Denkt ze echt dat Rutte de baas is van het *NOS Journaal*? Snel zeg ik: 'Nee, Rutte is absoluut niet de baas van het *NOS Journaal*, ze zijn echt onafhankelijk. Dat is de basis van democratie: als de media niet onafhankelijk zijn, heb je geen echte democratie.' Dan vraag ik: 'Maar waarom denk je dat de NOS voor Israël is?'

Salima zucht. 'Omdat het echt heel lang duurde voordat ze het ook over de Palestijnen hadden.'

'Het duurde inderdaad even, maar ze besteden er nu uitgebreid en zorgvuldig aandacht aan,' reageer ik.

'Ja, nu hebben ze het er wel over, dat is waar, maar ze zijn te laat. Daardoor vertrouw ik ze niet meer,' vult Enes aan.

Ik vind dit moeilijk. Ik heb zelf tijdens mijn studie stage gelopen bij de NOS en vertrouw ze wel. Echter, mij valt het ook op dat ze soms niet brengen wat ik op social media gezien heb. 'Het is lastig,' reageer ik, 'een nieuwszender moet de hele tijd keuzes maken in wat ze laten zien. Daarbij moeten ze met een heleboel dingen rekening houden. Wellicht maken ze dan af en toe verkeerde keuzes. Laten we de uitlegvideo van NOS op 3 bekijken, ik moet zeggen dat ik die wel heel goed en duidelijk vind.' Ik open de video, rustig wordt uitgelegd wat er aan de hand is. Af en toe stop ik hem en bespreken we de feiten.

'U heeft gelijk, deze video is wel goed,' reageert Salima.

Dan haakt Aisha in. 'Ik kom uit Palestina...'

De klas kijkt haar vragend aan.

'Je kwam toch uit Syrië?' vraagt Noor.

'Ja, ik ben in Syrië geboren, mijn ouders zijn daarnaartoe gegaan omdat het in Palestina niet veilig was. Toen kwam er oorlog in Syrië, dus kwamen we naar Nederland.'

Ik kijk haar verbaasd aan. 'Dat wist ik ook niet, Aisha, wat goed dat je dat zegt. Hoe is deze situatie voor jou?'

Aisha haalt haar schouders op. 'Ik ben oorlog gewend. We hadden het vorige week toch over het bombardement op Rotterdam in 1940? Nou, dat was bij mijn stad, Damascus, dus ook. Nu is het weer mis in Palestina...'

'Heb je daar nog familie?' vraagt Noor.

'Nee, niet veel. Iedereen woont een beetje over de wereld verdeeld. In Syrië was het ook niet goed als je uit Palestina komt. We moesten naar aparte scholen, zaten niet met Syrische kinderen in de klas. Ik ben echt blij dat we hier in Nederland allemaal samen naar school gaan.'

Ik ben onder de indruk van het verhaal van Aisha. Normaal vertelt ze niet veel, nu komen haar woorden er als een stortvloed uit.

Ze gaat verder. 'Ik vind het gek dat ze op de Dam gingen protesteren tegen de oorlog in Palestina. Dat heeft toch geen zin? We zitten zo ver weg. Als je echt iets wilt doen, dan moet je naar Palestina gaan. En weet u, ze gingen zelfs dansen op de Dam. Alsof oorlog iets leuks is! Ik snap er niks van. Ik hoop maar dat de gevechten snel stoppen.'

Kaan vraagt: 'Ben je boos op de Israëliërs?'

'Niet boos, maar ik snap ze niet. Je gaat toch niet zomaar ergens naartoe en het land overnemen? Alsof ik nu hier in Amsterdam opeens jullie ga overnemen. En dan beetje bij beetje steeds meer. Dat kan toch niet.' Ze kijkt verlegen mijn kant op. 'Dat wou ik even vertellen. Ik ben blij dat jullie het nu weten.'

'Wil je voor altijd in Nederland blijven?' vraagt Ibrahim.

'Ja, ik heb negen maanden geleden mijn paspoort gekregen. Dat was mijn eerste paspoort ooit. Ik had geen Palestijnse en geen Syrische. Nu heb ik er eentje, die laat ik nooit meer gaan.'

Ik kijk even naar Enes. Dit moet gek voor hem zijn, hij hoopt immers al zijn hele leven op een Nederlands paspoort.

Ibrahim zucht. 'We kunnen echt blij zijn dat we hier wonen met elkaar. Mensen beseffen zich echt niet hoe goed dat is. Ik dacht altijd dat mijn twee paspoorten normaal zijn. Ik heb een Nederlandse en een Marokkaanse, maar eigenlijk heb ik gewoon geluk dat twee landen mij willen hebben.'

'Ik hoop dat de Israëliërs en Palestijnen ook snel fijn kunnen samenleven,' zegt Kaan. 'Iedereen moet elkaar gewoon een beetje met rust laten.'

'Ja, niemand wil oorlog,' fluistert Aisha. Ze staart bedroefd voor zich uit.

Noor kijkt naar Aisha, dan naar mij. 'Laten we het nog even over iets leuks hebben, juf.'

Wat lief van Noor dat ze dat zegt. Ik glimlach naar haar en kijk de klas in. 'Maandag gaan we het nog even hebben over de situatie in Palestina en ik wil ook nog een les besteden aan media en nieuws, maar laten we nu inderdaad nog even kletsen over andere dingen.'

We praten nog even over koetjes en kalfjes en dan kunnen de leerlingen gaan. Ik roep Aisha nog even bij me.

'Hoe gaat het nu?'

'Goed hoor, juf, ik vind dit echt een fijne klas. De liefste klas ooit, er is zoveel respect. Kunnen we echt niet bij elkaar blijven en dat u onze mentor blijft?'

Ik glimlach. 'Helaas kan dat niet. Jullie komen allemaal

in een klas met de leerlingen die hetzelfde profiel kiezen. Jouw klas wordt vast ook een heel fijne klas.' Ik knik haar bemoedigend toe.

'Ja, dat hoop ik.' Aisha pakt haar spullen. 'Oké, nu moet ik gaan. Tot later, juffrouw.'

'Tot later, Aisha.'

WE ZIJN ER BIJNA

We gaan de laatste paar weken in, nog even en mijn leerlingen zitten in de bovenbouw. Het wordt ook wel tijd. In dit deel van het gebouw zitten alleen de onderbouwleerlingen en aangezien de klas een jaar langer over de onderbouw doet, steken ze nu letterlijk met kop en schouders boven alle andere leerlingen uit. Het is interessant om te zien wat dat met ze doet. Kaan en Romarfio stellen zich als vaders op. Ze lopen rustig met hun grote gespierde lijven door de gangen en spreken jongere leerlingen aan op hun gedrag.

Salima en Noor gedragen zich minder fortuinlijk. De jongere leerlingen vinden deze meiden enorm interessant en ongelofelijk knap. Noor en Salima genieten ervan, voelen zich op handen en voeten gedragen en lopen als ware koninginnen door het gebouw. Ze reageren vervolgens vol verbazing als schoolregels op de gangen ook voor hen blijken te gelden. Eenmaal terug in de klas worden ze terug op hun plek gezet en moeten ze schakelen naar de rol van serieuze leerling.

Aangezien de helft van de klas op de basisschool al een keer is blijven zitten, worden veel leerlingen nu zestien jaar. Kaan viert het groots met de hele klas in zijn tuin. Als ik naar de foto's van zijn feest kijk besef ik: dit zijn geen kinderen meer. Dit zijn jongeren die hun eigen toekomst tegemoet gaan, de grenzen opzoeken en elkaar lachend en knuffelend de juiste kant op duwen.

We laten de leerlingen ook al wennen aan hun nieuwe klas. Sinds de meivakantie hebben ze elke dinsdagochtend alvast les in het profielvak van hun gekozen richting. We hopen ze op deze manier goed voor te bereiden op de bovenbouw en meer inzicht te geven in de vraag of ze een goede keus gemaakt hebben. Zo niet, dan kunnen ze nog van profielkeuze wisselen. Voor het eerst in bijna drie jaar zitten mijn leerlingen op die ochtend even niet samen in de klas, maar samen met leerlingen uit andere klassen die hetzelfde profiel kiezen.

Noor zit bij het profielvak Horeca, Bakkerij en Recreatie. Ze geniet. Ik vind het knap van haar dat ze haar eigen keuze heeft gemaakt en niet met de andere meiden mee is gegaan naar Zorg en Welzijn. Na elke les komt ze vrolijk vertellen wat ze allemaal gemaakt heeft en overhandigt ze me haar bonbons, taartjes en andere lekkernijen. Het zelfvertrouwen staalt ervan af.

Ibrahim, Kaan en Romarfio volgen Produceren, Installeren en Energie, kortweg: Techniek. Romarfio heeft toch besloten dat eerst te proberen en wellicht daarna nog voor jongerenwerk te gaan. De weg blijkt sowieso nog lang. De techniekdocent drukte de leerlingen meteen de eerste les al met hun neus op de feiten: met de technieklessen in de bovenbouw word je nog geen automonteur, loodgieter of meubelmaker. Daar moet je nog veel langer voor doorleren.

Na de eerste les krijg ik van Ibrahim 's avonds laat een appje. 'Juf, ik ga niet meer voor Techniek. Ik vind het niet leuk, ik ga Horeca doen.'

Ik schrik en app terug: 'Dat is een grote verandering, zullen we het er morgen even rustig over hebben?'

De volgende dag vertelt hij: 'Ik dacht dat we met auto's bezig gingen, maar we zijn alleen over materialen aan het leren. En meten, heel veel meten. Je moet allemaal sommen maken. Ik ga liever gewoon koken.'

Ik zeg hem dat als je automonteur wilt worden, het erbij hoort dat je eerst andere dingen moet leren. 'Ik was ook niet in één keer juf.' Ik bedenk dat dit een rare vergelijking is, omdat ik eerst zelf een heel andere studie heb gedaan. Ik kijk naar Ibrahim, misschien wil hij ook wel wat anders? Maar die autodroom leek wel heel echt.

Hij friemelt met zijn handen. 'Ik weet het, ik moet doorzetten, maar ik vind het gewoon moeilijk.'

'Dat snap ik, het is ook even wennen.' Samen bedenken we oplossingen hoe hij de volgende les beter door kan komen. 'En dan kijken we daarna wel wat nou echt bij je past. Probeer het in elk geval vier lessen vol te houden. Kijk het even aan.'

Een week later word ik van de gang geplukt door zijn docent.

'Maxe, kan ik je even spreken?'

Ik loop achter haar aan.

'Ibrahim is van jou hè? Hij zat vandaag huilend in mijn les. Hij moest een liniaal gebruiken en het lukte hem niet. Hij klapte helemaal dicht. Ik heb hem apart genomen en met hem gepraat. Ik weet niet of Techniek wel wat voor hem is.'

Ik vertel haar dat het een grote droom van hem is om automonteur te worden, dat hij boeken vol autotechniek van de mediatheek leent. 'Maar ik denk dat er nog wel een trauma van de basisschool zit; hij had daar veel moeite met rekenen en moest altijd apart zitten. Wellicht dat dat gevoel in de les naar boven kwam.'

'Oei, dat wist ik niet, dat klinkt niet best. Ik zal kijken hoe ik hem kan begeleiden.'

De volgende dag vraag ik Ibrahim na de les of hij even wil blijven om het erover te hebben. Hij zit uitdagend tegenover me. Het verbaast me. Armen over elkaar, stoere blik.

Hier zit een jongen van zestien die sterk wil overkomen. Alles aan hem laat echter zien dat hij zijn verdriet en angst verbloemt. Zo ken ik hem helemaal niet.

'Ibrahim, hoe is het voor je dat Techniek lastig gaat?' vraag ik.

'Maakt niet uit, ik ga toch Horeca kiezen.' Hij kijkt me strak aan.

'Maar je wilde toch automonteur worden?'

'Ja.' Zijn hoofd zakt naar beneden.

'Ik denk eigenlijk dat je dat nog steeds kunt worden.'

'Echt?' Hij kijkt weer op.

'Ja. Je staat een 7 voor wiskunde. Rekenen gaat ook heel goed. Je bent niet meer die jongen van tien die dat niet lijkt te kunnen. Je kunt het wel, ook techniek. Daar heb ik alle vertrouwen in. Je moet vooral nadenken of je het leuk vindt.'

'Hm, ik voel me eigenlijk nog wel die jongen van tien.' Zijn mondhoeken krullen naar beneden. 'Ik weet niet, als ik dat materiaal van Techniek krijg knapt er iets in mijn hoofd. Ik voel me dan boos en kan niks meer.'

'Dat snap ik heel goed. Het is een grote droom van je, en dan is het best spannend of het gaat lukken. Maar je moet beseffen dat je nog heel veel jaren hebt om alles te leren. Je hoeft het niet in één keer te kunnen. Stapje voor stapje kom je er wel. Af en toe kom je in je leven bergen tegen die je moet beklimmen. Op de basisschool heb je daar slechte ervaringen mee gehad, maar je bent nu gegroeid. Jij kunt moeilijke bergen beklimmen.'

Ibrahim lacht naar me. 'Misschien heeft u wel gelijk, maar het is echt spannend.'

'Dat snap ik, en dat kan je blokkeren, maar je komt er wel uit. Zullen we oefenen met de liniaal en met meten?'

'Ja, dat is goed.'

Ik pak een liniaal en papieren erbij.

'Kijk,' zeg ik, 'een liniaal begint net niet bij nul. Ze beginnen pas na een halve centimeter met tellen. Je moet hem dus altijd precies bij de nul op je blaadje leggen, niet bij het begin van de liniaal.' Toevallig had ik afgelopen week van een collega gehoord dat dit bij onze leerlingen vaak misgaat.

Ibrahim kijkt me verrast aan. 'O, dat wist ik niet. En ik vind die kleine streepjes ook moeilijk.'

'Dat zijn de millimeters, de getallen achter de komma. Waar zit 8,6, denk je?'

Ibrahim wijst het me aan. Samen gaan we meten; af en toe maakt hij nog wat slordigheidsfoutjes, maar hij heeft het door. Na enkele opdrachten vraag ik hem of hij de liniaal mee wil nemen naar huis om te oefenen.

'Nee, dat hoeft niet, ik heb er eentje thuis. Ik ga nog een keer oefenen en dan komt het goed.'

'Heel goed.'

Ik kijk naar hem terwijl hij zijn spullen pakt. Ik ben blij dat ik hem een beetje vertrouwen heb kunnen geven, maar ik maak me ook zorgen. De pijn zit diep, daar is drie jaar kansklas nog geen oplossing voor. Hoe gaat de bovenbouw voor hem zijn, met allemaal nieuwe docenten? En het mbo straks?

Hoe terecht trots de leerlingen ook zijn op hun vmbo, gaan ze het rooien in een maatschappij die van een vmbo'er lang niet altijd positieve verwachtingen heeft?

Ik weet dat het goed is voor de leerlingen om een nieuwe, pittige stap te gaan zetten, maar wat vind ik het moeilijk om ze los te laten.

HET AFSCHEIDSCADEAU

Drie jaar geleden stelde ik mezelf als doel om van mijn klas een hecht team te maken. Een team dat samen tegenslagen overwint, met plezier naar school komt, elkaar helpt en wil leren. Nu het afscheid nadert is juist dat teamgevoel heel erg lastig. De laatste weken eindigen de gesprekken tussen mij en de klas steeds in hetzelfde riedeltje: 'Juf, kunnen we echt niet bij elkaar blijven? En dat u dan onze mentor blijft?' Nee, dat kan echt niet. De leerlingen hebben allemaal hun profiel gekozen en vervolgen hun weg in verschillende klassen in de bovenbouw. Ik start weer met een nieuwe kansklas.

De laatste les wil ik feestelijk afsluiten. Vrijdag staat de Efteling nog op het programma, en de week erop de eindgesprekken, maar dit is de laatste keer dat we elkaar echt samen in een lokaal zien.

Als ik met taart aan kom lopen, fluistert Salima me toe: 'Juf, Kaan en Romarfio zijn even weg. Ze zijn zo terug.' Haar geheimzinnige lach verraadt dat ik niet door moet vragen.

Ik haal de taart uit de dozen en vraag de leerlingen de tafels in een U-vorm te zetten. Terwijl we daarmee bezig zijn, komen Kaan en Romarfio met een reusachtig schilderij de ruimte binnen. Ik kan mijn ogen niet geloven. Op een plaat van zo'n vier vierkante meter hebben de leerlingen allemaal prachtige afscheidstekeningen, verhalen, hartjes, regenboogvlaggen en andere werken geplakt.

Ik staar verbluft naar het schilderij. 'Wat ongelofelijk lief van jullie! Dit had ik nooit verwacht. Het ontroert me enorm dat jullie zoiets voor mij gemaakt hebben.' Ik onderdruk mijn tranen en vraag de leerlingen allemaal rondom het schilderij te komen staan. Opgewekt vertellen ze wie wat gemaakt en geschreven heeft. We maken een groepsfoto, waarna we aan de tafels gaan zitten.

Als iedereen een stuk taart heeft zeg ik: 'Wat super fijn om hier zo nog even bij elkaar te zijn. Ik ben jullie enorm dankbaar voor jullie cadeau. Dit is echt heel speciaal en liefdevol. Jullie weten dat ik jullie een geweldige klas vind.' Ik kijk de leerlingen een voor een aan. 'Drie jaar geleden zei ik dat het belangrijk was dat jullie een team werden. Dat hebben jullie knap gedaan. Eén team, één taak. Bedenk even voor jezelf hoe je drie jaar geleden hier binnenkwam, en hoe je er nu bij zit. Jullie hebben allemaal zo'n geweldige groei doorgemaakt. Zowel persoonlijk als op het gebied van leren. Ook al gaan jullie nu allemaal een andere kant op, ik weet zeker dat jullie elkaar blijven zien. Ik ben heel dankbaar dat ik drie jaar jullie mentor mocht zijn. Jullie zitten voor eeuwig in mijn hart.'

De leerlingen klappen.

Dan vraagt Romarfio: 'Kunnen we misschien een rondje herinneringen ophalen? Dat iedereen vertelt wat ze leuk vonden? Of iets anders wat je nog wilt zeggen?'

'Dat vind ik een heel goed idee. Wil jij aftrappen?'

Een voor een vertellen de leerlingen hun verhalen.

Als Aisha aan de beurt is zegt ze: 'Ik ken jullie natuurlijk nog niet zo lang, maar ik wil jullie zeggen dat dit echt een bijzondere klas is. De beste klas die ik ooit in mijn leven heb gehad. Ik heb op heel veel scholen gezeten, maar nog nooit zo'n klas gehad. Jullie hebben respect. Hier maakt het niet uit als je anders bent, iedereen is samen en iedereen is lief. Ik wil dat jullie weten dat dat bijzonder is. Ik hoop dat iedereen zo blijft.'

Opnieuw applaus, gevolgd door geknuffel en tranen die uit ogen worden geveegd.

Ik kijk even naar Salima en Noor. Vorige week hebben zij alle grenzen van respect en lief zijn overschreden. Weliswaar niet in de klas, dat had de groep niet geaccepteerd, maar erbuiten. Ze hebben samen met een leerling uit een andere klas een docentensleutel meegenomen, stiekem een feestje gebouwd in een lokaal en vervolgens de docent die ze betrapte zo erg uitgescholden dat die zich bedreigd voelde. Ik was met stomheid geslagen. Hoe konden deze meiden zo uit hun plaat gaan? Het had niet veel gescheeld of ze waren van school gestuurd. Uiteindelijk zijn ze er met een boel pittige gesprekken, veel tranen, huisarrest, telefooninnames en schorsingen vanaf gekomen. Fraai was het niet. Ik voelde me enorm tekortschieten en de klas was wel even klaar met ze.

Sinds gister zijn Salima en Noor er weer bij. De klas is van de schrik bekomen en is eensgezind: zij gaan Salima en Noor helpen het goede te blijven doen. En nu zitten ze hier samen, te luisteren naar een verhaal van hun nieuwste klasgenoot over respect, lief zijn voor elkaar en hoe waardevol dat is. Salima en Noor gaan erin mee.

Dan vraagt Romarfio: 'Hoe gaat u het cadeau eigenlijk meenemen naar huis?'

'Ja, heeft u eigenlijk wel plek ervoor?' vraagt Noor.

'Zeg tegen uw vriendin dat ze wat ruimte moet maken!' lacht Kaan.

Ik kijk naar het grote schilderij. Inderdaad geen idee waar we dit moeten hangen thuis. 'We gaan ruimte maken,' reageer ik lachend.

'Ja,' zegt Salima, 'als u het ophangt zijn we toch voor altijd een beetje verbonden.'

'Precies, lieverds, we zijn voor altijd verbonden.'

HET EINDGESPREK

Vandaag voer ik de laatste rapportgesprekken met de leerlingen en hun ouders, broers of zussen. De leerlingen hebben een presentatie gemaakt over de afgelopen drie jaar en hun toekomst. Ik heb alle presentaties individueel met ze doorgenomen; het beloven mooie gesprekken te worden.

Het gesprek met Ibrahim en zijn ouders vind ik spannend. Hun appartement is vorige week volledig afgebrand. Waarschijnlijk was er iets mis met de gasaansluiting. De familie is er goed vanaf gekomen, maar het huis en alle spullen zijn onbruikbaar. Vandaag komen ze wel naar school.

Verlegen komen de ouders van Ibrahim ze het lokaal binnengelopen.

'Wat ongelofelijk fijn jullie hier te zien,' zeg ik.

'Ja, natuurlijk,' reageert Ibrahims vader.

Ze gaan zitten en ik vraag hoe het met ze gaat.

'Moeilijk,' zegt de moeder van Ibrahim. 'Alles is weg, wij slapen in een hotel. Het is niet fijn. Alles doet bij mij pijn van binnen.' Tranen rollen uit haar ogen. Ibrahim staart ongemakkelijk voor zich uit.

'We hebben geluk gehad,' reageert zijn vader. 'Maar nu is het een moeilijke tijd.'

Ik knik en zeg dat het me verschrikkelijk lijkt. 'Hebben jullie al zicht op een nieuw huis?'

Ibrahim vertelt opgewekt dat ze net zijn gaan kijken naar een tijdelijk nieuw huis. 'Niet zoiets als we hadden, maar wel fijn dat we ergens terechtkunnen.'

Ik ben blij dat er in elk geval al zicht op een nieuw huis is, maar het doet me ook pijn ze zo te zien zitten. Ik voel me machteloos, maar we moeten ons nu op Ibrahim focussen. Ik laat hem zijn presentatie houden. Hij is over naar de bovenbouw van het vmbo. Uiteindelijk is hij toch nog wel van profiel gewisseld, hij gaat Horeca doen.

'Ik vind het wel jammer,' vertelt Ibrahim, 'want mijn toekomst is werken aan auto's, maar koken en bakken vind ik ook heel leuk, dan kan ik dingen voor mijn ouders maken. En volgens de juf kan ik, als ik dan gegroeid ben, alsnog naar autotechniek op het ROC.'

Ik vind het lastig dat Ibrahim en verschillende docenten ervan overtuigd zijn dat Techniek nu nog te moeilijk voor hem is. Ik weet ook niet of dat klopt, maar ik vind het in ieder geval fijn dat hij nu rust kan vinden in een ander profiel. Ook dit gaat hij waarschijnlijk hartstikke goed doen.

Na afloop van het gesprek geef ik Ibrahim een roos met een persoonlijk kaartje. Voor alle leerlingen heb ik er eentje gemaakt. Zo kan ik ze nog meegeven wat ik mooi aan ze vind, waar ik trots op ben en hoe erg ik ze ga missen. Ze krijgen ook allemaal een vel papier mee waar klasgenoten complimenten op hebben geschreven. Ook dat overhandig ik aan Ibrahim. 'Alsjeblieft, je hebt laten zien dat je het vmbo wél kunt. Ik ben waanzinnig trots op jou.'

Onder de indruk van alle lieve woorden verlaten Ibrahim en zijn ouders het lokaal.

Dan is Aisha aan de beurt. Ook zij mag over naar het derde leerjaar vmbo-basis. Nipt, dat wel. Voor Nederlands en Engels staat ze er nog niet goed voor, maar de verwachting is dat ze met extra taalondersteuning beide vakken omhoog kan halen. Voor alle andere vakken staat ze er namelijk waanzinnig goed voor. Ze heeft veel in haar mars, dat is duidelijk. We voeren een mooi gesprek over de toekomstdromen die Aisha heeft, en zij en haar moeder vertellen hoe blij ze zijn dat Aisha in de kansklas heeft kunnen zitten.

Na Aisha komt Kaan met zijn moeder het lokaal binnengelopen, met in zijn hand een grote bos bloemen.

'Wat prachtig,' zeg ik.

'Samen met mijn moeder voor u uitgezocht, we dachten al dat u ze mooi zou vinden!' Lachend kijkt hij me aan. Daarna wordt hij serieus: 'Erg hè, van de brand bij Ibrahim? We zijn met de boys ernaartoe gegaan, meteen na de brand. We hebben Ibrahim geholpen met spullen uitzoeken, maar alles was verbrand of zat onder het stof. We helpen hem en zijn ouders nu met alles.'

'Wat geweldig lief dat jullie erheen zijn gegaan,' zeg ik.

'Dat doen vrienden,' reageert Kaan resoluut. Zijn moeder slaat een arm om hem heen.

Ook Kaan mag zijn presentatie houden, hij is glansrijk over en gaat Techniek doen.

'Ik ga extra economie kiezen. Dan begin ik het beste loodgietersbedrijf van de stad. Eerst ga ik nog leren bij een baas, maar daarna wil ik mijn eigen bedrijf starten. Op de basisschool gaan ze me nooit geloven. Ze dachten dat ik dom was en niks kon, maar wij weten wel hoe het zit hè?'

'Jij kunt zeker heel wat, je hebt de afgelopen drie jaar laten zien dat je heel veel in je mars hebt,' reageer ik vol overtuiging.

Na het overhandigen van de roos en het kaartje is het tijd voor Noor. Ook zij is over naar het vmbo, maar toch wordt dit een iets minder vreugdevol gesprek. Het incident van vorige week staat immers nog scherp op ons netvlies.

Verlegen komt ze zitten. Deze keer geen zus, maar vader die mee is. Sinds Noors schorsing heeft hij besloten zich meer met haar school te bemoeien.

Ik geef de vader een elleboog.

'Daar zijn we weer,' zegt hij. 'Noor heeft ervan geleerd, hoor. En ik ook, ik hou haar strenger in de gaten.'

'Dat is fijn,' reageer ik. 'Hoe sta je daar zelf in, Noor?'

'Ik heb er inderdaad van geleerd,' reageert ze verlegen. 'Ik ga zoiets echt nooit meer doen.'

'Dat is goed om te horen, en ook heel erg belangrijk. We hebben het natuurlijk vorige week al uitgebreid besproken.' Ik kijk Noors vader aan. 'Sindsdien zie ik meer rust bij Noor. Ik verwacht dat ze dit in de bovenbouw volhoudt.' Streng kijk ik Noor aan.

'Komt goed,' reageert ze.

Ik laat Noor haar presentatie houden. Vol overtuiging vertelt ze over haar profielkeuze Horeca. Als enige van de meiden heeft ze dat profiel gekozen.

Ik ben blij dat ze hierin heeft doorgezet. 'Je mag echt heel tevreden zijn met je vmbo. Je hebt een enorme leerontwikkeling doorgemaakt.'

Als Noor en haar vader weg zijn zie ik een appje van Romarfio. 'Mijn moeder kan niet komen, ze is werken en daarna is ze altijd moe.' Ik vind het sneu voor Romarfio en app terug dat ik wel graag het gesprek met zijn moeder erbij wil voeren. We gaan het morgen nog een keer proberen.

Dan is Salima aan de beurt. Gespannen komt ze met haar zus aangelopen. Ook zij heeft nog wat te bewijzen na het incident, maar er is ook fantastisch nieuws. Ondanks alles is ze over naar de bovenbouw van het vmbo. Een formidabele prestatie.

'Zo,' zeg ik als we zitten. 'Salima heeft vast al het goede nieuws verteld.'

'Ja, ze is over,' reageert haar zus.

'Ik kan het nog steeds niet helemaal geloven,' antwoordt Salima.

'Zal ik je meteen maar je rapport geven? Dan heb je het zwart op wit.'

Vol bewondering staren de twee meiden naar het papier.

'Gelukkig nog een beetje goed nieuws deze weken,' zucht de zus.

'Ja, het was wel intens,' reageer ik.

We bespreken nog een keer de gebeurtenis, en de extra therapie die we voor Salima gaan inzetten omdat de omgang met haar boosheid nog niet voldoende is. Na Salima's presentatie overhandig ik haar de roos.

Aandachtig leest ze het kaartje. 'Ah, zo lief,' reageert ze. 'Kunt u echt niet *please* mijn mentor blijven?'

'Dan zul je terug moeten naar de eerste klas,' zeg ik lachend.

'Dat gaan we niet doen!' zegt Salima's zus snel.

'Nee, dat lijkt me ook niet handig. We blijven elkaar wel zien, je weet me te vinden toch?'

'Ja,' zucht Salima.

Als laatste is Enes aan de beurt. Hij heeft de laatste weken keihard moeten werken om alle stof van de versnelde Entreeopleiding dit jaar af te ronden. Nu staat hij er goed voor om het diploma volgend schooljaar te halen. Hij zit dan vervolgens een jaar eerder dan de rest van de klas op het mbo 2. Een mooie prestatie. Ik vertel Enes en zijn moeder hoe knap dit is, maar dat hij volgend jaar wel moet proberen niet alles op het laatste moment aan te laten komen. Enes vertaalt het voor zijn moeder, die instemmend knikt.

Ook Enes houdt zijn eindpresentatie. 'Ik vind het nog steeds wel jammer dat ik door de omstandigheden niet naar het vmbo kan, het was echt mijn droom. Maar ik vind het goed van mezelf dat ik het via een andere weg nog sneller kan. Mijn droom is om later gelukkig te zijn.'

Bemoedigend kijk ik hem aan. 'Dat is mooi gezegd, ik wens je het beste.' Ik zucht, wat hoop ik dat deze jongen verblijfspapieren kan krijgen. Pas dan kan hij een echte toekomst gaan opbouwen.

De volgende dag hebben we met de docenten nog een studiedag. Ik verwacht tussendoor Romarfio. Gespannen staar ik naar mijn telefoon. Zal het gaan lukken?

Stipt om elf uur zie ik door de glazen ramen van de kantine Romarfio het schoolplein op lopen. Snel verlaat ik de lezing en loop ik naar de ingang van de school.

'Hoi juf, mijn vader is nog onderweg.'

'Wat leuk dat je vader meekomt! Die heb ik geloof ik nog nooit gezien hè?'

'Nee, kunt u hem op de laatste dag ook nog even ontmoeten,' glimlacht Romarfio.

'Precies, laten we boven op hem wachten.'

Romarfio vertelt me dat hij de eerste in zijn familie zal zijn met een vmbo-diploma. De rest heeft praktijkonderwijs gedaan of nooit een opleiding afgerond.

Drie kwartier later komt zijn vader aangelopen. Een

kleine, tengere man, met een flinke bos dreadlocks. Romarfio steekt een kop boven hem uit en is zeker twee keer zo breed.

Bij het zien van Romarfio's rapport glundert hij van oor tot oor. 'Romarfio heeft mijn hersens gekregen. Vroeger was ik ook zo slim. Ik had een mooie toekomst kunnen krijgen, maar ik ben helaas onder een auto terechtgekomen op de weg van school naar huis. Sindsdien doet mijn geheugen het niet meer. Ik heb dus nooit werk met mijn hoofd kunnen doen.' Verdrietig kijkt hij me aan. Vervolgens verschijnt er een lach op zijn gezicht. 'Gelukkig ben ik wel een *handy man*. Ik knip de heggen van de gemeente.'

'Ja, mijn vader heeft echt zijn best gedaan iets van zijn leven te maken,' reageert Romarfio. 'Ik zal nooit opgeven. Net als mijn vader.'

'Wat is hij dan een prachtig voorbeeld voor je,' zeg ik. Ik overhandig Romarfio zijn roos met het kaartje. 'De roos is van gister en niet meer zo mooi, dus misschien moet je alleen het kaartje houden.'

'Nee, de roos geef ik aan mijn moeder. Zij houdt van bloemen.'

Terwijl we de trap aflopen leest Romarfio wel tien keer achter elkaar het kaartje dat ik geschreven heb. Af en toe kijkt hij op en glimlacht hij naar me. Bij de deur zegt hij: 'Dan is het nu echt klaar, juf. Ik ga u missen, bedankt voor alles wat u voor mij heeft gedaan.'

'Jij bedankt, jongen, ik vond het geweldig dat je bij mij in de klas zat. En enorm jammer dat ik je mentor niet meer kan zijn. Ik wens je een heel fijne vakantie, en tot daarna.'

De rest van de studiedag lukt het me niet om mijn aandacht bij de presentaties en brainstormsessies te houden. Wat ga ik mijn team missen. Ik ben van ze allemaal onder de indruk. Manar en de drie andere meiden die naar vmbo-kader zijn gegaan zijn ook glansrijk over. Ze zijn zulke goede kaderleerlingen dat de kans groot is dat ze na hun diploma meteen kunnen doorstromen naar mbo niveau 4, wat laat zien dat het advies van de basisschool echt onjuist was. Ondertussen mengt Manar zich in het politieke debat over kansengelijkheid: ze heeft plaatsgenomen in de jongerenraad van de tv-serie *Klassen*. Ook met Youssef en de andere jongen die naar het praktijkonderwijs ging gaat het goed. Beide gaan volgend jaar verder werken aan hun Entreediploma Horeca en tegelijkertijd stage lopen bij een hotel.

Van de negentien leerlingen uit mijn kansklas gaan er uiteindelijk elf naar vmbo-basis, vier naar vmbo-kader, één doet het versnelde Entreetraject en drie het reguliere Entreetraject. Ze doen dingen die door de grafiekjes op de basisschool als onmogelijk werden beschouwd.

Achter de grafiekjes en cijfers staan negentien geweldige leerlingen. Jongeren die met hart en ziel strijden voor een mooi leven, voor elkaar en voor de wereld. Die het lang niet altijd makkelijk hebben, maar wel doorgaan. Die de afgelopen drie jaar de negatieve verwachtingen van zich af hebben geschud en het vertrouwen in zichzelf hebben teruggewonnen.

Negentien jonge mensen die hebben laten zien dat ze het gaan maken.

EPILOOG

Mijn drie jaar als mentor van deze klas zitten erop; de leerlingen gaan naar de bovenbouw en daarmee eindigt dit boek. Ik wilde het verhaal van deze klas vertellen omdat de levens van mijn leerlingen uniek zijn, maar de problemen waar ze tegenaan lopen niet. Afkomst, armoede en opleidingsniveau van ouders spelen een heel grote rol in de toekomst van een kind. Onderzoek na onderzoek laat zien: de kansenongelijkheid neemt toe.

We kunnen deze ongelijkheid rechttrekken, maar dan moet er wel wat veranderen. Hoge verwachtingen hebben van álle kinderen en nadruk leggen op álle talenten zijn daarbij een sleutel. We moeten aan alle kinderen laten zien dat ze iemand zijn. Iemand met mooie eigenschappen, aandachtspunten, gedachtes en gevoelens die ertoe doen. Door in te zetten op de sociaal-emotionele groei van alle leerlingen, op burgerschap, talentontwikkeling en verlengde schooldagen komen we al een heel eind. Maar uiteindelijk is er meer nodig. Er ligt een grote opdracht bij de politiek voor de aanpak van het onderwijssysteem, het armoedebeleid en discriminatie en racisme.

Het huidige onderwijssysteem is er niet op gericht om voor alle kinderen gelijke kansen te creëren. Met de kansklas deden we iets bijzonders: de leerlingen kregen een extra onderwijsjaar. Dat zie je bijna nooit in het Nederlandse onderwijssysteem. Alles in dat systeem is namelijk gericht op een zo kort mogelijke onderwijstijd. Minutieus staat vastgelegd hoelang elke opleiding mag duren. Het vmbo vier jaar, de havo vijf en het vwo zes. Doet een leerling er langer over? Dan heeft dat invloed op de doorstroomsnelheidscijfers van de school. En als die slecht zijn, dan kan er een negatief oordeel van de inspectie volgen, met grote gevolgen voor de school. Tijd om achterstanden weg te werken is er niet. De leerling moet dóór. In de doorstroomcijfers worden praktijkschoolleerlingen echter niet meegerekend, dus in mijn vmbo-kansklas met alleen praktijkschoolleerlingen was meer speling mogelijk. Daarmee was het een fijne uitzondering. Een uitzondering die laat zien hoe effectief het kan zijn om de doorstroomsnelheid los te laten. Dit moeten we in Nederland vaker doen en mogelijk maken voor alle leerlingen. Geef ze de tijd om achterstanden weg te werken en uit te stromen op het niveau dat bij ze past.

Daarnaast is het Nederlandse toetsensysteem een grote hobbel. Ten eerste meten toetsen, zoals bijvoorbeeld de cito, alleen wat de leerling tot dusverre geleerd heeft. Het is geen intelligentiemeter, maar krijgt die waarde wel. Terwijl: een achterstand zegt niks over wat het kind in zijn of haar mars heeft. Vervolgens zet de toets de score af tegen het gemiddelde, wat logischerwijs tot gevolg heeft dat de helft van de leerlingen op de basisschool te horen krijgt dat ze slechter scoren dan gemiddeld. De helft! Dit heeft invloed op het leven van veel kinderen. Juist degenen die het hard nodig hebben om te horen dat ze wél kunnen leren krijgen jaar in, jaar uit te horen dat ze het niet kunnen. Dit toetsen gebeurt namelijk al vanaf groep drie. Dat doet wat met een kind. Niet iedereen hoeft advocaat of dokter te worden, maar niemand wil de onderkant van de samenleving zijn. Iedereen heeft behoefte aan liefde, het gevoel ertoe te doen en het gevoel iets te kunnen. En juist dat geeft ons onderwijssysteem veel leerlingen nu niet.

Daarvoor zijn kleinere klassen ook noodzakelijk. Het kan niet zo zijn dat als je extra uitleg wilt, wat druk bent, of iets naars hebt meegemaakt, de leraar geen tijd voor je heeft. Elke leraar moet de ruimte worden gegeven om uit elke leerling alles te halen. Dat kan alleen in een kleine klas. En de leraar moet daar ook goed in worden opgeleid, en vervolgens de waardering krijgen voor het werk wat hij of zij doet. Anders zijn er veel te weinig mensen die dit prachtige beroep kunnen en willen uitvoeren.

Het is dus tijd voor een radicaal ander onderwijssysteem. Een systeem dat scholen niet afrekent op doorstroomsnelheid, leerlingen niet vergelijkt met het gemiddelde en de leraar de tijd en ruimte geeft om iedere leerling te bieden wat hij of zij nodig heeft.

Goed, dat zijn de aandachtspunten voor het onderwijs. Helaas zijn er daarnaast nog veel dieper liggende problemen: de sociaaleconomische verschillen en het institutionele racisme.

Tachtig procent van de leerlingen op het Mundus College leeft op of onder de armoedegrens. Dat is waanzinnig veel. Armoede zorgt voor te kleine, slecht bewoonbare woonruimtes, ongezonde voeding, en een gebrek aan educatief speelgoed, uitjes of boeken. Het zorgt ook voor stress, heel veel stress, waardoor de ontwikkeling van het kind niet op één kan staan. Hoe graag ouders dat ook zouden willen.

Daarnaast kunnen we niet wegkijken van de discriminatie die deze jongeren op dagelijkse basis ervaren, in instituties en op straat. Het zorgt ervoor dat ze diep geraakt worden in wie ze zijn en het voor hen moeilijk is om hier een toekomst te zien. Dat perspectief moeten we aan ze teruggegeven. Niet enkel met mooie woorden, maar met beleid, strak beleid.

Pas in een land zonder armoede en zonder discriminatie kunnen we pas écht spreken van kansengelijkheid.

De grote vraag ligt dus bij de politiek, maar ook jij kunt wat doen. Denk niet dat het probleem zichzelf wel oplost. We hebben je nodig. Ontmoet de ander, geef elkaar de ruimte, voer dat gesprek, en bouw samen aan gelijkheid. Geef die bijles, bied stageplekken aan, stem voor gelijkheid, of word docent.

Een gelijkwaardige samenleving is een keuze. Laten we ervoor gaan.

DANKWOORD

Lieve Ayoub, Blessing, Denvillio, Hamza, Helin, Huseyin, Oumaima, Malak, Mathew, Maya, Mohamed, Mourad, Rajae, Richlove, Sabrina, Sara, Siham, Trees en Utku: wat ben ik een gelukkig mens dat ik jullie in mijn klas heb gehad. Jullie zijn stuk voor stuk geweldige mensen, met jullie eigen mooie eigenschappen, vaardigheden en talenten. Jullie humor, relativeringsvermogen, harde werken en mooie gesprekken: wat ga ik ze missen nu ik niet meer jullie mentor ben.

Het is heel simpel: zonder jullie was dit boek er niet. Maar dat niet alleen. Zonder jullie was ik niet de juf die ik ben, zonder jullie hield ik niet zoveel van het lesgeven en van onze school.

Dank voor jullie vertrouwen in dit boek, dank voor jullie medeleven, jullie liefde en hoge verwachtingen. En dank dat ik dit inkijkje in jullie leven mocht opschrijven.

Leef je dromen, overkom alle hobbels en ga ervoor.

Jullie gaan het maken, dat weet ik zeker.

Naast mijn leerlingen zijn er nog een aantal mensen die ik wil bedanken.

Allereerst mijn meelezers, in grote of kleine mate: Laila, Luca, Maartje, Minke, Mohamed en Mustafa. Dank voor jullie meedenken, kritische blik en creatieve oplossingen.

Dank aan Claudia, die mijn verhalen vier jaar geleden als eerste online gooide, en dank aan Rutger, die het idee opperde voor een eigen website. Rutger, dank je wel voor het vertrouwen dat je me gaf en de inspiratie om door te zetten. En dank aan Charlie voor het verwezenlijken van mijn website.

Dank aan Eduard van uitgeverij Volt, die in mijn verhalen een boek zag, en dank aan mijn redacteur Michelle voor alle geweldige correcties, ideeën, oplossingen en ondersteuning.

Dyane, dank dat je in mij een docent zag, dank voor het leiden van de school, het idee van persoonsvorming & socialisatie en van de vmbo-kansklas. Ook veel dank aan al mijn andere collega's van het Mundus: we doen het samen. Zonder jullie was Mundus niet de school die het nu is, en zonder jullie was ik ook niet de docent die ik nu ben.

En tot slot: dank aan Jeanet. Mijn lief, die het lang niet altijd makkelijk had toen ik opeens een boek bleek te gaan schrijven. Weekend na weekend zag ze me ploegen achter de laptop. Dank, lieverd, voor je onvoorwaardelijke steun, je liefde en geloof in dit boek.